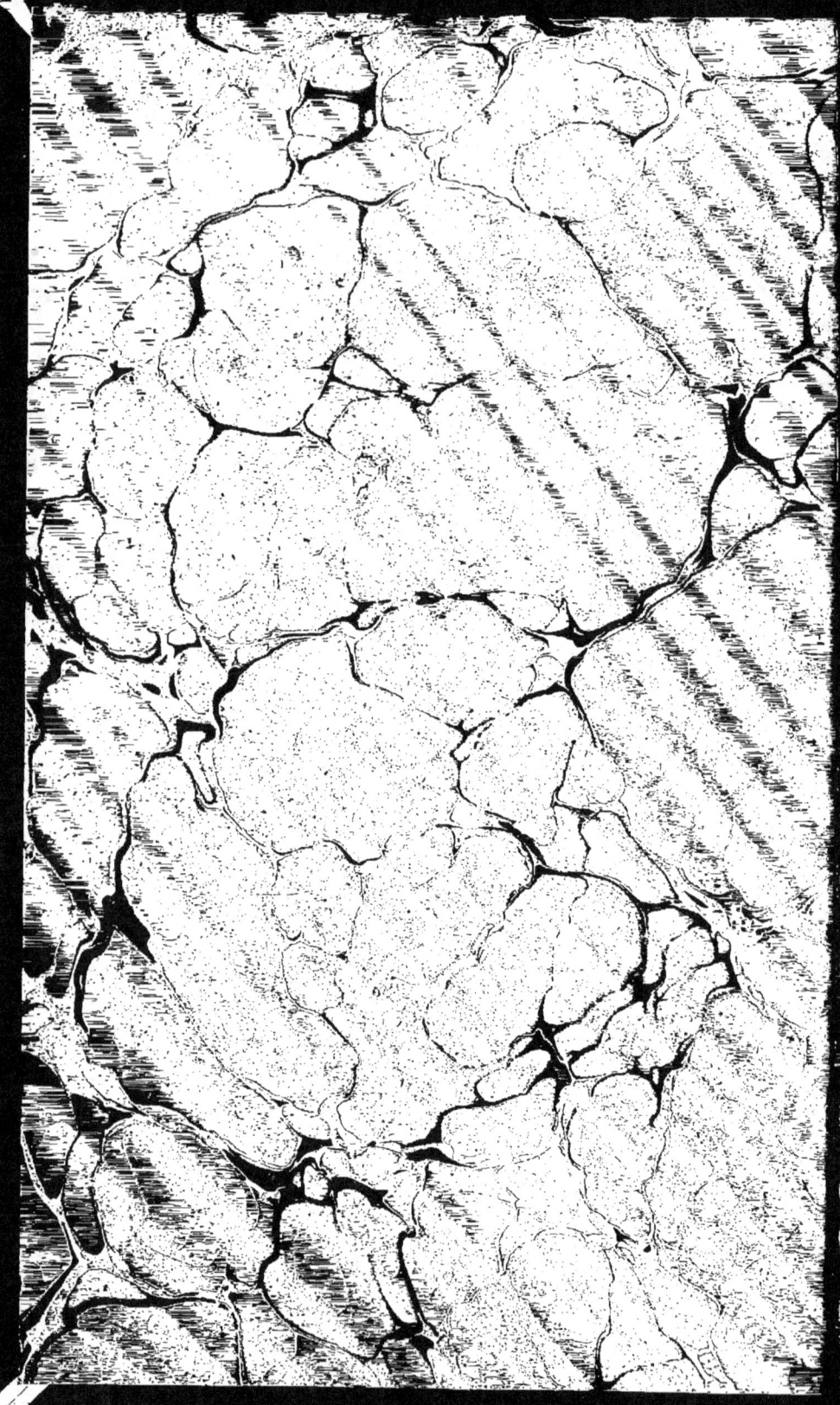

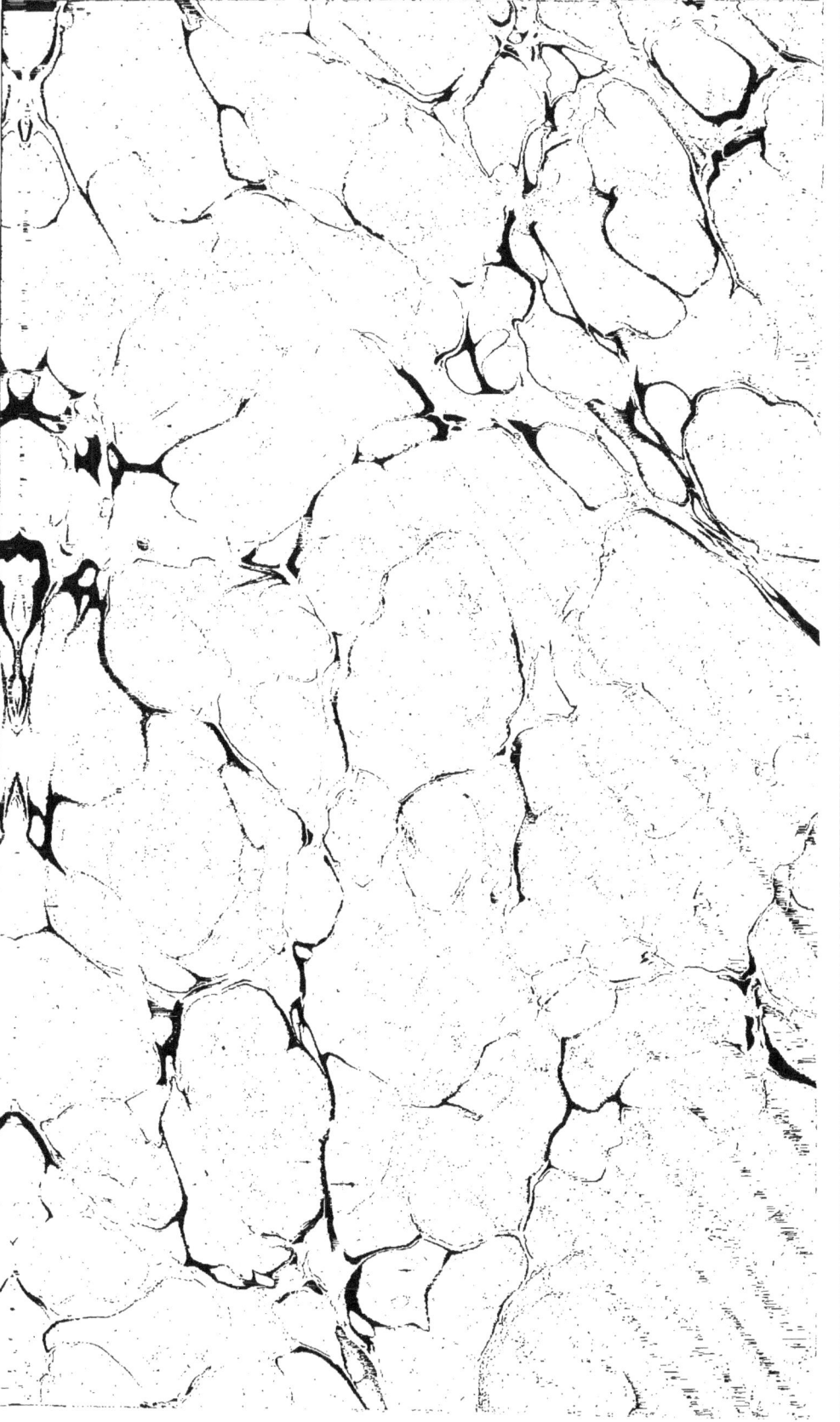

LE PRINCE

EUGÈNE

PARIS. — IMPRIMERIE DE PAUL DUPONT,
Rue de Grenelle-Saint-Honoré, 45.

LE PRINCE
EUGÈNE

PAR

EUGÈNE FOURMESTRAUX

PARIS
LIBRAIRIE CLASSIQUE DE PAUL DUPONT
RUE DE GRENELLE-SAINT-HONORÉ, 45

1867

LE PRINCE EUGÈNE.

HONNEUR ET FIDÉLITÉ !

Ces deux mots résument la vie entière du prince Eugène.

C'est à Sainte-Hélène que Napoléon, faisant la juste part des dévouements et des défections de ceux-là même qu'il avait le plus aimés, le plus comblés, attachait cette devise ineffaçable au nom de son fils adoptif, en s'écriant :

« *Eugène ne m'a jamais causé aucun chagrin.* »

Souvenir plein de douceur pour cette grande âme ulcérée.

Aussi, lorsqu'au milieu des acclamations publiques, nous vîmes se dresser sur l'une des plus magnifiques voies de Paris la statue du frère de la reine Hortense, nous eûmes la pensée, après avoir consacré une étude biographique à la noble et digne mère de Napoléon III, de raconter également, à grands traits, l'existence du prince Eugène, dont le nom n'est pas moins populaire que celui de son auguste sœur.

La *Correspondance politique et militaire du prince Eugène*, cet important travail dû aux recherches et à la plume consciencieuse de M. A. Du Casse, nous fournissait surtout à cet égard les renseignements les plus sûrs, les plus complets[1].

[1] En 1822, le prince Eugène eut la pensée de rédiger ses *Mémoires*. Il en dicta les premières pages à M. Hénin, ex-trésorier de la couronne d'Italie; puis une autre partie à M. Planat de la Faye, ancien officier d'ordonnance de Napoléon Ier; enfin, en 1823, le baron Darnay y ajouta une centaine de pages sous les yeux et d'après les indications du prince. Ces *Mémoires*, dont le manuscrit est à Saint-Pétersbourg, dans les archives de la maison ducale de Leuchtenberg, ont été imprimés en tête de la *Correspondance politique et militaire du prince Eugène*, d'après une copie envoyée de Russie à M. A. Du Casse, qui y mit la dernière main. Nous aurons souvent à leur emprunter des passages que nous distinguerons par des guillemets du texte de notre travail. Quant aux autres renseignements que nous publions sur la vie du prince Eugène, ils nous ont été communiqués, il y a quelques années déjà, par M. Planat de la Faye, et surtout par la famille de Beauharnais, à laquelle nous avons l'honneur d'adresser ici nos remerciments, pour l'obligeance qu'elle a mise à faciliter nos recherches.

LE PRINCE EUGÈNE

Mais, nous adressant aux classes populaires, comme nous l'avons fait jusqu'ici dans nos précédentes publications[1], il fallait marcher rapidement et droit au fait, élaguant de la voie que nous nous étions tracée tout ce qui pouvait ralentir l'action, interrompre le cours des événements et suspendre l'attention du lecteur.

Nous avons donc cherché à atteindre ce but en nous entourant des documents les plus authentiques, en puisant aux sources qui nous étaient indiquées comme les meilleures et les plus sûres, en ne sacrifiant jamais au désir de présenter une image colorée, un tableau saisissant, l'intérêt de la vérité que nous avons respectée constamment dans nos précédents ouvrages.

Il y a, nous le croyons, dans les pages qui vont suivre, l'exemple d'une vie toute de bravoure, d'abnégation, de franchise et de probité, destiné à électriser le soldat qui, pour son pays, pour son drapeau, est prêt à tous les sacrifices, à tous les héroïsmes.

Si les discours ont leur éloquence souvent entraînante, les actions l'emportent sur les discours

---

[1] *Étude sur Napoléon III.—La Reine Hortense.—Les Idées napoléoniennes en Algérie.*

en ce qu'elles laissent après elles un sillon lumineux qui mène vers tout ce qui s'élève dans la région des grands devoirs, des grands sacrifices.

CHAPITRE PREMIER.

SOUS-LIEUTENANT. — VICE-ROI.

I. Naissance d'Eugène de Beauharnais. Ses premières années. Il est placé au collège d'Harcourt. Le général Hoche le prend comme officier d'ordonnance. Il réclame l'épée de son père au général Bonaparte. Eugène est nommé sous-lieutenant et part pour l'Italie. — II. Après le traité de Campo-Formio, Eugène de Beauharnais est envoyé en mission aux îles Ioniennes. Un sabre d'honneur lui est offert à Corfou. En rentrant en France, il prend une part brillante à la défense de la légation française à Rome. Le général Duphot est tué pendant cette affaire. — III. Désigné pour faire partie de l'expédition d'Égypte, Eugène de Beauharnais assiste à la prise de Malte, et enlève un drapeau à l'ennemi. Débarqué en Égypte, il est présent à toutes les affaires. Au retour de Suez, il est nommé lieutenant. Il rentre en France avec le général Bonaparte. — IV. Le 18 brumaire. Installation des consuls aux Tuileries. Création de la garde consulaire. Eugène de Beauharnais y est admis comme capitaine. Campagne d'Italie. Marengo. — V. Le premier consul rentre en France. Eugène de Beauharnais est chargé d'escorter jusqu'à Paris les drapeaux pris à Marengo. Il est nommé chef d'escadron. On lui confie la garde des barrières de Paris lors de la découverte de la conspiration de Pichegru. — VI. Proclamation de l'Empire. Eugène de Beauharnais est nommé colonel général des chasseurs à cheval de la garde impériale. Il est créé prince français et archi-chancelier d'État. Formation du royaume d'Italie, et élévation du prince Eugène à la vice-royauté.

I

Eugène de Beauharnais est né à Paris le 3 septembre 1781.

« Mon père, dit le prince Eugène dans ses *Mémoires*, était le vicomte Alexandre de Beauharnais. Il s'était fait remarquer de bonne heure par les grâces de son esprit et de sa personne autant que par son mérite et son amabilité.

« Entré fort jeune dans la carrière militaire, il avait eu occasion de s'y distinguer. Ma mère, Joséphine Tascher de la Pagerie, était née à la Martinique. Sa famille et celle de mon père étaient unies depuis longtemps par les liens de l'amitié. Mon grand-père, chef d'escadre de la marine royale, avait été autrefois gouverneur des Antilles. Ma mère avait à peine quatorze ans lorsqu'elle épousa le vicomte de Beauharnais. »

Alexandre de Beauharnais, il faut le dire, aimait moins sa femme qu'il n'en était aimé. Il l'avait épousée un mois à peine après la première entrevue, et par déférence surtout pour sa marraine, Mme de Renaudin, femme d'un grand cœur et de beaucoup d'esprit.

Mme de Renaudin était la tante, du côté paternel, de Joséphine qu'elle chérissait comme sa propre fille.

Pendant les premières années de cette union, ses bons conseils ne cessèrent de s'adresser à ses deux enfants, ainsi qu'elle se plaisait à les appeler, pour les ramener tous deux à la confiance mutuelle qui devait leur rendre le bonheur domestique.

La naissance d'un fils eut dû rapprocher de sa femme le vicomte de Beauharnais. Il ne tarda pas néanmoins à reprendre les habitudes mondaines qui l'éloignaient de son foyer, et Joséphine n'eut plus qu'à s'enfermer dans les joies intimes de la maternité.

« Embarrassée, hésitante entre sa nièce et son filleul qu'elle aimait presque également [1], Mme de Renaudin proposa un moyen qui lui parut, ainsi qu'à son frère et au marquis de Beauharnais, devoir ramener l'accord dans cet intérieur. Elle conseilla au vicomte d'entreprendre un voyage dont le résultat serait de rompre ses mauvaises habitudes et de lui faire apprécier mieux sa femme au retour. Alexandre, aussi docile aux bonnes impressions que faible devant les mauvaises, accepta ce parti ; et ayant obtenu du colonel de son régiment un congé de quelques mois, il se décida pour l'Italie, où la vue des belles choses, l'étude des objets d'art dont il avait la connaissance et le goût, devaient produire sur lui une diversion heureuse, en même temps que ce voyage mûrirait son esprit et sa raison. Il s'embarqua

---

[1] *Histoire de l'impératrice Joséphine*, par Aubenas, tome 1er, page 123.

donc à Antibes, le 25 novembre 1781, et après une traversée pénible, dans laquelle sa petite embarcation faillit périr, il arriva à Gênes. »

Après avoir parcouru l'Italie, le vicomte de Beauharnais revint à Paris. Il se montra d'abord affectueux et empressé pour sa femme; mais, quelques mois plus tard, il retourna à son régiment qui tenait garnison à Verdun, et là, il recommença à mener une vie dissipée.

En septembre 1782, fatigué de son oisiveté, le vicomte de Beauharnais s'embarqua pour la Martinique, où il se proposait de servir comme volontaire sous les ordres du marquis de Bouillé, gouverneur de cette île, dans une expédition tentée contre les colonies anglaises.

Mais la paix, signée le 20 janvier 1783, arrêta dès le début l'accomplissement de ce projet, et plaça de nouveau le vicomte de Beauharnais dans une inaction funeste.

Une liaison contractée par lui avec une créole dangereuse, ennemie de la famille Tascher de la Pagerie, l'entraîna dans les plus tristes écarts. Rentré quelque temps après à Paris, à la suite de cette femme, il ne craignit pas de saisir le parlement d'une demande en séparation de corps contre Joséphine, basée sur les griefs les plus invraisemblables.

En attendant l'arrêt de cette cour, Mme de Beauharnais alla demeurer à l'abbaye de Pentemont [1]. Elle n'en sortit qu'un an après, et lorsque le Parlement lui eut donné complétement gain de cause.

Aux termes de cet arrêt, qui la justifiait d'une manière éclatante des imputations dirigées contre elle par son mari, Joséphine fut autorisée à ne plus habiter avec le vicomte de Beauharnais, qui était condamné à lui payer une pension suffisante pour elle et sa fille Hortense, née le 10 avril 1783.

Eugène resta confié aux mains de son père.

« Je fus placé fort jeune, dit le prince Eugène dans ses *Mémoires*, avec un gouverneur au collége d'Harcourt [2], et j'y restai jusqu'au moment où, par suite des événements de la révolution, les colléges furent dissous. Je crois me rappeler que c'est à l'époque du 14 juillet 1790. Quoique je fusse alors bien jeune et que trente-quatre années se soient écoulées depuis, j'ai encore présents à l'esprit, et tous les préparatifs de la fédération du Champ-de-Mars, et la pompe de cette fête, et l'exaltation qui était alors dans toutes les têtes. Je me

---

[1] Cette abbaye est située rue de Grenelle-Saint-Germain, n° 106. Par une loi du 5 août 1844, elle fut cédée à la ville de Paris qui, depuis, l'a affectée au culte réformé.

[2] Le collége d'Harcourt, devenu lycée Saint-Louis, était situé rue de la Harpe, n° 94. Le boulevard Saint-Michel ayant absorbé une partie de cette rue, la façade du lycée Saint-Louis a été reconstruite et mise à l'alignement de ce boulevard, sur lequel elle porte le n° 44.

rappelle aussi avoir assisté à plusieurs séances de l'Assemblée constituante, où mon père, qui avait embrassé les principes de la révolution, siégeait au côté gauche, tandis que le comte François de Beauharnais, son frère aîné, siégeait au côté droit. Il m'était arrivé quelquefois de me trouver près du poêle qui était au centre de la salle des séances, donnant une main à mon père et l'autre à mon oncle sans qu'ils s'adressassent la parole entre eux. »

Depuis l'arrêt rendu par le parlement, Joséphine avait repris son existence auprès de sa tante, Mme de Renaudin, et du marquis de Beauharnais, son beau-père, qui lui donnait les témoignages de la plus profonde affection.

Vers le mois d'août 1785, le marquis de Beauharnais avait quitté l'hôtel qu'il habitait rue Thévenot, n° 12[1], et était allé demeurer à Fontainebleau, où il avait loué une maison pour sa belle-fille et pour lui. Joséphine passa là trois années, au milieu des soins de la famille de Beauharnais.

Mais quels que fussent les égards dont elle était entourée, Joséphine se disait que tant que son mari, qu'elle aimait toujours tendrement, resterait éloigné d'elle, la place la plus digne qu'elle pût occuper,

---

[1] Le prolongement de la rue Réaumur doit faire disparaître cet hôtel, dont l'entrée se trouve juste en face la rue des Deux-Portes-Saint-Sauveur.

était au sein de sa propre famille, à la Martinique.

A la veille de la Révolution, au mois de juin 1788, elle s'embarqua au Havre, emmenant avec elle sa fille, âgée alors de cinq ans.

Après une traversée très-tourmentée au point de départ, Joséphine revit avec une sorte de joie ces beaux lieux où s'était écoulée son enfance.

Mais les événements se pressaient en France.

Envoyé aux états généraux par la noblesse du bailliage de Blois, pays de sa mère et siége de sa fortune, le vicomte de Beauharnais, alors major d'infanterie, s'était associé avec élan au mouvement des esprits, en abdiquant les droits qu'il tenait de sa naissance.

Élu d'abord secrétaire de l'Assemblée constituante, puis membre du comité militaire, il fut porté ensuite au fauteuil de la présidence de cette assemblée.

Ramené à la vie sérieuse par le cours des événements, Alexandre de Beauharnais se reprochait amèrement sa conduite à l'égard de sa femme, et réclamait d'elle pardon et oubli.

A cet appel, Joséphine crut devoir se dérober à la tendresse des siens pour accourir avec sa fille auprès de son mari et de son fils.

Elle arriva à Paris en octobre 1790, et alla habiter rue de l'Université, nº 47, un hôtel où le vicomte Alexandre de Beauharnais recevait alors l'élite de la société parisienne.

LE PRINCE EUGÈNE

Le 20 juin 1791, au moment où Louis XVI quittait Paris dans l'intention de se retirer à l'étranger, le vicomte de Beauharnais présidait l'Assemblée nationale.

« Le rôle que mon père se trouvait jouer dans ce moment, dit le prince Eugène, attira l'attention sur nous. En effet, il se trouvait, par l'absence du gouvernement royal, le premier personnage de la France, et je me rappelle qu'on me montrait dans les rues de Fontainebleau en disant : *Voilà le Dauphin !*

« Mon père, d'abord employé à l'armée du Nord, passa à l'armée du Rhin qu'il commanda après le départ de Custine. Il profita de cette circonstance pour me rappeler auprès de lui, et me mit au collége à Strasbourg. Je fis plusieurs courses au quartier général de Wissembourg. Tout y respirait l'amour de la gloire et de la patrie, et c'est là que se développèrent en moi, pour la première fois, les impressions de ces sentiments.

« Pendant le régime de la Terreur, mon père quitta l'armée et se retira dans ses terres [1]. Mais la faction

---

[1] Le général Alexandre de Beauharnais se trouvait à la tête de l'armée du Rhin lorsque le décret du 13 août 1793, qui obligeait les nobles à se retirer des armées, vint l'y atteindre et le priver de son commandement. Ni les services qu'il avait rendus comme président de l'Assemblée constituante, ni la loyauté de son caractère ne purent le soustraire à cette mesure arbitraire, et cependant elle le frappait au milieu des combinaisons stratégiques qui allaient lui assurer la victoire.

cruelle qui désolait la France ne l'y laissa pas longtemps. Je revins à Paris pour être témoin du plus grand malheur qui pouvait m'arriver. Mon père et ma mère furent successivement emprisonnés, et quatre jours avant la chute de Robespierre, c'est-à-dire le 6 thermidor an II [1], mon père perdit la tête sur l'échafaud. Il était, dans toute l'acception du mot, ce que l'on nommait alors un patriote constitutionnel. Il avait embrassé avec chaleur les principes de la Révolution, parce qu'il connaissait les abus qui l'avaient amenée. Il périt, comme une partie de l'élite de la France, victime de son attachement à des principes dont tant d'honnêtes gens se promettaient pour leur pays un bonheur et une gloire sans taches. Ses derniers vœux furent pour le retour de l'ordre et de la justice dans sa patrie, et pour la réhabilitation de sa mémoire et de celle de tant d'autres illustres victimes de cette époque; l'histoire s'est chargée d'accomplir ce dernier vœu.

« Ma mère ne fut rendue à la liberté que quelque temps après, et il m'est permis de nommer ici l'homme aux bontés duquel nous dûmes ce bienfait: ce fut le député Tallien. J'en ai conservé une profonde reconnaissance, et j'ai été assez heureux pour lui en donner constamment des preuves dont, à l'époque de sa mort, d'autres ont voulu se faire un mérite.

[1] 24 juillet 1794.

« J'étais trop jeune alors pour apprécier dans toute leur étendue les malheurs de ma patrie, mais je sentais bien vivement la perte que je venais de faire. Par suite d'un arrêté du gouvernement qui obligeait les enfants des nobles à apprendre un métier, je fus mis en apprentissage chez un menuisier, et ma sœur Hortense chez une couturière. Je ne sortis de là que pour être placé près du général Hoche, auquel mon père m'avait recommandé quelque temps avant sa mort. Je fis pendant plusieurs mois le service d'officier d'ordonnance près de ce général, et je commençai alors, pendant qu'il commanda l'armée des côtes de Cherbourg, et, plus tard, celle de l'Ouest, à pratiquer la vie de soldat.

« Le maître était sévère, et l'école, pour avoir été dure, n'en a pas été moins bonne.

« Quelque temps avant l'affaire de Quiberon, le général Hoche m'envoya près de ma mère, qui avait témoigné le désir de me voir. Dans l'année qui suivit, il se passa un événement qui eut la plus grande influence sur mon avenir. Ma mère songea à se marier avec le général Bonaparte, qui commandait alors à Paris, et dont les destinées rempliront tant de pages glorieuses dans l'histoire. Il n'avait pas encore la réputation qu'il s'acquit peu de temps après, et qui lui valut le surnom de *héros de l'Italie*. Je fus moi-même l'occasion de sa première entrevue avec ma mère. A la suite du 13 vendémiaire[1], un ordre du jour défendit, sous peine de mort, aux habitants de Paris de conserver des armes. Je ne pus me faire à l'idée de me séparer du sabre que mon père avait porté et qu'il avait illustré par d'honorables et éclatants services. Je conçus l'espoir d'obtenir la permission de pouvoir garder ce sabre, et je fis des démarches en conséquence auprès du général Bonaparte. L'entrevue qu'il m'accorda, fut d'autant plus touchante qu'elle réveilla en moi le souvenir de la perte encore récente que j'avais faite. Ma sensibilité et quelques réponses heureuses que je fis au général, firent naître chez lui le désir de connaître l'intérieur de ma famille, et il vint lui-même, le lendemain, me porter l'autorisation que j'avais si vivement désirée. Ma mère l'en remercia avec grâce et sensibilité. Il demanda la permission de revenir nous voir, et parut se plaire de plus en plus dans la société de ma mère. Je dois dire que peu de mois après, Hortense et moi nous nous aperçûmes de l'intention où le général Bonaparte pourrait être d'unir son sort à celui de notre mère, et toute la splendeur qui, depuis, environna Napoléon, alors général Bonaparte, n'a pu me faire oublier toute la peine que je ressentis quand je vis ma mère décidée à former de nouveaux liens. »

Nous avons cru devoir reproduire dans son entier ce

---

[1] An IV (5 octobre 1795).

passage des *Mémoires du prince Eugène*, qui, sous une forme aussi précise que sommaire, rétablit la vérité de faits qui ont été, ou contestés, ou présentés d'une manière assez dissemblable pour laisser l'incertitude dans l'esprit de beaucoup de personnes.

Ce qui cependant paraît incontestable d'après tous les documents qui viennent à l'appui de la déclaration formelle du prince Eugène, c'est que le général Alexandre de Beauharnais fut arrêté à La Ferté-Imbault, dans les premiers jours de janvier 1794, et qu'il fut d'abord écroué au Luxembourg.

Joséphine, arrêtée le 20 avril suivant, fut renfermée dans l'ancien couvent des Carmes, qui, depuis deux ans, était converti en prison.

Le vicomte de Beauharnais obtint, peu de temps après, la faveur d'être enfermé dans la même prison que sa femme, quoique dans un quartier différent.

Confiés aux soins de leur gouvernante, Mme Lanoy, Eugène et Hortense étaient restés à Paris.

Une note que nous trouvons dans les mémoires publiés en 1833, par la reine Hortense, et une lettre de Joséphine [1], datée de la prison des Carmes, an II (1794), ne laissent aucun doute à cet égard.

A la suite de la déclaration du prince Eugène lui-

---

[1] *Correspondance de Napoléon à Joséphine et de Joséphine a sa fille*, t. II, p. 202.

même, en ce qui concerne l'obligation imposée à ces enfants d'apprendre un métier, le témoignage de M. le comte de La Valette, leur parent, est aussi des plus affirmatifs. Il dit dans ses Mémoires qu'Hortense fut placée chez la couturière de sa mère, et qu'Eugène fut mis en apprentissage chez un menuisier.

Nous croyons pouvoir d'ailleurs nous référer sur ce point à notre étude sur la reine Hortense. Après avoir pris connaissance des *Notices historiques* du baron Darnay, compagnon d'enfance, puis secrétaire, chef du cabinet du prince Eugène, conseiller d'État et directeur général des postes du royaume d'Italie; après avoir également recueilli les déclarations de parents ou amis de la famille de Beauharnais, nous avons été autorisé à écrire dans cette publication les lignes suivantes [1], que nous croyons devoir maintenir jusqu'à ce que des preuves contraires et authentiques nous soient opposées.

« Par suite d'un arrêté qui obligeait les enfants des nobles à apprendre un métier, Eugène fut mis en apprentissage chez un menuisier nommé Cochard, domicilié à Croissy, non loin du château de la Malmaison, et Hortense fut placée chez la couturière de sa mère. Dans cette humble condition, Mme Lanoy ne les perdait pas de vue; elle les conduisait, vêtus en ouvriers, à la prison des Carmes, où leur mère était enfermée. »

[1] *La Reine Hortense*, p. 7.

Enfin, Joséphine nous apprend qu'après l'arrestation du général de Beauharnais, un membre du comité de salut public se présenta à son domicile et y fit subir un long interrogatoire à Eugène et à Hortense. Mme de Beauharnais, craignant que ses deux enfants ne fussent arrêtés comme leur père, les plaça en apprentissage, autant pour les mettre à l'abri des dangers auxquels leur nom pouvait les exposer à cette époque, que pour se conformer à un arrêté qui obligeait les enfants des nobles à apprendre un métier.

L'autre fait, qui est relatif à la réclamation si touchante d'Eugène pour conserver le sabre de son père, est confirmé d'une manière irréfragable par l'Empereur lui-même dans le *Mémorial de Sainte-Hélène*. Le mouvement de piété filiale et de noblesse d'âme qui avait dicté la démarche du jeune Beauharnais, impressionna vivement le général Bonaparte, qui ne put s'empêcher de le lui exprimer dans les termes les plus flatteurs.

Le général de Beauharnais s'était retiré dans ses terres, à La Ferté-Imbault; il s'y trouvait depuis quelque temps, avons nous dit déjà, lorsqu'il y fut arrêté en exécution d'un ordre du comité de sûreté générale en date du 12 ventôse an II (2 mars 1794), pour s'être livré, disait cet ordre, à des manœuvres contre-révolutionnaires.

Après quatre mois et demi de détention, il périt sur l'échafaud, le 6 thermidor an II (24 juillet 1794). La

LE PRINCE EUGÈNE

veille de sa comparution devant le tribunal révolutionnaire, le général de Beauharnais écrivit à sa femme la lettre suivante [1], datée de la Conciergerie, le 4 thermidor an II.

« Toutes les apparences de l'espèce d'interrogatoire qu'on a fait subir aujourd'hui à un assez grand nombre de détenus, sont que je suis la victime des scélérates calomnies de plusieurs aristocrates, soi-disant patriotes, de cette prison. La présomption que cette infernale machination me suivra jusqu'au tribunal révolutionnaire, ne me laisse aucun espoir de te revoir, mon amie, ni d'embrasser mes chers enfants. Je ne te parlerai point de mes regrets; ma tendre affection pour eux, l'attachement fraternel qui me lie à toi, ne peuvent te laisser aucun doute sur le sentiment avec lequel je quitterai la vie sous ces rapports.

« Je regrette également de me séparer d'une patrie que j'aime, pour laquelle j'aurais voulu donner mille fois ma vie, et que non-seulement je ne pourrai plus servir, mais qui me verra échapper de son sein en me supposant un mauvais citoyen. Cette idée déchirante ne me permet pas de ne te point recommander ma mémoire; travaille à la réhabiliter en prouvant qu'une vie entière consacrée à servir son pays et à faire triompher la liberté et l'égalité, doit, aux yeux du peuple, repous-

[1] *Histoire de l'impératrice Joséphine*, par Aubenas, t. Ier, p. 235 à 237.

ser d'odieux calomniateurs, pris surtout dans la classe des gens suspects. Ce travail doit être ajourné, car, dans les orages révolutionnaires, un grand peuple qui combat pour pulvériser ses fers, doit s'environner d'une juste méfiance, et plus craindre d'oublier un coupable que de frapper un innocent.

« Je mourrai avec ce calme qui permet cependant de s'attendrir pour des plus chères affections, mais avec ce courage qui caractérise un homme libre, une conscience pure et une âme honnête, dont les vœux les plus ardents sont pour la prospérité de la république.

« Adieu, mon amie, console-toi pour mes enfants, console-les en les éclairant, et surtout en leur apprenant que c'est à force de vertus et de civisme qu'ils doivent effacer le souvenir de mon supplice, et rappeler mes services et mes titres à la reconnaissance nationale.

« Adieu, tu sais ceux que j'aime; sois leur consolateur, et prolonge par tes soins ma vie dans leurs cœurs.

« Adieu, je te presse ainsi que mes chers enfants pour la dernière fois de ma vie contre mon sein. »

Le général de Beauharnais était depuis près de deux mois en prison lorsque, le 2 floréal an II (21 avril 1794), Joséphine fut arrêtée à son tour, rue Saint-Dominique-Saint-Germain, n° 43, où elle demeurait alors, par ordre du comité révolutionnaire de la section des Tuileries, et conduite à la prison des Carmes, où elle resta enfermée pendant cent huit jours, du 2 floréal au 19 thermidor an II.

L'ancien couvent des Carmes, que le gouvernement révolutionnaire avait transformé en maison de détention pour y jeter ses nombreuses et innocentes victimes, était situé rue de Vaugirard, n° 70.

La pièce où Mme de Beauharnais fut enfermée avec Mme d'Aiguillon, est située au premier étage; c'est une cellule voûtée, d'une largeur de 2 mètres 30 centimètres, sur 10 mètres environ de longueur. Elle prend jour sur le jardin par une croisée garnie de barreaux en fer, et on la désigne aujourd'hui sous le nom de *Chambre aux Épées*. Nous dirons tout à l'heure l'origine de cette dénomination.

Du côté opposé à la croisée, il existe une armoire au fond de laquelle se trouve l'inscription suivante écrite sur le mur et garantie par un petit châssis vitré :

« Oh ! liberté, quand cesseras-tu d'être un vain mot ? Voilà aujourd'hui cinquante-sept jours que nous sommes enfermées. On nous dit que nous sortirons demain, mais ne serait-ce pas un vain espoir ?

« Citoyenne Tallien, Joséphine, veuve Beauharnais, d'Aiguillon. »

Il nous serait difficile d'expliquer comment la signature de Mme Tallien se trouve au bas de cette inscription. Mme de Fontenai (Thérésa Cabarrus), fut arrêtée à Versailles dans la nuit du 11 au 12 prairial an II (nuit du 30 au 31 mai 1794), et conduite immédiatement à la Force, où elle resta enfermée pendant soixante jours. Elle ne fut mise en liberté que le 12 thermidor an II (30 juillet 1794), trois jours après la chute de Robespierre, et ce ne fut que peu de temps après qu'elle épousa Tallien.

Quant aux signatures de Mmes de Beauharnais et d'Aiguillon, leur authenticité ne saurait être contestée.

Nous n'avons pas aperçu de date à côté de ces trois signatures.

Au milieu de cette même pièce, et à droite en faisant face à la croisée, on lit encore, tracés sur le mur, ces deux vers :

« J'ai servi mon pays, voilà ma récompense,
« La liberté, souvent, coûte plus qu'on ne pense.
« C. DESTOURNELLES.
« 9 thermidor an II. »

Tout à côté de ce distique, on voit l'empreinte de trois épées ou de trois poignards que les septembriseurs avaient sans doute jetés là après l'horrible massacre des cent vingt prêtres qui se trouvaient dans cette prison. L'empreinte des manches se distingue très-bien, mais il n'en est pas tout à fait de même de celle de trois lames, qui se confond avec la marque faite par le sang qui les couvrait et qui, en s'en détachant, ruissela sur le mur. De là, le nom de *Chambre aux Épées* donné à cette cellule.

Au fond du jardin, et dans la partie la plus rapprochée du mur de clôture donnant sur la rue d'Assas, on voit une chapelle qui disparaîtra lors du percement que nécessitera le prolongement de la rue de Rennes. On lui a donné le nom de *Chapelle des Martyrs*, en souvenir des malheureux ecclésiastiques qui y furent massacrés le 2 septembre 1792.

Le couvent est maintenant affecté à l'école normale des hautes études ecclésiastiques, qu'y fonda peu de temps avant sa mort Mgr Affre, archevêque de Paris, afin de former des professeurs pour enseigner les études littéraires et scientifiques dans les petits séminaires de France; mais l'église est desservie par la communauté des frères Prêcheurs, que dirigea pendant près de quinze ans le R. P. Lacordaire.

Nous allons reprendre notre récit en suivant pas à pas, jusqu'en 1805, les mémoires dictés par le prince Eugène, nous attachant à compléter les pages malheureusement trop brèves de ce travail, où la réserve et la modestie du Prince se font constamment jour, par des informations puisées aux sources les plus authentiques.

Un des premiers soins de Joséphine, depuis qu'elle se trouvait libre, avait été de se préoccuper de l'éducation de ses enfants. Eugène fut envoyé, vers la fin de septembre 1795, à Saint-Germain-en-Laye, chez un professeur de beaucoup de talent, M. Mestro, et

Hortense fut confiée aux soins de Mme Campan, qui, ayant perdu, depuis la mort de la reine Marie-Antoinette, la position qu'elle occupait auprès de cette noble et malheureuse souveraine, dirigeait un pensionnat dans la même ville.

Cette digne institutrice fut chargée, six mois après, d'apprendre à Eugène et à Hortense que leur mère allait devenir madame Bonaparte. En effet, les publications du mariage eurent lieu à la mairie du deuxième arrondissement de Paris, et la célébration en fut fixée pour le 19 ventôse an IV (9 mars 1795).

Madame de Beauharnais avait alors son domicile rue Chantereine (anciennement Ruellette-aux-Porcherons, et actuellement rue de la Victoire). C'est au n° 60 de cette rue que se trouvait le petit hôtel, devenu historique, que Mme de Beauharnais habitait à cette époque, et que le général Bonaparte acheta à son retour de l'armée d'Italie, pour le prix de 180,000 francs.

Cet hôtel, que l'on désigna depuis sous le nom d'hôtel Bonaparte, était situé à l'extrémité d'une longue avenue, assez étroite, il est vrai, mais plantée d'arbres centenaires. Il fut bâti par Ledoux pour le marquis de Condorcet, et en 1791 il était habité par Julie Carreau, lorsqu'elle épousa Talma. En 1860, cet hôtel a complétement disparu, ainsi que le jardin et l'avenue, pour faire place à de belles constructions modernes. La porte cochère qui précédait l'avenue se trouvait à la place qu'occupe aujourd'hui la croisée du rez-de-chaussée la plus rapprochée du n° 58. Il ne reste donc plus rien, plus le moindre vestige de cette ancienne habitation du général Bonaparte.

L'administration municipale de Paris, voulant rendre hommage au jeune vainqueur d'Italie, décida, par un arrêté du 8 nivôse an VI (28 décembre 1797), que la rue Chantereine porterait désormais le nom de rue de la Victoire. En 1816, les Bourbons voulurent qu'elle reprît le nom de rue Chantereine ; mais sa glorieuse dénomination lui fut rendue le 25 novembre 1833, comme un hommage à la mémoire du plus grand capitaine des temps modernes.

Avant son mariage, le général Bonaparte avait occupé à Paris plusieurs autres demeures. Ainsi, lorsqu'il quitta l'école de Brienne, il logea d'abord à l'École-Militaire, dans une toute petite chambre située à l'étage le plus élevé, et n'ayant qu'une fenêtre qui donnait sur l'une des cours intérieures de l'École [1]. Il alla ensuite occuper dans la maison du quai Conti, n° 5, en face le Pont-Neuf, une mansarde dont la fenêtre était en saillie sur le toit. Une plaque de marbre noir, placée au-dessus de la porte de cette maison, indique le séjour qu'y fit

---

[1] Il est question de rétablir cette chambre dans l'état où elle se trouvait à l'époque où elle était habitée par le lieutenant Bonaparte.

LE PRINCE EUGÈNE

— 26 —

le futur empereur. Cette plaque porte l'inscription suivante :

SOUVENIR HISTORIQUE.

En 1785
L'EMPEREUR NAPOLÉON BONAPARTE,
OFFICIER D'ARTILLERIE,
SORTANT DE L'ÉCOLE DE BRIENNE,
DEMEURAIT AU CINQUIÈME ÉTAGE DE CETTE MAISON.

AUTORISATION SPÉCIALE
DE S. M. NAPOLÉON III.
En date du 14 octobre 1854.

Plus tard, en 1792, lorsqu'il était capitaine d'artillerie, il logea rue du Mail, dans une maison meublée qui n'existe plus maintenant, et qui portait alors le nom d'*hôtel de Metz*. En 1794, Bonaparte, alors général d'artillerie, revint demeurer rue du Mail, mais, cette fois, ce fut à l'*hôtel des Droits de l'homme*, où il prit, au quatrième étage, un appartement qu'il partagea avec son frère Louis, futur roi de Hollande, et Junot, futur duc d'Abrantès.

L'année suivante, il alla loger rue de la Michodière, dans une maison meublée qu'il quitta peu de temps après pour aller s'établir à l'hôtel Mirabeau, rue de la Convention [1]. C'est là que, sur la désignation de Car-

[1] Actuellement rue du Dauphin, nom qu'elle portait déjà avant la Révolution.

not, Barras envoya chercher le jeune général pour lui confier le commandement des troupes à la tête desquelles il devait, le 13 vendémiaire an IV (5 octobre 1795), défendre le Directoire contre l'insurrection des sections terroristes et royalistes de Paris.

Après sa victoire, Bonaparte fut nommé général de division et commandant en chef de l'armée de l'intérieur. Il établit alors son quartier général rue Neuve-des-Capucines, à l'hôtel dit de la Colonnade, qui fut depuis occupé par les archives des affaires étrangères, et qui a disparu pour faire place à la rue Saint-Arnaud.

Quinze jours avant son mariage, Bonaparte avait été nommé général en chef de l'armée d'Italie, et Joséphine n'eut plus qu'à partager sa fortune. Il quitta Paris le 22 mars 1796, et fit venir auprès de lui Eugène, qui devint l'un de ses aides de camp.

« Nous ne tardâmes pas, dit le prince Eugène, à apprendre à la fois, et le mariage de ma mère avec le général Bonaparte, et la nomination de ce général au commandement de l'armée d'Italie, et enfin le prochain départ de ma mère pour suivre son mari. Toutes ces nouvelles m'auraient peu satisfait si le général Bonaparte, en partant pour l'Italie, ne m'eût laissé entrevoir une consolation bien flatteuse. Il promettait de m'appeler auprès de lui dès que, par un travail assidu et fructueux, j'aurais réparé le temps que les circonstances m'avaient fait perdre. Je me mis au travail avec une nouvelle ardeur pour obtenir la récompense tant désirée, car, dès ma plus tendre jeunesse, j'ai eu une vocation décidée pour l'état militaire. Pendant quinze mois que je restai à Saint-Germain, les mathématiques, l'histoire, la géographie et la langue anglaise furent l'objet de mes occupations les plus vives; et j'appris enfin avec une joie inexprimable que j'allais recevoir incessamment le prix de mes efforts et de mon assiduité. Je reçus en effet, avec l'ordre de mon départ pour l'armée d'Italie, un brevet de sous-lieutenant au premier régiment de hussards sous la date du.......... J'avais alors quinze ans. »

II

Cette date d'entrée dans la carrière militaire, qui échappait au prince Eugène au moment où il dictait ses mémoires, nous sommes en mesure de la donner ici, en reproduisant la teneur d'un état de services écrit par le Prince lui-même, à la date du 1ᵉʳ nivôse an XIII.

Voici cette pièce, que nous avons copiée aux archives de la guerre, dans le dossier du prince Eugène.

LE PRINCE EUGÈNE

Services successifs de M. EUGÈNE-ROSE BEAUHARNAIS, colonel général des chasseurs à cheval, et général de brigade commandant ceux de la garde impériale, né à Paris, département de la Seine, le 3 septembre 1781.

Désignation des grades successifs.	Désignation des corps dans lesquels il a servi.	Dates des promotions dans chaque grade depuis son entrée au service.	Durée du service dans chaque grade. Ans.	Mois.	Jours.	Campagnes correspondantes à chaque grade et à la durée du service dans chaque grade. Années.	Armées.	Général en chef qui les commandaient.	Observations.
Sous-lieut.	1er régiment de hussards	10 messidor an V	1	6	20	An V	D'Italie	G¹ Bonaparte	A été blessé d'un éclat de bombe à la tête au siège de St-Jean-d'Acre, en Syrie.
Lieutenant	Aide de camp du général Bonaparte	12 messidor an V	1	6	18	An V	»	—	
Capitaine	—	1er pluviôse an VII	1	11	5	An VII	D'Orient	—	
Chef d'escad	Chasseurs à cheval de la garde	1er nivôse an VIII	2	6	29	An VIII	Marengo	1er Consul	
Colonel	—	29 messid. an VIII	2	2	23	»	»	»	
Général de brigade	Commandant les chasseurs à cheval de la garde	25 vendémiaire an XIII	»	2	6	»	»	»	

Certifié par moi, général de brigade, colonel général des chasseurs à cheval, commandant ceux de la garde impériale.

Paris, le 1er nivôse an XIII.

BEAUHARNAIS.

LE PRINCE EUGÈNE

Voici maintenant la proposition faite par le général Bonaparte, pour garder auprès de lui le jeune Beauharnais en qualité d'aide de camp :

RÉPUBLIQUE FRANÇAISE.

LIBERTÉ. ÉGALITÉ.

ARMÉE DE TERRE.

Proposition d'Aide de camp.

Le général Bonaparte, commandant en chef l'armée d'Italie, propose pour remplir sous ses ordres les fonctions d'aide de camp.

Le citoyen EUGÈNE BEAUHARNAIS, sous-lieutenant au 1er régiment d'hussards, aide de camp depuis le 12 messidor an V.

Le Ministre est prié d'approuver cette demande et de vouloir bien signer la commission ci-jointe.

BONAPARTE.

Cette proposition a été approuvée par le ministre de la guerre, le 22 brumaire an VI (12 novembre 1797).

Quant à la nomination d'Eugène de Beauharnais au grade de sous-lieutenant, elle a été confirmée par Barras, président du Directoire exécutif, le 17 frimaire an VI (7 décembre 1797), en en faisant remonter l'ancienneté au 10 messidor an V (28 juin 1797), date de la nomination provisoire faite par le général en chef.

« Eugène arriva à Milan après Léoben [1]. Il fit im-

---

[1] *Mémoires de Bourrienne*, t. II, p. 129.

médiatement le service d'aide de camp du général en chef, qui avait pour lui une grande tendresse, justifiée par ses bonnes qualités. Eugène avait un cœur excellent, un beau courage, une morale pure, beaucoup de loyauté, de franchise, d'obligeance et d'amabilité. »

« Ce n'était plus un enfant, mais ce n'était pas encore un homme [1]. Son instituteur l'avait déclaré *n'être bon à rien* parce qu'il ne faisait ni un thème sans solécisme, ni une version sans contre-sens..... L'enfant reparaissait lorsque, dans la galerie du palais Serbelloni, au milieu des dames qui visitaient sa mère, il plaisantait et riait comme un page; mais, déjà, sa bravoure précoce et sa sérieuse loyauté attestaient l'homme en lui. »

Le traité de Campo-Formio, signé le 17 octobre 1797, suivit de quelques mois l'arrivée d'Eugène Beauharnais à l'armée d'Italie. Pendant le temps que durèrent les négociations préliminaires de ce célèbre traité, Eugène fut chargé de diverses reconnaissances et levées de terrain, tant sur l'Isonzo que dans les montagnes qui séparent la Drave du Tagliamento. Il fut ensuite chargé d'une mission près du gouvernement des îles Ioniennes que le nouveau traité reconnaissait comme république des Sept-Iles.

Après vingt-quatre jours d'une traversée difficile, Eugène aborda à Corfou, où un sabre d'honneur lui fut offert.

[1] *Souvenirs d'un sexagénaire*, par M. Arnault, t. III, p.

« Durant mon séjour dans cette île, je m'étais répandu dans la société, dit-il, cherchant le plaisir, comme cela était naturel à mon âge. J'étais logé dans la maison du gouverneur, dont l'entrée donnait sur une espèce de cul-de-sac. Un soir que j'étais dans la société, trois individus inconnus, mais qui, à leur mine, pouvaient être pris pour des forçats, s'introduisirent dans mon appartement à l'aide de fausses clefs. Mon domestique, qui couchait dans la première pièce, effrayé de cette apparition, se tint immobile dans son lit. Les trois hommes, armés de poignards, traversèrent cette chambre, sans s'inquiéter du domestique, pour entrer dans la seconde que j'habitais. Voyant que mon lit était vide, ils se retirèrent sans mot dire et sans toucher à rien.

« Lorsque je rentrai, dans la nuit, mon domestique, encore plein d'effroi, me fit le récit de cette aventure que je m'empressai de communiquer le lendemain au gouverneur. J'appris de lui que l'action de ces trois hommes était probablement une vengeance méditée contre un officier français qui habitait cet appartement avant moi, et qui, depuis deux jours seulement, avait dû quitter l'île par ordre du gouverneur. Cette circonstance singulière m'aurait rendu victime d'une erreur, si je m'étais trouvé dans mon appartement lorsque les assassins s'y introduisirent. »

Le même brick de guerre qui avait transporté Eugène

à Corfou fut chargé de le débarquer sur la côte du royaume de Naples. Ses ordres lui prescrivaient de rejoindre le général Bonaparte en passant par Naples, Rome et Florence.

Après avoir séjourné quelques jours à Naples, Eugène partit pour Rome. Il y trouva Joseph Bonaparte, alors ambassadeur de la République française près cette cour. Joseph avait avec lui sa femme et sa belle-sœur, Mlle Désirée Clary, qui devait épouser quelques jours plus tard le général Duphot.

Sur les instances qui lui furent faites, Eugène retarda son départ, afin d'assister à ce mariage.

Il survint à ce moment, à Rome, un événement qui produisit la plus vive sensation.

« Le gouvernement le plus près de sa ruine, dit M. Thiers [1], était le gouvernement papal. Ce n'était pas faute de se défendre ; il faisait aussi des arrestations ; mais un vieux pape, dont l'orgueil était abattu, de vieux cardinaux inhabiles, pouvaient difficilement soutenir un État chancelant de toutes parts. Déjà, par les suggestions des Cisalpins, la marche d'Ancône s'était révoltée et s'était constituée en république anconitaine. De là, les démocrates soufflaient la révolte dans tout l'État romain. Ils n'y comptaient pas un grand nombre de partisans, mais ils étaient assez secondés par le mécontentement public......

[1] *Histoire de la Révolution française*, t. X, p. 34 et suiv.

« Les artistes français qui étaient à Rome, excitaient beaucoup les démocrates ; mais Joseph Bonaparte tâchait de les contenir en leur disant qu'ils n'avaient pas assez de force pour tenter un mouvement décisif, qu'ils se perdraient et compromettraient inutilement la France; que, du reste, elle ne les soutiendrait pas et les laisserait exposés aux suites de leur imprudence. Le 26 décembre 1797, ils vinrent l'avertir qu'il y aurait un mouvement. Il les congédia en les engageant à rester tranquilles, mais ils n'en crurent pas le ministre français. Le système de tous les entrepreneurs de révolutions était qu'il fallait oser engager la France malgré elle. En effet, ils se réunirent le 28 décembre pour tenter un mouvement. »

Ici, n'en déplaise à l'illustre historien que nous venons de citer, laissons parler le prince Eugène, témoin oculaire de cette échauffourée. Ce ne sera pas la seule fois, du reste, que nous trouverons l'occasion de rencontrer dans le récit ou dans la correspondance du *Prince-soldat*, quelque chose qui manque parfois aux grandes et belles pages écrites par M. Thiers, c'est-à-dire la simplicité qui exclut toute forme oratoire, toute réticence, et n'aime que le naturel.

« Les républicains, lisons-nous dans les *Mémoires du prince Eugène*, s'assemblèrent en tumulte et se portèrent en masse sous les fenêtres du palais de l'ambassade de France. Leur dessein était de proclamer la république, persuadés qu'ils étaient que le gouvernement pontifical n'était point instruit de leurs menées, et serait renversé par surprise. Mais ce gouvernement les suivait et les surveillait de près. Il envoya tout de suite vers le lieu du rassemblement un détachement d'infanterie et un piquet de cavalerie avec ordre de le dissiper et de faire main basse dessus en cas de résistance. La cavalerie, arrivée la première, fut reçue aux cris de : *Vive la République!* auxquels elle répondit en chargeant sur l'attroupement et sabrant tout ce qui se trouvait à sa portée. Environ quarante personnes furent blessées. La foule alors se précipita dans les cours du palais de l'ambassadeur de France pour y trouver un refuge. Les officiers français présents à Rome se trouvaient en ce moment réunis chez l'ambassadeur, et nous allions nous mettre à table pour dîner, lorsque cette scène tumultueuse eut lieu. Le général Duphot, qui était d'un caractère bouillant, crut y voir une insulte pour son gouvernement. Il mit le sabre à la main, nous ordonnant d'en faire autant et de le suivre. Chacun de nous, et l'ambassadeur lui-même, était persuadé qu'il ne s'agissait de notre part que de faire des efforts pour apaiser le tumulte et concilier les esprits; mais l'infanterie papale, qui avait pris poste à la porte de Transtevère, n'en jugea pas de même, et, voyant arriver vers elle cinq officiers français, le sabre à la main (suivis, il est vrai, par l'attroupement qui avait reflué dans le palais), elle nous accueillit par une fusillade assez vive qui atteignit mortellement le général Duphot et blessa une vingtaine de personnes parmi celles qui étaient derrière nous.

« Voyant qu'il n'y avait pas moyen de se faire entendre, l'ambassadeur se retira avec nous dans son palais, en profitant, pour opérer sa retraite, d'une petite ruelle qui communiquait avec les jardins. Rentrés dans l'hôtel de l'ambassade, nous fîmes barricader les portes et préparer nos armes, craignant d'avoir à soutenir une espèce de siége. Cependant, les portes du palais furent respectées; seulement, quelques coups de fusil furent tirés contre les fenêtres. Pendant la nuit, l'ambassadeur fit demander ses passe-ports au gouvernement romain, et, les ayant obtenus, non sans peine, nous partîmes de Rome avant le jour. Une particularité assez remarquable dans la scène de la veille, c'est qu'en voulant contenir les républicains exaltés qui s'étaient réfugiés dans les cours du palais de France, je frappai plusieurs fois du plat de mon sabre sur un des plus furibonds, nommé Céracchi, qui, plus tard, périt sur l'échafaud pour avoir attenté à la vie du Premier Consul. »

La violation du droit des gens commise contre la légation française par le gouvernement papal, avait excité la plus grande indignation en France. Le Directoire ordonna au général Berthier, qui commandait en Italie, de marcher sur Rome. Le 10 février 1798, nos troupes entrèrent dans la ville éternelle, et le pape, traité avec les égards dus à son âge, fut conduit en Toscane, où il reçut asile dans un couvent.

III

Eugène avait accompagné Joseph jusqu'à Paris, où il séjourna quelque temps. Dans les premiers jours d'avril, il reçut l'ordre de partir pour Toulon. Bonaparte y arriva le 9 mai 1798. Huit jours après, Eugène s'embarquait à la suite de son général, à bord du vaisseau *l'Orient*, de 120 canons, et le 19 mai tous les bâtiments mirent à la voile.

La France et l'Europe retentissaient alors des préparatifs qui se faisaient dans la Méditerranée. On formait à ce sujet des conjectures de toute espèce, et partout on se demandait : où va Bonaparte? où vont ces braves, ces savants, cette armée?

Où allait Bonaparte! « Il allait sur cette terre d'Égypte [1] qui a tenté tous les grands génies qui ont regardé

---

[1] *Histoire de la Révolution française*, par M. Thiers, t. X, p. 68.

la carte du monde. L'oisiveté de Paris lui était devenue insupportable; il ne voyait rien à tenter en politique; il craignait de s'user, il voulait se grandir encore. Il avait dit : « *Les grands noms ne se font qu'en Orient!....* »

« L'Égypte était, selon Bonaparte, le véritable point intermédiaire entre l'Europe et l'Inde. C'est là qu'il fallait s'établir pour ruiner l'Angleterre. De là, on devait dominer à jamais la Méditerranée, en faire, suivant l'une de ses expressions, *un lac français.* »

L'escadre, commandée par l'amiral Brueys, se composait de treize vaisseaux de ligne, de deux vaisseaux vénitiens, de huit frégates françaises et de six vénitiennes, de soixante-douze corvettes, cutters, avisos, chaloupes canonnières et petits navires de toute espèce. Les transports réunis à Toulon, Gênes, Ajaccio et Civitta-Vecchia s'élevaient à quatre cents; la flotte portait environ quarante mille hommes de toutes armes et dix mille marins.

Vingt-deux jours après sa sortie de Toulon, la flotte française arriva devant Malte. Bonaparte fit demander au grand-maître de l'ordre la faculté de faire de l'eau. On lui répondit par un refus absolu.

Le lendemain, 10 juin 1798, les troupes françaises débarquèrent dans l'île, et l'artillerie commença à canonner les forts. Les chevaliers de Malte répondirent à peine à son feu. Ils voulurent tenter une sortie, et il y en eut un très-grand nombre de pris.

« Le 11 juin au matin, je fus envoyé, dit le prince Eugène, près du général Desaix, et le soir près du chef de brigade Marmont. Je me trouvais avec ce dernier au moment d'une sortie assez nombreuse que fit la garnison; elle fut repoussée avec perte. Cinq drapeaux furent enlevés à l'ennemi, et j'eus le bonheur d'en prendre un. Après l'affaire, je fus chargé par le chef de brigade Marmont de porter les cinq drapeaux au général Bonaparte, qui était à bord de *l'Orient*. Le lendemain, on entama des négociations avec la place, et nous y entrâmes le 13. »

Nous regrettons que M. Thiers, qui, dans son *Histoire de la Révolution française*, donne les détails les plus précis, les plus circonstanciés de cette affaire, la première de la campagne d'Égypte, n'ait même pas prononcé le nom du jeune Beauharnais. Cependant, un drapeau pris à l'ennemi par un aide de camp de dix-sept ans, au début d'une expédition aussi glorieuse, valait bien, ce nous semble, une courte mention.

Bonaparte visita les fortifications de la place qu'il venait de prendre avec tant de bonheur et d'audace. Le général Cafarelli-Dufalga, qui l'accompagnait, lui dit avec autant d'esprit que de gaieté : « Nous sommes bien heureux qu'il y ait eu quelqu'un dans la forteresse pour nous en ouvrir les portes. »

Le général Bonaparte quitta Malte le 19 juin 1798, après une relâche de dix jours, et l'escadre française arriva le 1ᵉʳ juillet suivant en vue d'Alexandrie.

La place paraissait disposée à se défendre ; il fallait descendre à quelque distance, sur la plage voisine, à une anse dite du *Marabout*. Le vent soufflait violemment, et la mer se brisait avec furie sur les récifs de la côte.

« C'était vers la fin du jour[1]. Bonaparte donna le signal et voulut aborder sur-le-champ. Il descendit le premier dans une chaloupe ; les soldats demandaient à grands cris à le suivre à la côte. On commença à mettre les embarcations à la mer ; mais l'agitation des flots les exposait à chaque instant à se briser les uns contre les autres. Enfin, après de grands dangers, on toucha le rivage. A l'instant, une voile parut à l'horizon ; on crut que c'était une voile anglaise : « Fortune, s'écria Bonaparte, tu m'abandonnes ! Quoi ! pas seulement cinq jours ! »

La fortune ne l'abandonnait pas, car c'était une frégate française qui les rejoignait. On eut beaucoup de peine à débarquer quatre ou cinq mille hommes dans la soirée et dans la nuit.

Ces quelques milliers de soldats, conduits par Bonaparte, donnèrent résolûment l'assaut aux vieilles murailles d'Alexandrie, derrière lesquelles les Turcs faisaient un feu meurtrier. Nos soldats ne tardèrent pas

[1] *Histoire de la Révolution française*, par M. Thiers, t. X, p. 91.

à entrer dans la place, où le combat se prolongea de rue en rue.

Eugène précédait de quelques pas son général, quand, du premier étage d'une maison voisine, un feu de mousqueterie des plus violents vint les assaillir. Suivi de quelques chasseurs, le jeune sous-lieutenant s'élança dans l'escalier, le sabre au poing. A sa grande surprise, il ne trouva dans cette maison qu'un vieux Turc entouré de dix à douze fusils que sa femme et ses enfants chargeaient avec beaucoup de célérité. On s'empara de toute cette famille, mais d'après les ordres d'Eugène, il ne lui fut fait aucun mal.

A Ramanieh, l'armée rencontra pour la première fois les mamelucks commandés par Mourad-Bey. De là jusqu'aux Pyramides, il n'y eut qu'une seule affaire un peu considérable, celle de Chébreïs. Le 20 juillet, on était en vue du village d'Embarch, où Mourad-Bey s'était retranché, quoi qu'il n'eût d'autre troupe que de la cavalerie. Le lendemain, eut lieu la bataille des Pyramides.

Cette journée fut assez périlleuse pour les aides de camp, car les divisions françaises formaient chacune un carré, et comme ces masses étaient échelonnées entre elles à une portée de canon l'une de l'autre, la cavalerie ennemie occupait presque toujours les intervalles ; aussi était-il très-difficile de porter les ordres : on risquait tout à la fois de tomber sous le sabre du mameluk ou d'être atteint par les balles françaises.

Eugène se distingua dans cette glorieuse journée. Il était, du reste, toujours le premier à se présenter devant le général Bonaparte, quand il s'agissait de quelque mission dangereuse. « J'avais alors, dit-il, ce désir si naturel à tous les jeunes Français de se signaler. Je recherchais avec ardeur toutes les occasions périlleuses qui se présentaient, et dès que le général demandait un aide de camp pour aller dans le désert reconnaître des partis d'Arabes ou de mameluks, j'étais toujours le premier à m'offrir. Le général Bonaparte, en ayant fait la remarque, saisit une de ces occasions pour me faire une leçon ; au moment où je m'avançais avec empressement, comme de coutume, il me renvoya en me disant sérieusement : « Jeune homme, apprenez que dans notre métier il ne faut jamais courir au devant du danger ; il faut se borner à faire son devoir, le bien faire, et arrive ce qu'il plaît à Dieu. »

« Le 21 octobre 1798, une violente insurrection éclata au Caire. Tous les détails en sont bien connus. Nous courûmes tous de grands dangers. Ce jour-là, j'étais de service auprès du général en chef avec le Polonais Sulkowski, et c'est par un grand hasard que je ne fus point chargé de la mission dans laquelle il périt, car, cette fois, c'était bien à mon tour de marcher, et le général, après avoir hésité quelque temps, prononça enfin le mot fatal pour désigner Sulkowski.

« Au mois de novembre, le général Bonaparte ayant

résolu d'occuper le port de Suez, sur la mer Rouge, il envoya, sous le commandement du général Bon, une assez forte colonne dont l'avant-garde me fut confiée. Cette expédition n'était point sans danger. C'était la première fois qu'un corps aussi faible se trouvait lancé dans le désert et dans une direction où l'on ne rencontrait pas d'eau, même saumâtre. Jusqu'alors, nous n'avions pas fait de marches aussi pénibles, et nos troupes eurent beaucoup à souffrir de la soif. A la vérité, en partant du Caire, on avait mis sur des chameaux une provision d'eau à raison de deux pots par homme, mais l'excessive chaleur et la transpiration plus abondante rendaient cette ration équivalente à deux verres sous un climat tempéré. C'est avec cette faible provision qu'il nous fallut faire cinq jours de marche dans le désert; mais, dès le quatrième jour, nos soldats souffraient si cruellement de la soif, que ceux de mon avant-garde se levèrent pendant la nuit et coururent aux outres qu'ils crevèrent à coups de baïonnettes.

« La sentinelle qui en avait la garde cria aux armes, après avoir fait de vains efforts pour les contenir. Je m'élançai aussitôt, le sabre à la main, vers le lieu de cette scène de désordre; mais il n'était plus temps, et notre dernière goutte d'eau était déjà perdue. Cet accident, à mon début dans le commandement militaire, me fut très-désagréable et me causa un violent dépit. J'étais alors fort jeune, et je me représente le contraste que devait offrir, dans cette circonstance, ma figure imberbe et délicate avec les vieilles moustaches des grenadiers de l'ancienne armée d'Italie, sur lesquels je frappais à coups redoublés de plat de sabre.

« Le lendemain, nos souffrances furent excessives, mais enfin, nous arrivâmes à Suez, et bientôt tout fut oublié. »

Quelques jours après, Eugène faillit périr aux côtés de Bonaparte, qui avait voulu traverser la mer Rouge à un gué qui conduit aux sources de Moïse et au Mont-Sinaï.

Au retour de Suez, Eugène reçut le brevet de lieutenant, accompagné d'une lettre du chef d'état-major Berthier, dans laquelle il lui témoignait la satisfaction que le général en chef avait éprouvée de ses services depuis l'ouverture de la campagne. Ce fut pour lui un grand sujet de joie. Il venait d'accomplir dix-sept ans.

Le lendemain de l'entrée des Français à Gaza, le général Bonaparte donna l'ordre à Eugène de partir à minuit pour porter des ordres de mouvement au général Kléber, qui était à quelques lieues en avant, dans la direction de Ramieh. En pareil cas, le chef du poste, que son service tenait sur pied toute la nuit, avait ordre de réveiller l'aide de camp qui devait partir. Il n'y manqua pas; mais à peine s'était-il éloigné, qu'Eugène se rendormit.

« Ceux qui ont servi de bonne heure, dit-il en rappelant ce fait, savent quelle est la puissance du sommeil à l'âge que j'avais alors; elle est irrésistible et capable de faire oublier également le péril et le devoir. Duroc, plus âgé et plus expérimenté que moi, s'étant aperçu que je n'étais point parti, me secoua fortement et m'engagea à me lever. Je résistais en lui disant que je n'en pouvais plus, et qu'il m'était impossible de bouger. Mais il ne fit que redoubler ses instances, ajoutant à la fin, avec une sorte de colère, que ce n'était point ainsi qu'on servait, et que j'allais me déshonorer. Ce mot me fit rougir et me tira de mon engourdissement. Je fis un effort sur moi-même et me levai. Je partis sans escorte, car on n'osait en prendre à moins d'un ordre exprès du général en chef, et après avoir erré pendant près de cinq heures, j'arrivai justement près du général Kléber au moment qui avait été fixé pour mettre sa division en mouvement. »

On aime à voir le prince Eugène parler avec tant de modestie de tout ce qui lui est personnel. Ce sommeil, dont il s'accuse avec une franchise toute militaire, nous rappelle un fait analogue mentionné par le baron Darnay, son ancien secrétaire.

« Les généraux Bessières et Duroc m'ont raconté, écrit-il dans ses *Notices historiques*, que pendant la campagne d'Égypte, Eugène, revenant un jour, tout haletant, d'une longue course, remit en leur présence les dépêches dont il était porteur au général Bonaparte, qui s'empressa de les parcourir. Pendant la lecture de ces dépêches, le jeune aide de camp, debout, chapeau bas, appuyé sur son sabre, s'endormit.

« Il était dans cette attitude lorsque Bonaparte, cessant de lire et jetant les yeux sur Eugène, s'écria : « *Bon jeune homme! il tombe de fatigue.* » Puis il ajouta : « *Eugène sera un homme, il me fera honneur!* »

Heureuse prédiction, qui s'est si bien justifiée depuis.

Envoyé de Ramleh en reconnaissance dans la vallée qui mène à Jérusalem, Eugène fut le seul officier de l'armée d'Égypte qui entrevit la ville Sainte, car quel que fut son désir d'y pénétrer, il ne put donner suite à ce projet en présence d'une troupe nombreuse d'Arabes qui en gardaient les approches.

A Jaffa, il prit part aux combats qui se livrèrent dans les rues étroites de cette place. Après une nuit de massacre et de pillage, il fut chargé de la difficile mission de rétablir l'ordre parmi les soldats qui s'étaient laissé aller à tous les excès de la victoire.

« C'était la première fois, dit-il, que je voyais une ville prise d'assaut, et ce spectacle me frappa d'horreur. »

Trois jours après la prise de Jaffa, l'armée continua sa marche sur Saint-Jean-d'Acre, et arriva le 17 mars devant cette ville, située au pied du Mont-Carmel. Nos soldats avaient pour toute artillerie de siége et de campagne une caronade de trente-deux, quatre pièces de douze, huit obusiers, et une trentaine de pièces de quatre. On manquait de boulets, mais on imagina un moyen de s'en procurer. On faisait paraitre sur la plage quelques cavaliers; à cette vue, le commodore Sydney-Smith, qui commandait les forces anglaises dans ces parages, et coopérait à la défense de Saint-Jean-d'Acre, faisait feu des pièces de tous ses vaisseaux. Bravant la mitraille, nos soldats, auxquels on donnait cinq sous par boulet, allaient les ramasser au milieu de la canonnade et des rires universels.

C'est ce même Sydney-Smith qu'Eugène fut sur le point de faire prisonnier dans une reconnaissance qu'il opéra, le 16 mars, sur Caïffa, la veille de l'arrivée de l'armée française devant Saint-Jean-d'Acre.

Voici dans quels termes il raconte cette aventure.

« J'avais été envoyé par le général Bonaparte, avec quatre chasseurs, en reconnaissance sur Caïffa pour m'assurer si cette ville était occupée et défendue par l'ennemi. Arrivé à une certaine distance de la place, nous aperçûmes une grande quantité de monde sur les murailles, sans pouvoir distinguer si c'étaient des gens armés. Je continuai de m'avancer avec mes quatre hommes, voulant au moins recevoir quelques coups de fusil pour pouvoir dire avec certitude que la ville était occupée et défendue; mais, à mon approche, toute cette foule disparut, et je fis signe alors à ceux qui restaient de descendre pour ouvrir la porte. A peine fut-elle ouverte, que, par une sorte d'inspiration, je m'élançai dans la ville au grand galop, et courus droit au port avec mes quatre chasseurs. Une chaloupe anglaise, portant un officier de marque, venait, à l'instant même, de quitter le rivage et poussait au large à force de rames. Nous lui tirâmes nos cinq coups de carabine et plusieurs coups de pistolet, mais en pure perte, et les coups qu'ils nous ripostèrent furent également sans résultat. J'appris plus tard que l'officier supérieur était le commodore Sydney-Smith.....

« Je n'entreprendrai point, ajoute le prince Eugène, de donner une relation du siége de Saint-Jean-d'Acre, devenu si fameux par la résistance de sa garnison ; je dirai seulement que pendant soixante-quatre jours que l'armée resta devant la place, tous les officiers y firent constamment le service le plus actif et le plus périlleux. Je fus blessé d'un éclat de bombe à la tête, au premier assaut qui fut très-meurtrier, et peu s'en fallut que je n'y restasse, car la même bombe qui m'avait renversé, fit tomber un pan de mur sous les décombres duquel je restai quelque temps enseveli. Duroc fut blessé le même jour d'un éclat d'obus, mais beaucoup plus grièvement que moi, car il ne put reprendre son service de toute la durée du siége. Au bout de dix-neuf jours, je fus entièrement guéri, en sorte que je

LE PRINCE EUGÈNE

pus prendre part au second assaut qui fut aussi infructueux et aussi meurtrier que le premier. Enfin, à l'exception d'une alerte de nuit, je me trouvai à toutes les actions qui eurent lieu pendant le cours du siége. Notre service comportait, en outre, des visites d'hôpitaux, de magasins, de tranchées, etc. En somme, le siége de Saint-Jean-d'Acre m'a laissé le souvenir d'un des services les plus actifs que j'aie faits comme simple officier pendant le cours de ma carrière militaire. »

Le général Bonaparte chérissait de plus en plus ce jeune aide de camp si loyal, si dévoué, qu'il regardait comme son propre fils. Aussi, cherchait-il à ne pas exposer constamment une existence qui était devenue si précieuse pour lui.

« Pendant la campagne d'Égypte, au siége de Saint-Jean-d'Acre [1], le général Bonaparte envoya un officier d'ordonnance porter un ordre important au poste le plus périlleux. L'officier fut tué. Bonaparte en envoya un second qui fut également tué. Un troisième partit, qui eût le même sort. Il fallait cependant que l'ordre parvînt. Il ne restait auprès du général en chef que deux aides de camp, Eugène Beauharnais et La Valette. D'un signe, Bonaparte fait avancer La Valette, et, tout bas, sans être entendu d'Eugène, il lui dit : « La Valette, vous allez porter cet ordre ; je ne veux pas y envoyer

[1] *De l'éloquence militaire*, par M. le général baron Ambert.

cet enfant et le faire tuer si jeune ; sa mère me l'a confié. Vous savez ce que c'est que la vie, allez. » Par un miracle inespéré, La Valette ne fut pas tué. C'est le même qui, condamné à mort en 1815, échappa par un nouveau miracle. Il vécut jusqu'en 1830. »

Il y avait deux mois que nos soldats étaient devant Saint-Jean-d'Acre, et malgré des prodiges de bravoure, on allait être contraint d'abandonner ce siége, qui pouvait compromettre le sort de l'expédition.

La peste était dans la ville, et l'armée en avait pris le germe à Jaffa.

« La saison des débarquements approchait [1] et on annonçait l'arrivée d'une armée turque vers les bouches du Nil. En s'abstenant davantage, Bonaparte pouvait s'affaiblir au point de ne pouvoir repousser de nouveaux ennemis. Le fond de ses projets était réalisé puisqu'il avait détruit les rassemblements formés en Syrie, et que, de ce côté, il avait réduit l'ennemi à l'impuissance d'agir. Quant à la partie brillante de ces mêmes projets, quant à ces vagues et merveilleuses espérances de conquête en Orient, il fallait y renoncer. Il se décida enfin à lever le siége. Mais son regret fut tel que, malgré sa destinée inouïe, on lui a entendu répéter souvent en parlant de Sydney-Smith : « *Cet homme m'a fait manquer ma fortune.* »

[1] *Histoire de la Révolution française*, par M. Thiers, t. X p. 409.

Après être resté soixante-quatre jours devant Saint-Jean-d'Acre, Bonaparte ordonna la levée du siége. Instruit que le capitan-pacha réunissait à Constantinople des forces considérables pour les lui opposer, il jugea prudent de quitter la Syrie. Il avait perdu la moitié de son armée, et les soldats qui restaient étaient, pour la plus grande partie, malades ou blessés. La retraite de l'armée s'opéra dans la nuit du 21 mai. Eugène fut chargé de rester avec les dernières troupes et d'enclouer les deux dernières pièces de canon sous le feu meurtrier de l'ennemi.

On traversa assez rapidement le désert; mais les fatigues de toutes sortes étaient telles, que le prince Eugène a écrit à ce sujet : « J'ai peine à concevoir comment notre armée ne succomba pas aux privations qu'elle éprouva durant cette marche, car le soldat n'eut d'autre distribution pour ces quatre jours qu'un peu de riz, de pain-biscuit, et une bouteille d'eau. Il est bien vrai qu'on trouva deux citernes dans le désert, mais elles étaient pour ainsi dire empoisonnées. Je n'oublierai jamais le puits Katich, près duquel avaient séjourné des convois de malades et de blessés. Ces malheureux s'étaient arrêtés près des bords du puits où ils avaient trouvé la mort. D'autres, emportés par le besoin d'étancher leur soif ardente, s'étaient précipités dans le puits même, où leurs corps avaient été décomposés, en sorte qu'on n'arrivait à la citerne qu'en passant sur des cadavres en putréfaction pour en tirer une eau infecte et remplie de vers. Il nous fallut pourtant avaler ce breuvage empesté! Je crois que dans cette circonstance, j'ai dû mon salut à une précaution que prirent aussi plusieurs de mes camarades : c'était d'avoir constamment sur moi une de ces petites bouteilles recouvertes d'osier, remplie de vinaigre, dont je me servais de temps en temps pour humecter mes lèvres et mes narines. »

Nos braves soldats n'eurent que peu de temps pour se remettre des fatigues de l'expédition de Syrie.

Les Turcs venaient de débarquer à Aboukir avec des forces considérables, dans la même rade où notre escadre avait été détruite par Nelson, le 1er août 1798. Ils étaient escortés par la division navale de Sydney-Smith.

Quand Bonaparte apprit ce débarquement, il quitta le Caire sur-le-champ, et livra, le 25 juillet 1779, la bataille d'Aboukir, qui anéantit l'armée turque tout entière. C'est après cette mémorable bataille que Kléber, arrivant vers la fin du jour, saisit Bonaparte au milieu du corps, et s'écria : « *Général, vous êtes grand comme le monde !* »

Depuis longtemps, Bonaparte était sans nouvelles de France. Il profita de son séjour à Alexandrie pour tâcher, sous prétexte d'échange des prisonniers, d'obtenir de la croisière anglaise la communication de journaux français.

Sydney-Smith accueillit fort bien ces ouvertures, et s'empressa de lui faire parvenir un volumineux paquet de journaux.

« J'étais auprès de mon général, dit le prince Eugène, lorsqu'il fit la lecture de ces journaux, qui lui firent connaître tous nos désastres, la perte de l'Italie, et la ruine prochaine de la France. A mesure qu'il avançait dans cette lecture, le général Bonaparte s'interrompait par des exclamations entrecoupées : « *Les misérables!* s'écriait-il, *est-ce possible?..... Pauvre France!..... Qu'en ont-ils fait?.....* et d'autres mots plus énergiques. Son agitation allait toujours croissant, et, dans son impatience, il lançait les journaux sur la table, en sorte que quelques-uns arrivèrent jusqu'auprès de moi. Je me hasardai à les parcourir. Mon général ne le trouva pas mauvais. Il me fit asseoir, et nous passâmes ainsi la nuit à lire tous ces journaux au nombre de plus de cent. Quand nous eûmes fini, il me fit faire un paquet de tous ces papiers, me recommanda le plus grand secret, et les renvoya à la croisière anglaise. Je suis resté convaincu que cette nuit décida de son retour en France, quoiqu'il ne m'ait jamais mis dans la confidence de ce projet. »

Bonaparte, qui s'était rendu au Caire, s'occupa dans le plus grand secret des préparatifs de son départ. Il rédigea une longue instruction pour Kléber, auquel il voulut laisser le commandement de l'armée, et repartit aussitôt après pour Alexandrie.

« Le 22 août 1799 [1], emmenant avec lui Berthier, Lannes, Murat, Andréossy, Marmont, Berthollet et Monge, il se rendit, escorté de quelques-uns de ses guides, sur une plage écartée. Quelques canots étaient préparés. Ils s'embarquèrent et montèrent sur les deux frégates *le Muiron* et *le Carrère;* elles étaient suivies des chebecks *la Revanche* et *la Fortune.* A l'instant même on mit à la voile pour n'être plus au jour en vue des croiseurs anglais. Malheureusement, un calme survint, on trembla d'être surpris, on voulait rentrer à Alexandrie. Bonaparte ne le voulut pas: « Soyez tranquilles, dit-il, nous passerons. » Comme César, il comptait sur la fortune.

« Ce n'était pas, comme on l'a dit, une lâche défection, car il laissait une armée victorieuse pour aller braver des dangers de tout genre, et le plus terrible de tous, celui d'aller porter des fers à Londres. C'était une de ces témérités par lesquelles les grands hommes tentent le ciel et auxquelles ils doivent ensuite cette confiance immense qui tour à tour les élève et les précipite. »

Le prince Eugène, dont le nom n'est pas une seule fois prononcé par M. Thiers dans son récit de la cam-

---

[1] *Histoire de la Révolution française,* par M. Thiers, t. X, p. 423 et suivantes.

pagne d'Égypte, rend compte ainsi qu'il suit de l'embarquement de Bonaparte :

« Au jour fixé par les résolutions cachées de notre général, nous nous dirigeâmes vers la basse Égypte, et après deux jours de marches forcées, nous nous approchâmes de la mer. L'étonnement était grand parmi nous, et l'on ne savait que penser d'un départ si brusque et d'une marche si singulière. Le général en chef, pour mettre fin aux conjectures et aux discours de son état-major, annonça qu'il avait reçu l'avis de l'apparition d'une flotte ennemie et qu'on craignait un nouveau débarquement. En approchant d'Alexandrie, je fus même envoyé en reconnaissance au bord de la mer pour savoir si l'on n'apercevait pas de préparatifs de débarquement. A mon retour, le général m'interrogea avec une sorte d'anxiété, mais l'expression de la satisfaction se peignit bientôt sur son visage lorsque je lui eus fait connaître que j'avais, à la vérité, aperçu deux frégates, mais qu'elles me paraissaient porter le pavillon français. Il avait lieu, en effet, d'être content, puisqu'il voyait réussir ses projets; car ces frégates devaient nous transporter en France. Il me l'apprit tout de suite, en me disant : « *Eugène, tu vas revoir ta mère.* »

« Ces mots ne me causèrent pas toute la joie que j'aurais dû éprouver. Nous nous embarquâmes la nuit même, et je remarquai que mes compagnons de voyage éprouvaient à peu près les mêmes sentiments de gêne et de tristesse. Le mystère qui enveloppait notre départ, le regret de quitter nos braves camarades, la crainte d'être pris par les Anglais, et le peu d'espoir que nous conservions de revoir la France, peuvent expliquer ce mouvement de l'âme. »

IV

Après quarante jours de traversée, Bonaparte débarqua à Fréjus le 9 octobre 1799. De ce port, jusqu'à Paris, ce ne fut qu'une acclamation populaire, une marche triomphale. A Lyon, surtout, l'enthousiasme fut porté jusqu'au délire. Le 16, Bonaparte était déjà dans son hôtel de la rue Chantereine, sans que personne se doutât de son arrivée à Paris. A partir de Lyon, il prit une autre route que celle qu'il avait indiquée à ses courriers, afin d'arriver incognito dans la capitale.

On a beaucoup parlé d'une scène conjugale qui eut lieu rue Chantereine, lors de ce retour d'Égypte. Le prince Eugène s'en explique avec sa franchise habituelle dans les termes suivants :

« Par un contre-temps fâcheux, ma mère, qui, à la

première nouvelle de notre débarquement, était partie pour venir au devant de Bonaparte jusqu'à Lyon, prit la route de Bourgogne, tandis qu'il passait par le Bourbonnais. Nous arrivâmes à Paris quarante-huit heures avant elle, en sorte que les ennemis de ma mère eurent le champ libre et mirent ce temps à profit pour lui nuire dans l'esprit de son mari. J'en jugeai ainsi à la froideur de l'accueil qu'il lui fit, et je vis avec chagrin qu'il avait conservé les mauvaises impressions que je m'étais efforcé de détruire lors des confidences qu'il me faisait en Égypte.

« De très-bonne heure, en effet[1], l'on vit se former contre Joséphine une ligue (le mot ne dit pas trop) dans laquelle entrèrent, à diverses reprises, quelques membres de la famille Bonaparte, qui, depuis, l'ont regretté. Le général n'eut pas de peine à démêler ce qu'il y avait au fond de cette insistance. Aussi, après un premier emportement bientôt calmé, il rendit à sa femme sa confiance et son affection, et à partir de ce moment, il ne cessa de vivre avec elle dans la plus entière union et la plus parfaite estime. »

Trois semaines après son retour à Paris, le général Bonaparte allait devenir l'arbitre des destinées de la France. M. Thiers a retracé le 18 brumaire dans des pages inimitables, et cependant, c'est avec le plus vif

[1] *Histoire de l'impératrice Joséphine*, par Aubenas, t. II, p. 47.

intérêt, qu'après avoir admiré ce grand tableau de maître, nous nous plaisons à retrouver dans les notes dictées par le prince Eugène, le récit des impressions personnelles du jeune et fidèle aide de camp du général Bonaparte.

« J'étais trop jeune alors, dit le prince Eugène, et trop peu initié aux affaires publiques pour avoir pu suivre dans tous leurs détails les circonstances qui précédèrent et amenèrent la révolte du 18 brumaire [1]; j'étais d'ailleurs uniquement occupé, comme je l'ai été toute ma vie, du soin de remplir mes devoirs sans chercher à m'immiscer dans des objets qui leur étaient étrangers. Je me bornerai donc à dire ce que mon service me mit à même de remarquer.

« Dès les premiers jours de brumaire, de fréquentes entrevues eurent lieu entre le général Bonaparte et d'autres personnages marquants, soit du gouvernement, soit de l'armée. Une correspondance secrète et active, dont j'étais souvent l'intermédiaire, me fit soupçonner qu'il se préparait un grand événement. L'ordre que nous reçûmes immédiatement de tenir nos armes et nos chevaux prêts ne me laissa plus aucun doute à cet égard. Dans les nuits qui précédèrent le 18 brumaire, je fus envoyé chez le général Moreau et chez M. Garat, et le 18 brumaire au matin, le général Bonaparte m'en-

[1] An VIII (9 novembre 1799).

voya au conseil des Anciens, pour lui annoncer qu'il allait se rendre dans son sein. Je m'acquittai de cette commission avec le trouble que la présence d'une assemblée aussi importante devait faire éprouver à un jeune homme qui parlait en public pour la première fois.

« Le général Bonaparte arriva bientôt, et après un discours dans lequel il peignait la malheureuse situation de la France et la faiblesse du gouvernement, il fit sentir la nécessité de porter remède à cet état de choses, et finit par proposer la déchéance du Directoire et la translation des deux conseils à Saint-Cloud. Cette proposition fut adoptée à une grande majorité par le conseil des Anciens, dont presque tous les membres paraissaient d'accord avec le général. Le commandement des troupes lui fut confié, ainsi que des pouvoirs pour mettre à exécution la mesure qui venait d'être décrétée.

« En sortant de la séance, le général harangua les troupes avec force, et leur dit que la patrie n'espérait plus qu'en elles pour son salut. Les troupes répondirent avec enthousiasme à cet appel. Un détachement commandé par le général Moreau avait déjà été envoyé au palais du Luxembourg pour s'en emparer et en expulser les membres du Directoire.

« Le lendemain, 19 brumaire, nous marchâmes sur Saint-Cloud, où les deux conseils étaient assemblés. Tout ce qui s'y passa est connu. Je pus juger combien la discussion était animée au conseil des Cinq-Cents par les continuelles allées et venues de plusieurs de ses membres du lieu des séances au cabinet du général Bonaparte. Enfin, on vint lui annoncer que les choses étaient arrivées à un tel point, que sa présence devenait indispensable. Il sortit aussitôt pour se rendre au conseil des Cinq-Cents. En traversant les cours, il fut entouré par des groupes de militaires qui paraissaient fort animés. Quelques grenadiers qui se pressaient autour de lui m'en séparèrent de quelques pas, en sorte que je ne pus voir qu'imparfaitement son entrée dans la salle. La seule chose qui me frappa, ce fut les cris de : *Hors de la salle! A bas! Hors la loi le général Bonaparte!* Je n'ai point vu de poignard levé sur lui, mais je ne puis néanmoins affirmer que le fait n'ait pas eu lieu.

« Le général Bonaparte se retira de la salle dans un grand état d'agitation. Ses traits étaient altérés, et la situation critique dans laquelle il se trouvait, explique assez cette altération. Il s'agissait de réussir ou de périr ignominieusement sur l'échafaud. Rentré dans les cours, il harangua les troupes avec véhémence et donna l'ordre de faire évacuer la salle par la force armée, ce qui fut exécuté. Le gouvernement des consuls provisoires fut ensuite proclamé par le conseil de Anciens, et accepté par la minorité du conseil des Cinq-Cents qui était restée à Saint-Cloud. Le reste s'était sauvé à travers les jardins, abandonnant toges, bonnets et écharpes, qu'on trouva semés partout.

« Vers minuit je fus envoyé près de ma mère pour la rassurer et lui rendre compte du résultat de cette journée.

« Le nouveau gouvernement ayant été proclamé, nous allâmes nous installer au Petit-Luxembourg. Le service d'aide de camp devint alors peu agréable pour moi, qui avais toujours servi militairement et qui étais passionné pour mon métier. Nous passions les journées dans un salon d'attente avec un huissier, et nous remplissions à peu près les mêmes fonctions que lui. Cela ne pouvait me convenir, et je cherchai à sortir de cette situation. La création d'une garde pour les consuls m'en fournit bientôt l'occasion. Je fus trouver le général Bonaparte et lui demandai à entrer dans cette garde, en lui expliquant franchement les motifs qui me portaient à lui faire cette demande et sans lui déguiser la répugnance que j'avais alors pour mon service d'aide de camp. Il ne m'en sut point mauvais gré ; il applaudit, au contraire, à ma résolution ainsi qu'aux sentiments que je lui manifestais, et me donna, avec le grade de capitaine, le commandement de la compagnie des chasseurs à cheval de la garde. Rien ne pouvait m'être plus agréable, et je me livrai à l'étude de mon état avec autant d'amour que d'ardeur. »

Dès le 11 novembre 1799, les consuls provisoires

Bonaparte, Siéyès et Roger-Ducos avaient remplacé au Luxembourg le Directoire, et ils s'occupèrent sur-le-champ de préparer la constitution qui devait régir la France.

Cette nouvelle constitution, dite constitution de l'an VIII, ne tarda pas à paraître. En vertu de ses dispositions, le général Bonaparte était nommé premier consul, Cambacérès et Le Brun deuxième et troisième consuls. Le sénat conservateur s'établit au Luxembourg, le Corps législatif au Palais-Bourbon, le tribunat au Palais-Royal, et les Tuileries furent assignées aux consuls pour leur résidence.

« Le choix de ce lieu n'était pas indifférent[1]. Ancienne demeure des rois, symbole de la puissance souveraine, le palais des Tuileries, restitué à sa destination primitive, indiquait à tous qu'en France l'autorité était véritablement reconstituée. Il fallut d'abord rendre habitable ce vaste palais qu'avait traversé plusieurs fois depuis dix ans le torrent populaire. Dès qu'il eut été convenablement approprié, le Premier Consul se décida à y transporter sa résidence. Cette détermination n'était pas sans hardiesse. Il voulut l'exécuter franchement, même avec apparat, comme un homme qui prend possession du rang qu'il sait et sent lui être dû.

« Le 19 février 1800, il sortit du Luxembourg avec

---

[1] *Histoire de l'impératrice Joséphine*, par Aubenas, t. II, p. 50 et suivantes.

ses collègues dans un carrosse attelé de six chevaux blancs, présent de l'empereur d'Autriche au négociateur de Campo-Formio ; vingt-six autres voitures contenant les principaux personnages de l'État suivaient la sienne. Ce cortége était précédé et escorté par quatre mille hommes pris dans les anciennes troupes d'Italie et d'Allemagne, et commandés par Lannes, Murat et Bessières. La foule accueillit son passage par de vives acclamations. Arrivé dans la cour des Tuileries, le Premier Consul monta à cheval pour passer la revue des troupes, pendant que Joséphine, qui l'avait précédé avec la famille Bonaparte, jouissait de ce spectacle des fenêtres du palais. »

Bonaparte s'établit au premier étage du palais des Tuileries, dans les appartements occupés autrefois par la famille royale.

Cet hiver de 1799, fut mis à profit par Eugène pour s'initier à tous les détails de la carrière à laquelle il s'était voué avec tant d'ardeur. « Les années du consulat, dit M. de Norvins, furent la troisième époque de l'instruction militaire d'Eugène de Beauharnais. Il étudia la pratique de son métier, et y acquit cette habileté qui le fit bientôt remarquer parmi les premiers colonels de l'armée. »

C'était en vain que le Premier Consul avait adressé, dans le langage le plus élevé, des instances aux cabinets de l'Europe pour obtenir la paix. Cette paix, réellement et sincèrement désirée, lui était refusée; il ne lui restait plus qu'à faire la guerre à la coalition.

Une armée sous les ordres du général Moreau devait passer le Rhin pour pénétrer en Allemagne, tandis qu'une armée de réserve commandée par le Premier Consul en personne, devait se porter sur les Alpes.

Au mois de mai 1800, Eugène reçut l'ordre de partir avec l'armée de réserve qui s'était rassemblée pour effectuer le passage du mont Saint-Bernard.

Le 13 mai, le Premier Consul était à Lausanne. Le général Marescot, chargé de la reconnaissance des Alpes, s'était prononcé pour le passage du Saint-Bernard, tout en considérant l'opération comme très-difficile. — « Difficile, soit, répondit le Premier Consul; mais est-elle possible? — Je le crois, répliqua le général Marescot, mais avec des efforts extraordinaires. — Eh! bien, partons, » fut la seule réponse du Premier Consul.

Tout le monde sait comment s'effectua ce passage à jamais célèbre dans l'histoire. Les arts ont dépeint Bonaparte franchissant les neiges des Alpes sur un cheval fougueux. La simple vérité, comme le dit M. Thiers, c'est qu'il gravit le Saint-Bernard monté sur un mulet, et revêtu de cette redingote grise qu'il a toujours portée depuis. Il était conduit par un guide du pays, montrant dans les passages les plus difficiles la distraction d'un esprit tout occupé des plus vastes pensées.

Tandis que les pièces de notre artillerie, traînées à bras, passaient sous le feu du fort de Bard, le général Lannes marchait à la tête de son infanterie. Eugène assista au combat de Buffalora, où commandait Murat, qui fit preuve d'une grande vigueur dans cette affaire. L'armée suivit tout entière ce mouvement général sur Milan, et nos troupes poussèrent vigoureusement l'ennemi devant elles. On resta trois jours à Milan, où le Premier Consul s'occupa de réorganiser le gouvernement républicain. Après quelques jours de repos, il dirigea toutes ses colonnes jusqu'à l'Adda et jusqu'au Pô.

La bataille de Montebello, qui eut lieu le 9 juin 1800, fut pour Lannes une journée de triomphe. Eugène, qui avait été envoyé dans la direction de Plaisance pour établir une communication avec Murat, témoigna à son retour le plus grand regret de n'avoir pu assister à cette brillante affaire.

Le Premier Consul arriva dans le moment même où finissait cette bataille, dont il avait prévu à l'avance, dans son plan de campagne, le lieu et le jour. Lorsqu'il arriva près du général Lannes, il le trouva couvert de sang, mais ivre de joie, et les troupes enchantées de leurs succès. Les conscrits s'étaient montrés dignes de rivaliser avec les vieux soldats, et cette journée coûta à l'ennemi quatre mille prisonniers et trois mille hommes tués ou blessés. La victoire avait été pour nous difficile à remporter, puisque douze mille combattants, tout au plus, en avaient rencontré dix-huit mille.

Le 11 juin, arriva au quartier général l'illustre Desaix, qui venait de quitter l'Égypte. Il avait pour le Premier Consul l'attachement le plus dévoué, et celui-ci le considérait comme un frère. Ils passèrent toute une nuit à s'entretenir dans les termes les plus affectueux et les plus intimes. Eugène put aussi serrer la main de Dessaix qui, semblant pressentir sa fin prochaine, dit à son jeune compagnon d'armes : « Autrefois, les balles autrichiennes me connaissaient ; j'ai bien peur qu'elles ne me reconnaissent plus maintenant. »

Le Premier Consul donna sur-le-champ à Desaix le commandement de deux divisions.

Le 13 juin, l'armée française passa la Scrivia et déboucha dans l'immense plaine qui s'étend entre cette rivière et la Bormida, plaine que le nom de *Marengo* a rendue à jamais célèbre. « Là, avait dit le Premier Consul, là, à cette place, je battrai le général Mélas. » Comme il l'avait prévu dans les immortelles conceptions de son génie, ce fut sur ce point que le choc des deux armées eut lieu le 14 juin 1800.

Le 13 au soir, veille de l'une des grandes journées de l'histoire, le Premier Consul coucha au village de Torre-di-Garofolo, et il s'endormit paisiblement.

« Le lendemain matin, dit le prince Eugène, une forte canonnade se fit entendre du côté d'Alexandrie. Bientôt le Premier Consul apprit que l'ennemi débouchait en force dans la plaine d'Alexandrie, et qu'une grande bataille était inévitable. On peut juger de l'inquiétude du général Bonaparte et de la colère qu'il éprouva des faux rapports qu'on lui avait faits la veille [1]. Des ordres furent expédiés en toute hâte pour rappeler le général Desaix, qu'on trouva près de Novi, et qui, malgré cet éloignement, arriva encore assez à temps pour prendre part à l'action et décider le gain de la bataille [2].

« Notre mouvement de retraite commença vers midi et continua jusqu'à quatre heures. C'est dans cet intervalle de temps que la garde commença à prendre une part plus active à l'affaire. Les troupes de ligne étaient fatiguées et découragées. Le Premier Consul nous envoya pour les soutenir. Le général Lannes, pressé un peu vivement par l'ennemi, voulut faire exécuter une charge qui ne réussit pas; il avait devant lui deux bataillons et deux pièces d'artillerie, derrière lesquels était une masse de cavalerie en colonnes serrées; ses troupes se retiraient en désordre, en sorte que pour avoir le temps de respirer et de les rallier, il ordonna au colonel Bessières, qui nous commandait, de charger sur la colonne ennemie. Le terrain était peu

[1] Ces rapports s'accordaient à représenter l'ennemi comme ayant rompu tous les ponts sur la Bormida et effectuant sa retraite.
[2] Au premier coup de canon tiré dans la plaine de Marengo, Desaix, sans attendre aucun ordre, avait marché de ce côté, faisant annoncer son arrivée au Premier Consul.

favorable, car il fallait traverser des vignes ; cependant, nous passâmes et arrivâmes à portée de fusil de ces deux bataillons qui nous attendaient l'arme au bras et dans la plus belle contenance ; le colonel Bessières nous ayant formés, se préparait à commander la charge, lorsqu'il s'aperçut que la cavalerie ennemie se déployait sur notre gauche et allait nous tourner. En conséquence, il fit faire demi-tour à gauche, et nous traversâmes la vigne sous le feu de la mitraille et de la mousqueterie. Mais arrivés de l'autre côté, nous fîmes assez bonne contenance pour en imposer à la cavalerie ennemie. Le général Lannes fut très-mécontent de cette opération et s'en plaignit amèrement. Cependant, il est probable que si nous avions exécuté ses ordres, peu d'entre nous en seraient revenus. Pendant la retraite, mes chasseurs furent chargés de détruire les munitions que nous étions forcés d'abandonner, et ils s'acquittèrent de cette mission avec une grande intrépidité, attendant souvent qu'ils fussent joints par l'ennemi pour mettre le feu aux caissons et sauter ensuite à cheval.

« Enfin, vers cinq heures [1], le général Desaix nous

[1] D'après M. Thiers, l'heure indiquée par le prince Eugène ne serait pas tout à fait exacte. « Desaix, dit cet historien, promenant son regard sur le champ de bataille dévasté, tira sa montre, et, regardant l'heure, répondit au général Bonaparte ces simples et nobles paroles : « Oui, la bataille est perdue, mais il n'est que trois heures ; il reste encore le temps d'en gagner une. »

joignit, et le Premier Consul put reprendre l'offensive. Les troupes du général Lannes, encouragées par ce renfort, se reformèrent, et bientôt l'attaque commença, ainsi que la marche rétrograde de l'ennemi. La cavalerie du général Kellermann fit une fort belle charge à notre gauche, et vers le soir, la cavalerie de la garde en fit une non moins brillante. Quoique le terrain ne nous favorisât pas, puisque nous eûmes deux fossés à franchir, nous nous précipitâmes avec vigueur sur une colonne de cavalerie beaucoup plus nombreuse que nous, au moment où elle se déployait. Nous la poussâmes jusqu'aux premiers ponts des eaux de la Bormida, toujours sabrant. La mêlée dura dix minutes. Je fus assez heureux d'en être quitte pour deux coups de sabre sur ma chabraque. Le lendemain, le Premier Consul, sur le compte qui lui fut rendu de cette affaire, me nomma chef d'escadron. Ma compagnie avait souffert, car de cent quinze chevaux que j'avais le matin, il ne m'en restait plus que quarante-cinq le soir; il est vrai qu'un piquet de quinze chasseurs était resté près du Premier Consul, et que beaucoup de chasseurs démontés ou blessés légèrement, rentrèrent successivement. »

C'est dans ces termes simples que le prince Eugène a constamment l'habitude de parler de tout ce qui lui est personnel. Cette fois, enfin, l'historien du *Consulat et de l'Empire* veut bien accorder une mention honorable à cet intrépide jeune homme.

« Les corps des généraux Kaim et Haddick, dit-il, veulent en vain tenir au centre. Lannes ne leur en laisse pas les moyens, les jette dans Marengo et va les pousser dans le Fontanone, et du Fontanone dans la Bormida. Mais les grenadiers de Weidenfeld tiennent tête un instant pour donner à O'Reilly, qui s'était avancé jusqu'à Cassina-Grossa, le temps de rebrousser chemin. De son côté, la cavalerie autrichienne essaye quelques charges pour arrêter la marche des Français, mais elle est ramenée par les grenadiers à cheval de la garde consulaire que conduisent Bessières *et le jeune Beauharnais.*

« Lannes et Victor, avec leurs corps réunis, se jettent enfin sur Marengo, et culbuttent O'Reilly ainsi que les grenadiers de Weidenfeld. La confusion sur les ponts de la Bormida s'accroît à chaque instant. Fantassins, cavaliers, artilleurs s'y pressent en désordre. Les ponts ne pouvant pas contenir tout le monde, on se jette dans la Bormida pour passer à gué. Un conducteur d'artillerie essaye de la traverser avec la pièce de canon qu'il conduisait. Il y réussit. L'artillerie tout entière veut alors suivre son exemple, mais une partie des voitures reste engagée dans le lit de la rivière. Les Français, ardents à la poursuite, prennent hommes, chevaux, canons, munitions, vivres et bagages. L'infortuné baron de Mélas qui, deux heures auparavant, avait laissé son armée victorieuse, était accouru au bruit de ce désastre et n'en pouvait croire ses yeux. Il était au désespoir.

« Cette sanglante bataille de Marengo exerça une immense influence sur les destinées de la France et du monde; elle donna, en effet, dans le moment, la paix à la République, et un peu plus tard, l'Empire au Premier Consul. Elle fut cruellement disputée, et elle en valait la peine, car jamais résultat ne fut plus grand pour l'un et pour l'autre des deux adversaires. M. de Mélas se battait afin d'éviter une affreuse capitulation ; le général Bonaparte jouait en ce jour toute sa fortune. Les pertes, vu le nombre des combattants, furent immenses et hors de toutes les proportions habituelles. Les Autrichiens perdirent huit mille hommes en morts ou blessés, et plus de quatre mille prisonniers. Leur état-major fut cruellement décimé; le général Haddick fut tué; les généraux Vogelsang, Lattermann, Bellegarde, Lamarsaille, Gottesheim furent blessés; et, avec eux, un grand nombre d'officiers. Ils perdirent donc, en hommes hors de combat ou pris, le tiers de leur armée, si elle était de trente-six à quarante mille hommes, comme on l'a dit généralement. Quant aux Français, ils eurent six mille tués ou blessés. On leur enleva un millier de prisonniers, ce qui présenta encore une perte d'un quart sur vingt-huit mille soldats présents à la bataille. Leur état-major était aussi maltraité que l'état-major autrichien. Les généraux Mainony, Rivaud,

Malher, Champeaux étaient blessés, le dernier mortellement.

« La plus grande perte était celle de Desaix. La France n'en avait pas fait une plus regrettable depuis dix ans de guerre. Aux yeux du Premier Consul, cette perte fut assez grande pour diminuer chez lui la joie de la victoire. Son secrétaire, M. de Bourrienne, accourant pour le féliciter de ce miraculeux triomphe, lui dit : « Quelle belle journée ! — Oui, bien belle, répondit le Premier Consul, si ce soir j'avais pu embrasser Desaix sur le champ de bataille. J'allais le faire ministre de la guerre, ajouta-t-il ; je l'aurais fait prince si j'avais pu. »

Le vainqueur de Marengo ne se doutait pas encore qu'il pourrait bientôt donner des couronnes à ceux qui le servaient.

L'infortuné Desaix était gisant auprès de San-Giuliano au milieu de ce vaste champ de carnage. Son aide de camp Savary, qui lui était depuis longtemps attaché, le cherchant au milieu des morts, le reconnut à son abondante chevelure. Il le recueillit avec un soin pieux, l'enveloppa dans le manteau d'un hussard, et, le plaçant sur son cheval, le transporta au quartier général de Torre-di-Garofolo.

Le lendemain de la bataille de Marengo un armistice fut conclu, ainsi qu'une convention pour l'évacuation de l'Italie.

LE PRINCE EUGÈNE

Le Premier Consul retourna à Milan, où il fut accueilli avec un enthousiasme indescriptible, enthousiasme que nous avons vu se reproduire dans des conditions presque identiques lorsque, après Magenta, Napoléon III fit son entrée dans cette ville.

Le 28 juin, Bonaparte fit route vers la France, mais la garde était déjà partie de Milan le 22 du même mois, avec ordre d'arriver à Paris le 14 juillet, anniversaire de la première fédération, qui, à cette époque, était encore une fête nationale.

Eugène choisit pour sa troupe la route du petit Saint-Bernard. Sa marche fut très-rapide, et il fut obligé, presque sur tout son itinéraire, de doubler et de tripler les journées d'étapes. A Genève, les autorités lui donnèrent un grand repas dont Mme de Staël fit les honneurs.

« Nous étions chargés, dit le prince Eugène, de conduire et d'escorter les drapeaux pris à Marengo. Nous arrivâmes à Paris de manière à entrer dans cette ville à dix heures du matin, et fûmes droit aux Tuileries, d'où nous nous rendîmes aux Invalides, avec le Premier Consul, pour y déposer les drapeaux. On alla ensuite au Champ-de-Mars, où la grande fête avait lieu. Les troupes des dépôts de la garde, par leur propreté et leur belle tenue, offraient un contraste frappant avec celles qui revenaient de l'armée d'Italie, maigres, harassées et couvertes de poussière. Mais ce contraste ne fit que redoubler l'enthousiasme et la vénération qu'inspirait aux Parisiens la présence de nos braves soldats. Nous fîmes le tour du Champ-de-Mars devant la foule innombrable qui couvrait les talus et qui nous accueillit partout avec un tonnerre d'applaudissements et d'acclamations. Ce fut un des plus beaux moments de ma vie. Ces témoignages de l'estime et de la reconnaissance publiques me paraissaient la plus belle et la plus douce récompense de nos fatigues. Ils m'inspiraient un noble orgueil et une vive émotion. L'armée avait en moins de deux mois accompli de grands travaux et sauvé la patrie.

« Aussitôt après notre retour à Paris, le Premier Consul augmenta sa garde. Les deux escadrons de grenadiers à cheval furent portés à quatre. Ma compagnie de chasseurs à cheval devint un escadron, et l'ordre fut donné pour qu'au bout d'un an cet escadron devînt un régiment. Je continuai pendant cet hiver à m'occuper avec ardeur des détails de mon métier pour m'efforcer de devenir de plus en plus digne du commandement qui m'attendait. Mon couvert était toujours mis chez le Premier Consul, mais j'usais discrètement de cette faveur. Cependant, je venais tous les jours pour prendre ses ordres et pour embrasser ma mère. Un jour que j'avais dîné avec Bessières, je me rendis comme de coutume avec lui chez le Premier Consul qui devait aller ce soir même à l'Opéra. Ma mère était déjà sortie pour faire sa toilette lorsque nous entrâmes.

LE PRINCE EUGÈNE

Le Premier Consul vint à nous et nous dit avec un air riant et du visage le plus calme : « Eh ! bien, vous ne savez pas, on veut m'assassiner ce soir à l'Opéra. » Nous nous récriâmes d'horreur, lui témoignant en même temps notre étonnement sur ce qu'il persistait à se rendre au spectacle ; mais il nous dit de nous tranquilliser et nous assura que toutes les mesures étaient prises par la police pour déjouer cette tentative. Ensuite, il dit à Bessières de faire de son côté ce qu'il jugerait nécessaire pour sa sûreté. Celui-ci, qui commandait la cavalerie de la garde, m'ordonna de me rendre à l'Opéra avec un piquet de chasseurs, et de prendre les mesures convenables à la circonstance. Arrivé sur les lieux, je fis mettre pied à terre à la moitié des chasseurs, et après avoir donné la consigne aux autres, j'entrai à l'Opéra, précédant le Premier Consul de cinquante pas, et précédé moi-même de mes chasseurs, de manière à faire croire aux personnes qui étaient dans l'intérieur que j'étais le Premier Consul. Tout d'un coup je fais faire halte à mes chasseurs, front à droite et à gauche. Je me range, et le Premier Consul passe tranquillement au milieu d'eux et entre dans sa loge. Au même moment, les conjurés, au nombre desquels étaient Aréna, corse, et Céracchi, romain, furent arrêtés dans la salle. On trouva sur eux des poignards et des pistolets. Ils furent jugés, reconnus coupables, et portèrent leur tête sur l'échafaud. »

Si nous nous reportons un instant à la vie intérieure de Joséphine et de ses deux enfants à l'époque du Consulat, nous voyons que cette existence, que nous avons décrite dans un autre livre [1], était aussi simple que digne.

Ses réceptions étaient alors très-suivies. « Il ne fut pas très-facile de discipliner le salon du Premier Consul et de classer les amours-propres qui s'y rencontraient [2]. Pour toutes les femmes qui en formaient la société ordinaire, la transition avait été brusque comme pour leurs maris. La grâce et la bienveillance de Mme Bonaparte apprivoisèrent celles qu'effarouchaient l'étiquette naissante d'un palais et surtout le rang et la gloire du Premier Consul. *La Cour* était alors ce qu'elle devait être, peu nombreuse mais décente. Le titre de *Madame* fut généralement rendu aux femmes chez le Premier Consul et dans les billets d'invitation qu'il leur faisait adresser. Ce retour à l'ancien usage gagna bientôt le reste de la société. »

« Outre ses réceptions du soir [3], Joséphine avait l'habitude d'inviter de temps en temps à des déjeuners tout à fait intimes, les plus jeunes de ses assidues dont la timidité redoutait la supériorité des hommes distin-

---

[1] *La reine Hortense*, p. 18 à 43.
[2] *Mémoires sur le Consulat*, par Thibaudeau, p. 5.
[3] *Histoire de l'impératrice Joséphine*, par Aubenas, t. II, p. 105.

gués que l'on voyait au palais, et qui avaient encore besoin d'encouragements et de conseils. En causant avec Mme Bonaparte pendant ce déjeuner, repas toujours sans aucune cérémonie, de modes, de spectacles, de petits intérêts de société, ces jeunes femmes s'enhardissaient et devenaient bien moins *tapisserie* pour le salon du Premier Consul lorsqu'il venait y chercher quelque distraction. Mme Bonaparte faisait les honneurs de ce déjeuner avec une grâce charmante. »

C'est dans le salon de famille que Bonaparte était véritablement lui-même, sans préoccupation de son rôle et sans contrainte. C'est là qu'il était surtout intéressant de le voir et de l'entendre, au milieu d'une société plus restreinte où il se laissait aller à tout l'élan de sa pensée, à toute l'inspiration de sa parole. Mais c'est à la Malmaison que le Premier Consul passait tous les moments qu'il pouvait dérober aux affaires. C'était surtout la veille de chaque décadi que le château s'apprêtait pour le plaisir et pour les fêtes.

Un des délassements les plus recherchés et les plus en faveur à la Malmaison à cette époque [1], c'était la comédie. Au nombre des acteurs les plus habituels, Eugène Beauharnais brillait au premier rang.

[1] Dans notre étude sur *la Reine Hortense*, nous avons décrit avec beaucoup de détails le séjour de la Malmaison. Nous croyons donc inutile de reproduire ici ces scènes d'intérieur qui feraient double emploi avec les récits que nous avons déjà publiés.

« Le Premier Consul, dit Bourrienne[1], nous avait fait construire une fort jolie petite salle de spectacle. Nos comédiens ordinaires étaient Eugène Beauharnais, Hortense, M*me* Murat, Lauriston, Didelot, quelques autres personnes de la maison du Premier Consul, et moi. Les pièces que le Premier Consul aimait le plus à voir représenter par nous étaient *le Barbier de Séville* et *Défiance et Malice*. Dans *le Barbier de Séville*, Lauriston jouait le rôle du comte Almaviva ; Hortense, Rosine ; Eugène, Bazile ; Didelot, Figaro ; moi, Bartholo, et Isabey, l'Éveillé. Notre répertoire se composait encore des *Projets de mariage*, de *la Gageure*, du *Dépit amoureux*, où je jouais le rôle du valet, et de *l'Impromptu de campagne*, où je représentais le baron, ayant pour baronne la jeune et jolie Caroline Murat.

« Hortense jouait à merveille, Caroline médiocrement, Eugène très-bien, Lauriston était un peu lourd, Didelot passable, et j'ose assurer que je n'étais pas le plus mauvais de la troupe. Si, d'ailleurs, nous n'étions pas bons, ce n'était pas faute de bonnes leçons et de bons conseils. Talma et Michot venaient nous faire répéter, tantôt en commun, tantôt séparément ».

Tout en prenant sa bonne part à ces douces récréations de l'esprit, Eugène travaillait sérieusement à acquérir les

---

[1] *Mémoires de Bourrienne*, t. V, p. 24.

connaissances les plus étendues dans la science militaire. Le Premier Consul le nomma colonel en 1802 (21 vendémiaire an XI), et lui confia des inspections successives. Eugène était toujours chargé de commander les manœuvres sous ses ordres, et il s'en acquittait parfaitement. Il ne tarda pas à être nommé général de brigade, et il fut chargé, au moment où la conspiration de Pichegru fut découverte, de la garde des barrières et des boulevards extérieurs de Paris. Ce service pénible demandait une grande activité ; Eugène fit preuve, dans ces circonstances, d'une vigilance que rien ne put tromper.

Lorsque le procès de Pichegru fut terminé, les parents et amis des condamnés affluèrent à Saint-Cloud pour demander leur grâce ; c'était surtout à la bonne Joséphine qu'ils s'adressaient, et Eugène fut souvent témoin de ces sollicitations. Il dit à ce sujet dans ses *Mémoires* : « Ma mère fut assez heureuse pour obtenir du Premier Consul la vie de plusieurs condamnés, parmi lesquels je me rappelle MM. de Rivière et de Polignac. Le premier a saisi, depuis, la première occasion qui s'est présentée pour m'en témoigner sa reconnaissance. »

Toutes ces tentatives faites contre le pouvoir et la vie du Premier Consul n'avaient servi qu'à accroître sa puissance et à augmenter, s'il était possible, son immense popularité.

VI.

L'Empire était dans les vœux de la nation, et l'entourage du Premier Consul s'agitait autour de lui pour faire résoudre à l'avance la question d'hérédité.

« Cette question fut résolue, dit M. Aubenas[1], d'une façon qui semblait concilier les convenances du présent avec les nécessités de l'avenir, les justes prétentions de la famille Bonaparte avec les sentiments et même les intérêts de Joséphine. A défaut d'enfants de l'Empereur, la dignité impériale fut déclarée héréditaire dans la famille du Premier Consul, c'est-à-dire dans les lignes de Joseph et de Louis, les deux autres frères se trouvant exclus par suite de leurs mariages; mais on donna à Napoléon la faculté de choisir un successeur par la voie d'adoption parmi les enfants de ses frères. On lui attribua, en outre, un pouvoir absolu sur les membres de sa famille, dont il devenait le chef, afin de faire respecter ses volontés. Telle fut cette conclusion, qui était pour Joséphine un nouveau succès remporté dans le cœur de son époux. »

Le public et la plus grande partie du monde parisien applaudirent à cette double solution, car, il faut le re-

[1] *Histoire de l'impératrice Joséphine*, t. II, p. 239.

connaître, il y a en France un sentiment de générosité, une délicatesse innée, une chaleur de cœur qui ne pouvaient faire défaut à une femme placée dans une telle situation, et d'ailleurs déjà généralement aimée à cause de son caractère et pour les services rendus de toute sorte : bons offices constants à ceux qui approchaient du Premier Consul; bienfaits sans compter à ceux qui, placés plus loin, lui faisaient connaître leurs besoins. On voyait ensuite avec plaisir, et cela par évouement pour lui, Napoléon faire ce que le cœur conseillait. Joséphine, malgré son peu d'ambition personnelle, avait lutté pour maintenir sa place dans le cœur de son époux et son rang auprès de sa personne. C'était pour elle une question d'affection et de dignité : l'épouse y était intéressée et la mère aussi, car, de la position qui lui serait faite, dépendait celle de sa fille et surtout celle de son fils.

Le 18 mai 1804, le Sénat, organe de la nation, se transporta en corps à Saint-Cloud, apportant le sénatus-consulte qui proclamait Napoléon empereur des Français et Joséphine impératrice.

Napoléon, debout, en costume militaire, calme comme il savait l'être quand les hommes le regardaient, sa femme, tout à la fois satisfaite et troublée, reçurent le Sénat que conduisait l'archichancelier Cambacérès.

Dans les quelques pages qui terminent les fragments

de *Mémoires du prince Eugène*, et que l'on regrette de voir s'arrêter à 1805, on lit ce qui suit :

« J'arrive au grand et important événement qui plaça la couronne impériale sur la tête du Premier Consul : il s'écoula plusieurs mois entre son élection et le couronnement. Pendant ce temps, l'Empereur, voulant entourer le trône de toute la dignité, de tout le respect nécessaires au pouvoir monarchique, rétablit l'ancienne étiquette et la fit observer avec soin. Dès ce moment, je cessai d'avoir des relations aussi intimes avec lui, et pendant quelque temps je me trouvai, par mon grade et par mes fonctions, relégué dans le salon d'attente le plus éloigné de son appartement.

« Je ne murmurai point, et je concevais parfaitement que cela devait être ainsi ; mais il ne manqua pas de gens, courtisans ou autres, qui, sous le masque de l'intérêt et du zèle, cherchèrent à m'irriter, me témoignant de l'étonnement de ce que le beau-fils de l'Empereur, après avoir vécu si longtemps dans son intimité, se trouvait tout à coup placé si loin de lui. Je fermai la bouche à ces bons amis de cour en leur disant que je me trouvais très-bien partout où mon devoir me plaçait. Et cela était vrai.

« Quelque temps après, l'Empereur me fit offrir par ma mère la dignité de grand chambellan, mais je refusai cet honneur en m'excusant sur ce que cet emploi ne convenait ni à mes goûts ni à mon caractère. Ma vocation était toute militaire, et jusqu'alors je n'avais connu d'autre métier que celui des armes.

« Enfin, peu de temps avant le couronnement, je fus nommé colonel-général de l'arme des chasseurs. Cette nomination me fit le plus grand plaisir, puisque, en me donnant une dignité aussi éminente, l'Empereur me laissait pourtant dans mon élément. Je ne parlerai point des cérémonies du couronnement ; elles ont été décrites en grand détail dans les ouvrages du temps, et ont laissé si peu d'impression dans mon esprit que je ne me rappelle point aujourd'hui quels furent les honneurs ou les insignes que j'y portai[1]. En général, je n'ai jamais été frappé ni ébloui par les marques extérieures ni l'appareil de la grandeur, non plus que par la brillante fortune dont la perspective s'ouvrait alors devant moi.

« Quelque temps après la cérémonie du couronnement, je reçus l'ordre de partir pour l'Italie avec une partie de la garde impériale, dont le commandement me fut confié. J'étais en route pour cette destination et à Tarare, près de Lyon, lorsque je reçus un courrier qui m'annonçait ma nomination à la dignité de prince français. Je puis dire avec vérité que ce haut rang où la fortune venait de m'élever ne m'inspira pas le plus

---

[1] Lors de la cérémonie du sacre, Eugène de Beauharnais fut chargé de tenir l'anneau impérial, qu'il remit au Pape pour être passé au doigt de l'Empereur.

léger mouvement d'orgueil ni d'ivresse. Je continuai à vivre avec mes troupes et mes officiers comme par le passé, sans rien changer à mes habitudes ni à ma manière d'être. Je reçus une foule de lettres de félicitations remplies de louanges et de protestations de dévouement, que j'appréciai à leur juste valeur, comme si j'eusse prévu d'avance ce que l'expérience m'a bien confirmé depuis. Une seule chose me toucha réellement dans cette circonstance, ce furent les termes du message de l'Empereur au Sénat pour lui annoncer ma nomination.

« Cette marque publique de la confiance et de l'estime d'un grand homme, chef de la nation, en présence du premier corps de l'Etat, me semblèrent bien au-dessus de tous ces titres et de toutes ces dignités, que je ne devais probablement qu'au hasard de mes relations avec lui. »

Voici le texte de ce message au Sénat :

« Sénateurs,

« Nous avons nommé notre beau-fils, Eugène Beauharnais, archichancelier d'État de l'Empire. De tous les actes de notre pouvoir, il n'en est aucun qui soit plus doux à notre cœur.

« Elevé par nos soins et sous nos yeux depuis son enfance, il s'est rendu digne d'imiter, et, avec l'aide de Dieu, de surpasser un jour les exemples et les leçons que nous lui avons donnés.

« Quoique jeune encore, nous le considérons dès aujourd'hui, par l'expérience que nous en avons faite dans les plus grandes circonstances, comme un des soutiens de notre trône et un des plus habiles défenseurs de la patrie.

« Au milieu des sollicitudes et des amertumes inséparables du haut rang où nous sommes placé, notre cœur a eu besoin de trouver des affections douces dans la tendresse et la constante amitié de cet enfant de notre adoption ; consolation nécessaire sans aucun doute à tous les hommes, mais plus éminemment à nous dont tous les instants sont dévoués aux affaires des peuples.

« Notre bénédiction paternelle accompagnera ce jeune prince dans toute sa carrière, et, secondé par la providence, il sera un jour digne de l'approbation de la postérité.

« Au palais des Tuileries, 12 pluviôse, an XIII[1]. »

Napoléon avait adressé, à la même date, la lettre suivante au prince Eugène.

« Mon cousin,

« Je vous ai nommé prince et archichancelier d'Etat. Je ne puis rien ajouter aux sentiments exprimés dans le message que j'ai envoyé au Sénat à cette occasion, et dont copie vous sera adressée. Vous y verrez

[1] 2 février 1805.

une preuve de la tendre amitié que je vous porte, et l'espoir où je suis que vous continuerez dans la même direction à mettre à profit les exemples et les leçons que je vous ai donnés. Ce changement n'apporte aucun obstacle à votre carrière militaire. Votre titre est le prince Eugène Beauharnais, archichancelier d'État ; vous recevrez celui d'altesse sérénissime. Vous n'êtes plus colonel-général des chasseurs ; vous restez général de brigade, commandant les chasseurs à cheval de ma garde. Il n'y a rien de changé dans vos relations ordinaires, si ce n'est que vous signerez le prince Eugène. Vous n'ajouterez votre titre d'archichancelier d'Etat que dans les affaires qui ressortiront à votre dignité, ou dans les affaires officielles.

« Sur ce, je prie Dieu qu'il vous ait en sa sainte et digne garde. »

A cette lettre, dont toutes les expressions révèlent la profonde tendresse de Napoléon pour son fils adoptif et la haute opinion qu'il avait conçue de lui, Eugène de Beauharnais, que nous désignerons désormais sous le titre de prince Eugène, répondit dans les termes suivants :

« Sire,

« Je reçois à l'instant la lettre dont Votre Majesté a bien voulu m'honorer. J'étais déjà comblé de ses bienfaits, je ne croyais pas qu'il fût possible d'y rien ajouter. Il lui a plu cependant de me donner une nouvelle marque de ses bontés, en m'élevant à la dignité d'archichancelier d'Etat et de prince. Cette dignité, ce titre, ne pourront augmenter le dévouement et l'attachement sans bornes que j'ai voués à Votre Majesté ; ces sentiments ne finiront, Sire, qu'avec mon existence, qui ne serait plus d'aucun prix à mes yeux du moment où elle cesserait de vous être utile.

« Veuillez recevoir avec bonté, Sire, les expressions bien senties du cœur de celui qui a l'honneur d'être, etc., etc. »

Du jour où le Premier Consul fut élevé à la dignité impériale, il était impossible que l'Italie supérieure, dont le premier magistrat était l'Empereur des Français, conservât la forme républicaine. Aussi Napoléon songea-t-il à l'ériger en monarchie. L'avidité de l'Autriche et la vieille haine de l'Angleterre exigeaient d'ailleurs que la France dominât en Italie, afin d'y conserver ses conquêtes. Tel était aussi le vœu de la majorité des Italiens, mais ils désiraient avoir pour roi un frère de l'Empereur, Joseph ou Louis Bonaparte.

L'archichancelier Cambacérès fut chargé de traiter avec Joseph Bonaparte la question de son élévation au trône d'Italie.

Les instances employées auprès de Joseph furent vaines ; il déclina la haute position qui lui était destinée.

Ce fut alors que Napoléon résolut de prendre pour lui la couronne de fer, et de se qualifier Empereur des Français, roi d'Italie, en adoptant Eugène de Beauharnais, qu'il aimait comme son propre fils, et en lui confiant la vice-royauté d'Italie.

Le vice-président Melzi et les consulteurs d'État d'Italie furent appelés à Paris, où ils se trouvaient réunis vers les premiers jours de juin. Le 15 du même mois, ils prirent une délibération qui, rédigée sous forme d'un acte constitutionnel, énonça le vœu que la république italienne fût érigée en royaume d'Italie, et posa pour conditions :

Que le trône d'Italie fût héréditaire dans la famille Bonaparte, à l'exclusion des femmes, et en réservant le droit d'adoption en faveur d'un prince du royaume d'Italie ou de l'empire français ;

Que la couronne d'Italie ne pût être réunie à celle de la France que sur la tête de Napoléon seul, mais qu'il eût le droit de nommer un successeur ;

Que les bases organiques de la constitution italienne fussent celles de la constitution de 1802, afin de garantir la religion nationale, l'inviolabilité et l'intégrité du territoire, l'irrévocabilité de la vente des biens nationaux, le vote des impôts, l'admission exclusive des nationaux aux emplois de l'État.

Napoléon accepta la couronne d'Italie, et, le 17 mars 1805, la délibération de la consulte devint un statut constitutionnel. Le 22 mars, deux décrets fixèrent au 15 mai suivant la convocation du Corps législatif, et au 23 du même mois le couronnement à Milan.

Le 18 mars 1805, l'Empereur se rendit au Sénat et fut reçu à la porte du palais du Luxembourg par une grande députation. Le décret constitutif du royaume d'Italie, revêtu de l'adhésion des députés lombards, fut lu par le vice-président Melzi. Puis, le ministre Marescalchi présenta ces députés à Napoléon, dans les mains duquel ils prêtèrent serment de fidélité au roi d'Italie. Cette cérémonie terminée, Napoléon, assis et couvert, prononça un discours ferme et concis qu'il termina par ces fières et énergiques paroles :

« Nous avons accepté et nous placerons sur notre tête cette couronne de fer des anciens rois lombards pour la retremper et pour la raffermir. Mais nous n'hésitons pas à déclarer que nous transmettrons cette couronne à un de nos enfants, soit légitime, soit adoptif, le jour où nous serons sans alarmes pour l'indépendance que nous avons garantie des autres États de la Méditerranée. »

Arrivé le 8 mai 1805 à Milan, Napoléon fut reçu avec enthousiasme par la population. Quelques jours avant, au milieu de la plaine de Marengo, du haut d'un trône élevé sur le lieu même où, cinq ans auparavant, il avait remporté l'immortelle victoire qui lui avait donné l'autorité souveraine, il assista à de grandes et belles manœuvres représentant la bataille, et posa la première pierre d'un monument destiné à la mémoire des braves morts dans cette grande journée.

Le 23 mai, la cérémonie du couronnement eut lieu dans l'antique cathédrale lombarde. Napoléon reçut du cardinal Caprara, archevêque de Milan, les insignes de la royauté, mais il prit lui-même sur l'autel la couronne, et, la tenant élevée, il la montra aux assistants en disant à haute voix, en italien :

« *Dieu me la donne, malheur à qui la touche.* »

Par décret du 7 juin 1805, le prince Eugène fut nommé vice-roi d'Italie et admis à prêter serment de fidélité. L'Empereur présenta lui-même son fils adoptif à la nation italienne dans une séance du Corps législatif.

La réponse que le prince Eugène fit, en italien, le 13 juin, au président du Corps législatif qui venait le féliciter, mérite d'être reproduite.

« Appelé bien jeune encore, dit-il, par le héros qui préside aux destinées de la France et à celles de l'Italie, à demeurer près de vous l'organe de ses volontés, je ne puis vous offrir, aujourd'hui, que des espérances. Croyez-en, messieurs, les sentiments qui m'animent, ces espérances ne seront pas trompées.

« Dès ce moment, j'appartiens tout entier aux peuples dont le gouvernement m'est confié. Aidé du concours de toutes les autorités et particulièrement du zèle et des lumières du Corps législatif, toujours dirigé par le vaste et puissant génie de notre auguste souverain, plein des grandes leçons et des grands exemples que j'ai reçus de lui, je n'aurai qu'un but et qu'un besoin : la gloire et le bonheur du royaume d'Italie. »

Telles furent ses paroles mémorables ; nous allons voir comment le prince Eugène tint loyalement ses promesses.

CHAPITRE II.

I. Gouvernement de l'Italie. Administration. Législation. Finances. Sourde opposition faite au vice-roi. Il surmonte toutes les difficultés. — II. Guerre contre l'Autriche. Reddition d'Ulm. Austerlitz. Dispositions prises par le prince Eugène pour la défense de l'Italie. Sa générosité envers le prince de Rohan. — III. Paix de Presbourg. Mariage du prince Eugène avec la princesse Auguste-Amélie de Bavière. Napoléon adopte le prince Eugène et lui donne les noms de Napoléon-Eugène de France. — IV. Qualités du prince Eugène comme homme d'État. Appréciations malveillantes de Marmont. Origine de son ressentiment. — V. Activité déployée par le prince Eugène pour organiser l'Italie et assurer la défense de ses places fortes. Difficultés suscitées par la cour de Rome. — VI. L'adoption du prince Eugène par l'Empereur est publiée à Milan. Occupation de Rome. Réorganisation de l'armée italienne.

I

Le Vice-Roi employa les premiers temps de son administration à étudier, à examiner tout par lui-même, s'initiant ainsi à l'art difficile de gouverner, et prenant pour modèle en toutes choses l'empereur Napoléon, qui le guidait dans cette nouvelle carrière.

Le prince Eugène s'attacha d'abord à répartir avec

une sage entente le travail entre les divers ministères, à constituer le budget de l'État de manière à équilibrer les recettes et les dépenses, puis il créa l'armée.

De grandes administrations telles que les postes, les douanes, les sels, le cens, la loterie, les poudres, les domaines et les droits réunis, furent instituées par décret du 28 juin 1805, et calquées, pour ainsi dire, sur celles de la France.

D'importants travaux publics furent inaugurés par l'ouverture d'un canal de Brescia à l'Oglio et de Milan à Pavie, afin de faciliter et de multiplier les transactions commerciales.

Des arsenaux, des poudrières, des fabriques d'armes furent simultanément créés. La conscription fut décrétée sur les mêmes bases qu'en France. Plusieurs régiments furent organisés en même temps que la garde royale, laquelle se composa dans le principe de quatre compagnies de gardes d'honneur, de trois bataillons de vélites, d'un bataillon de grenadiers, d'un bataillon de chasseurs, d'un escadron de dragons, et d'une compagnie d'artillerie.

S'effaçant devant la volonté de son souverain, le prince Eugène se borna, pendant les premiers mois de son gouvernement, à exécuter à la lettre les instructions de l'Empereur.

Toute la correspondance de Napoléon avec le prince Eugène, qui date de cette époque, témoigne la vive sa-

LE PRINCE EUGÈNE

tisfaction que l'Empereur éprouve en se voyant si bien secondé par son jeune lieutenant dans ses vues sur l'Italie.

Cependant, comme nous nous sommes proposé de ne rien laisser dans l'ombre, nous relèverons, chemin faisant, toutes les imputations malveillantes que les détracteurs de ce loyal soldat, de ce prince éminemment français, ont semées sur sa route comme autant d'obstacles accumulés dans l'ombre par la honte contre l'honneur.

Ainsi, on a cherché à faire porter le blâme sur deux actes qui remontent aux premiers mois du gouvernement du prince Eugène.

Examinons ce qu'il y a de fondé dans ce reproche, en parcourant les lettres de l'Empereur et du Vice-Roi.

Un membre du Corps législatif italien, M. Salimbini, avait osé dire, pendant la discussion de la loi de finances : « Nous ferons voir à *ces chiens* de Français que nous sommes des Italiens. »

Le mot était tellement insolent que le prince Eugène ne pouvait le laisser tomber, et dans une lettre qu'il adressa à ce sujet à l'Empereur, le 14 juillet 1805, il disait : « J'ai fait des reproches mérités à M. Salimbini. Je lui ai fait comprendre que j'étais à une place où je ne pouvais plus me venger des outrages personnels, mais que je ne souffrirais jamais et que je punirais même sévèrement tout propos qui tendrait à désunir les deux nations française et italienne, ou qui porterait atteinte à l'un des deux gouvernements qui se trouvaient réunis dans une seule et même personne. Je lui ai dit, au reste : « Je permets tous propos sur mon compte, je ne « les crains pas, et je vous ferai voir à tous que je suis « meilleur Italien et plus attaché au royaume que « vous. »

« Après ce petit sermon qui était très-vif, je vous assure, et qui a duré un bon quart d'heure, le législateur s'est excusé de son mieux ; il m'a même donné sa parole d'honneur qu'il n'avait point tenu ce propos. J'ai feint de le croire, quoique j'en fusse à peu près sûr ; d'ailleurs, il avait reçu son sermon qui lui servira de leçon à l'avenir, et je savais qu'il en avait besoin. C'est un de ces hommes qui ne connaissent d'autre bonheur que de fronder les gouvernements existants et de porter aux nues ceux passés. Je prie, cependant, Votre Majesté de croire que je ne suis point sorti des bornes de mes devoirs ; j'ai voulu faire savoir à tous les bavards que j'avais une manière franche de m'expliquer et que j'étais sévère dans l'occasion. »

Voilà, on le voit, une explication des plus concluantes pour la première affaire. Passons à la seconde, qui concernait une mesure importante prise contre le Corps législatif, et à propos de laquelle Duroc écrivit au Vice-Roi la lettre suivante, à la date du 31 juillet 1805 :

LE PRINCE EUGÈNE

« Monseigneur,

« Sa Majesté m'a fait l'honneur de m'appeler dans son cabinet pour me parler de vous. Je vais vous chagriner, mais je dois le faire, et il vous sera facile de ne plus l'être. Oui, Sa Majesté est mécontente, et voici pourquoi. D'abord, vous outrepassez vos pouvoirs, vous faites des choses qui n'appartiennent qu'à Elle seule. Ainsi, vous avez dissous le Corps législatif, et vous n'avez pas présenté les lois telles qu'on vous les avait envoyées.

« 1° Sa Majesté se plaint de ce que vous lui demandez son avis sur certaines choses et que, sans attendre le retour du courrier, vous passez outre, de manière que lorsque ses ordres arrivent, ils sont inutiles. Il existe deux principes desquels vous ne devez jamais vous écarter, quelque chose que l'on vous dise. D'abord, vous avez le décret qui fixe vos fonctions et détermine ce que le Roi s'est réservé. Dans aucun cas, et sous aucun prétexte, urgence ou excès de zèle, il ne faut pas faire ce qui appartient au Roi; il ne le voudra jamais. Quand un ministre vous dira : « Cela est pressé, le royaume est perdu, Milan va brûler! » et que sais-je, moi, il faut répondre : Je n'ai pas le droit de le faire, j'attendrai les ordres du Roi;

« 2° Lorsque pour une chose, même que vous pouvez faire ou qui vous appartient, vous croyez devoir prendre son avis, il faut l'attendre avant que de rien faire, sans quoi, c'est lui manquer. Ainsi, par exemple, et pour parler de la plus petite chose, si vous demandez à Sa Majesté ses ordres ou son avis pour changer le plafond de votre chambre, vous devez les attendre; et si Milan étant en feu, vous lui écrivez pour l'éteindre, il faudrait laisser brûler Milan et attendre ses ordres. »

Bien que, dans cette correspondance, Duroc se crût autorisé à parler au nom de l'Empereur, il nous est permis de douter que Napoléon, malgré son omnipotence, partageât cette manière de voir qui, en 1805 même, eût abouti à l'absurde dans l'absolu.

On s'explique mieux les termes de cette lettre, lorsqu'on se rappelle que Duroc était lié de la manière la plus étroite, la plus intime avec le prince Eugène, et que c'est plutôt ici l'ami qui parle, qu'un secrétaire qui reproduit la pensée impériale.

Les explications données en réponse à cette communication par le prince Eugène, furent conçues dans des termes tellement dignes et empreints en même temps d'un tel caractère de tristesse, que l'Empereur, à la suite d'une lettre qu'il adressa au Vice-Roi, ajouta de sa propre main cette phrase : « Je vous ai écrit pour « vous témoigner mon mécontentement; j'imagine que « cela ne peut pas autrement vous affecter. »

Le gouvernement de l'Italie absorbait tous les instants du Vice-Roi. M. Du Casse le constate ainsi : « Le prince Eugène travaillait à tel point, que l'Empereur lui recommandait souvent de prendre plus de distractions. Cependant, vers le mois d'août de 1805, ses occupations, loin de diminuer, devinrent plus considérables encore et plus importantes, car Napoléon, tout en ne paraissant pas croire encore à la guerre avec l'Autriche, voyait les nuages s'amonceler vers cette partie de l'Europe. N'aimant pas à être pris au dépourvu, il se hâta de prescrire les mesures les plus sages pour mettre le royaume en état de défense sur tous les points, d'autant que l'on prêtait au conseil de Vienne le projet de porter les armées coalisées sur la France après l'envahissement de l'Italie.

« La loi des finances du royaume, publiée le 18 juillet, portait le budget des dépenses à soixante-seize millions, sur lesquels six millions étaient destinés à l'approvisionnement des places de guerre, et quinze millions aux dépenses extraordinaires et imprévues. Ces deux dernières sommes furent employées à ravitailler, approvisionner les places et assurer sur tous les points les subsistances de l'armée française.

« Le prince Eugène mit ses soins à exécuter les volontés de l'Empereur pour ces deux objets si importants. Habituellement, le Vice-Roi, qui tenait à examiner tout par lui-même et à bien approfondir les choses, concentrait dans son cabinet les rapports, les propositions et les divers travaux des ministres. Il prenait alors une connaissance exacte des affaires de façon à pouvoir bien éclairer l'Empereur. Lorsqu'il avait pris, soit de lui-même, soit en vertu des ordres de Napoléon, une décision, il l'écrivait de sa main. Ces décisions étaient empreintes d'un double cachet de bienveillance et de jugement. Tout ce qui avait trait aux affaires de la guerre ne passait qu'entre ses mains. Pour les affaires nécessitant des rapports particuliers, ou l'approfondissement de matières administratives souvent délicates, le Prince ordonnait au préalable des recherches par la chancellerie de ses commandements.

« Il avait alors près de lui deux hommes d'un grand mérite, le colonel, depuis général d'Anthouard, son premier aide de camp, officier d'artillerie d'une profonde expérience, mais d'un caractère peu facile, et le capitaine Bataille, officier de la même arme, parlant plusieurs langues étrangères.

« Le Vice-Roi faisait le plus grand cas de ces deux officiers et les utilisait pour toute la partie militaire de son gouvernement. Il avait encore auprès de lui M. Méjean, rompu aux travaux administratifs, et M. Abrial, fort habile homme de loi. Il ne tarda pas à recevoir de l'Empereur le général Radet, brave et digne homme, plein de fermeté, pour organiser et commander la gendarmerie du royaume, et M. Lagarde pour la police. »

D'après les intentions de l'Empereur et Roi, intentions qui, du reste, cadraient admirablement avec ses propres idées, le prince Eugène suivait pas à pas, pour l'organisation du royaume, les errements de l'organisation française. On s'efforçait cependant de tenir compte de la différence des mœurs et coutumes des Italiens. C'est ainsi qu'en très-peu de temps, grâce aux grands principes que lui donnait l'Empereur, grâce aussi à un travail incessant, les différentes administrations du royaume d'Italie furent solidement organisées.

II

Au milieu des fêtes auxquelles avait donné lieu son double couronnement, Napoléon n'avait cessé de préparer l'expédition de Boulogne, à laquelle il dut renoncer en présence de la formidable coalition des puissances européennes.

Cette coalition, dont les dépenses énormes étaient payées avec l'or de l'Angleterre, se proposait d'attaquer la France sur quatre points opposés.

La première attaque devait être faite par les Suédois, les Russes et les Anglais au nord, en Poméranie, en

Hanôvre et en Hollande; la seconde à l'est, par la vallée du Danube, avait été confiée aux Russes et aux Autrichiens; la troisième, en Lombardie, avait été réservée aux Autrichiens seuls; la quatrième, au midi de l'Italie, devait être entreprise, en dernier lieu, par les Russes, les Anglais et les Napolitains.

La Prusse, toujours indécise, hésitante, attendait les événements pour savoir si elle devait entrer en ligne ou rester neutre.

Napoléon, qui avait saisi ce plan tout aussi bien que s'il avait assisté aux conférences secrètes de ses ennemis, renonça, non sans de profonds regrets, à son projet de descente en Angleterre. Sur-le-champ, il prit les dispositions nécessaires pour faire arriver sur les bords du Rhin l'armée qui couvrait la plage de Boulogne. Quinze jours suffirent pour ce grand mouvement.

Le 23 septembre 1805, Napoléon exposa au Sénat la conduite hostile de l'Autriche, et il annonça son départ prochain pour Strasbourg. Cinq jours après il était à la tête de l'armée du Rhin, dont les différents corps étaient commandés par Lannes, Davout, Ney, Murat, Soult, Bessières, Bernadotte et Marmont.

Bientôt s'accomplit une merveilleuse campagne qui eut pour résultat l'expulsion des troupes autrichiennes de la Bavière et la reddition d'Ulm.

Pourquoi faut-il qu'à côté de ce triomphe si prompt,

se place une de nos plus néfastes journées? celle de Trafalgar!

Dès le lendemain de la capitulation d'Ulm, Napoléon adressait à l'impératrice Joséphine une lettre dans laquelle on voit qu'il pensait à donner au prince Eugène une part d'action toute personnelle dans le cours de cette campagne.

L'Empereur écrivait : « Je vais me porter sur les Russes; ils sont perdus. Je suis content de mon armée. Je n'ai perdu que quinze cents hommes dont les deux tiers faiblement blessés. Le prince Charles vient couvrir Vienne. Je pense que Masséna doit être à cette heure à Vienne. Dès l'instant que je serai tranquille pour l'Italie, je ferai battre Eugène. »

De son côté, le Vice-Roi ne cessait de solliciter l'honneur de concourir à toutes les grandes choses qui allaient s'accomplir, et le 26 octobre 1805 il écrivait à l'Empereur : « Je ne puis trouver de termes pour exprimer à Votre Majesté l'enthousiasme qu'ont éprouvé vos sujets italiens à la publication des brillants succès de la Grande-Armée. Hier, dans Milan, on a été obligé d'envoyer un piquet chez l'imprimeur. Sa porte a été forcée dix fois, et les premiers exemplaires des bulletins ont été vendus jusqu'à deux sequins. Quant à moi, je suis au comble de la joie. Votre Majesté a eu la bonté de promettre à l'Impératrice de me faire servir plus activement son auguste personne. Le jour où j'en recevrai l'ordre, il ne me restera plus rien à désirer...... »

« D'après les renseignements que je reçois de l'Adige, l'ennemi a réuni ses forces principales à Saint-Bonifacio, Lonigo, Arcole, Albaredo, Cologna et Bevilacqua. Le quartier général du prince Charles est depuis le 22 octobre à San-Grégorio, et le grand parc à Villabella. L'armée du maréchal Masséna est toujours concentrée aux environs de Vérone, et placée de manière à se porter rapidement sur tous les points. »

L'immortelle victoire d'Austerlitz vint mettre fin à la mémorable campagne de 1805. Deux jours après, Napoléon écrivait à Joséphine : « Je t'ai expédié Lebrun. J'ai battu l'armée russe et autrichienne commandée par les deux Empereurs. Je me suis un peu fatigué. J'ai bivouaqué huit jours en plein air, par des nuits assez fraîches. Je couche, ce soir, dans le château du prince de Kaunitz, où je vais dormir deux ou trois heures. L'armée russe est non-seulement battue, mais détruite. »

Sur le champ de bataille même d'Austerlitz, Napoléon avait reçu l'avis des dispositions énergiques prises par le prince Eugène en Italie pour concourir au succès de ses armes.

Pendant que Masséna, avec son habileté ordinaire, faisait rétrograder devant lui les phalanges autrichiennes, le prince Eugène se rendait à Bologne pour y rassembler et organiser la garde nationale du royaume. Il parvint à former ainsi, comme par enchantement, une seconde armée pleine de zèle et de dévouement, non-seulement prête à défendre le sol et les frontières d'Italie, mais même à les franchir pour combattre l'ennemi s'il en était besoin

Aussi, l'Empereur, en parcourant les dépêches qui portaient ces faits à sa connaissance, s'écria-t-il en présence de Bessières, Lannes, Ney et Duroc : « Eh! bien, messieurs, voilà ce qu'a fait le prince Eugène! Je savais bien à qui j'avais confié mon épée en Italie. »

Masséna, qui avait été appelé par l'Empereur à faire en Italie une guerre défensive, n'était pas homme à s'en tenir là si les événements venaient le seconder.

Bien qu'en présence de quatre-vingts mille Autrichiens commandés dès le début des opérations militaires par l'archiduc Charles en personne, Masséna n'avait pas hésité, dès qu'il eut appris la capitulation d'Ulm, à porter trois de ses divisions au delà de l'Adige. Après avoir culbuté les Autrichiens, il s'étendit dans la plaine de Saint-Michel, entre la place de Vérone et le camp retranché de Caldiéro.

Masséna pénétra dans les retranchements de l'ennemi et enleva avec une vigueur incroyable toutes ses positions. « La nuit seule sépara les combattants[1], et

---

[1] *Histoire du Consulat et de l'Empire*, par M. Thiers, t. VI, p. 229.

couvrit de ses ombres l'un des champs de bataille les plus ensanglantés du siècle. Il fallait le caractère de Masséna pour entreprendre et soutenir sans échec une telle lutte. Les Autrichiens avaient perdu trois mille hommes tués ou blessés; on leur avait fait quatre mille prisonniers. Les Français, en morts, blessés ou prisonniers, n'avaient pas perdu plus de trois mille hommes. On bivouaqua sur le champ de bataille, mêlés les uns avec les autres, au milieu d'une affreuse confusion. Mais, dans la nuit, l'archiduc fit évacuer ses bagages et son artillerie, et le lendemain, occupant les Français au moyen d'une arrière-garde, il commença son mouvement rétrograde. Un corps de cinq mille hommes, commandé par le général Hillinger, fut sacrifié à l'intérêt de sa retraite. On l'avait fait descendre des hauteurs pour inquiéter Vérone sur les derrières de notre armée, pendant que l'archiduc se mettrait en marche. Le général Hillinger n'eut pas le temps de revenir de cette démonstration, peut-être poussée trop loin, et fut pris avec tout son corps. Ainsi, dans l'espace de trois jours, Masséna avait enlevé à l'ennemi onze ou douze mille hommes, dont huit mille faits prisonniers, et trois mille laissés hors de combat. »

Sans perdre un instant, le maréchal Masséna poursuivit le prince autrichien, l'épée dans les reins; mais l'archiduc Charles avait pour lui les meilleurs soldats de l'Autriche, et une grande avance dont il profita pour couper les ponts des fleuves débordés et laisser entre lui et son adversaire une grande distance.

Le maréchal Masséna, voyant qu'il ne pouvait faire essuyer de nouvelles pertes à l'archiduc, l'occupa assez en le poursuivant, afin de ne pas lui laisser la facilité de manœuvrer contre la Grande-Armée.

Ramené vers l'Autriche, l'archiduc Charles fut obligé de battre en retraite pour venir au secours de Vienne.

De son côté, le maréchal Ney, chargé d'envahir le Tyrol après l'occupation d'Ulm, fit escalader en plein mois de novembre, par ses dix mille braves, les cols les plus élevés des Alpes, malgré les blocs détachés des rochers que les montagnards précipitaient sur leurs têtes. Entré dans Inspruck, Ney dispersa devant lui les troupes ennemies. Le général Jellachich et le prince de Rohan se trouvèrent refoulés vers le lac de Constance.

Surpris par le corps du maréchal Augereau, Jellachich fut obligé de mettre bas les armes Il était à la tête de six mille hommes.

Le prince de Rohan, coupé de l'armée de l'archiduc Charles, avait cherché audacieusement à pénétrer de vive force dans Venise, mais le prince Eugène fit aussitôt ses dispositions pour déjouer cette entreprise. Il confia au général Saint-Cyr, dont il connaissait l'habileté et la bravoure, la mission de cerner et d'envelopper le prince de Rohan. Celui-ci se présenta hardiment sur les derrières de Masséna à la tête de cinq mille hommes.

Poursuivi par le général Saint-Cyr, et atteint d'une balle dès le commencement de l'action, il dut se rendre avec sa troupe qui était accablée de fatigue et de misère.

Heureux de trouver tant de courage et de résolution chez un Français, bien qu'il eût tourné ses armes contre son pays, le Vice-Roi envoya son premier chirurgien au prince de Rohan, à qui il fit dire, par un de ses aides de camp, qu'il resterait libre sur le sol italien, et qu'après la guérisson de sa blessure, il aurait la faculté de retourner en Autriche, sur sa parole donnée de ne plus servir contre la France.

III

Napoléon voyait avec une vive satisfaction les efforts constants que faisait le prince Eugène pour répondre à la haute confiance qu'il lui avait témoignée, en plaçant dans ses mains le gouvernement de l'Italie; aussi songea-t-il à grandir encore celui qu'il aimait comme un fils, en demandant pour lui la main de la princesse Auguste-Amélie, fille du roi de Bavière.

Cette union projetée était de nature, du reste, à seconder les vues de sa politique, en confondant les intérêts de la Bavière et de l'Italie.

Le traité de Presbourg avait érigé en royaume les électorats de Bavière et de Wurtemberg. Le roi Maximilien tenait donc sa couronne des mains mêmes de l'Empereur, et la reconnaissance lui faisait un devoir de souscrire aux ouvertures de son auguste protecteur.

Aussi la démarche tentée par Napoléon, avec cette promptitude qu'il apportait dans l'accomplissement de ses desseins, devait-elle nécessairement aboutir.

Seulement, on ne peut s'empêcher de remarquer que ce mariage, qui allait lier entre elles deux âmes si nobles, si généreuses, si bien faites pour se comprendre, commença comme une union imposée par la politique.

Ce fut par la lettre suivante de l'Empereur, datée de Munich, le 31 décembre 1805, que le prince Eugène apprit les résultats de cette négociation :

« Mon cousin, je suis arrivé à Munich. J'ai arrangé votre mariage avec la princesse Auguste. Il a été publié. Ce matin, cette princesse m'a fait une visite et je l'ai entretenue fort longtemps. Elle est très-jolie. Vous trouverez ci-joint son portrait sur une tasse, mais elle est beaucoup mieux. »

La princesse Auguste, qui, avant cette demande de

l'Empereur, avait été fiancée à son cousin le prince Charles de Bade, ne se soumit aux volontés de son père qu'en lui faisant entendre des paroles que justifiait la situation extrême dans laquelle elle se trouvait placée.

En effet, elle ignorait complétement ce que pouvait être le prince Eugène, et, dans sa dignité offensée de voir que l'on disposait de son avenir sans l'avoir préalablement consultée, elle s'écria : « C'est à genoux, mon père, que votre enfant demande votre bénédiction; elle m'aidera à supporter avec résignation mon triste sort. »

Peu de jours allaient s'écouler, et cette protestation si touchante devait bien vite être effacée par tout une vie de bonheur intime.

A cette époque, la princesse Auguste n'avait pas tout à fait dix-huit ans; elle était grande et avait une taille des plus élégantes. Sa figure était plutôt belle que jolie, et son teint se faisait remarquer par une extrême fraîcheur. Elle était douée d'une dignité naturelle qui imposait le respect en même temps que son air de bonté la faisait aimer de tous ceux qui l'approchaient.

Quant au prince Eugène, de tous les portraits qui ont été faits de sa personne, l'esquisse suivante nous paraît la plus ressemblante.

« La figure du prince Eugène était plutôt bien que mal, sans toutefois avoir rien de très-remarquable [1]. Sa

(1) *Mémoires de Mlle Avrillon*, t. 1er, p. 308 et suivantes.

taille était ordinaire, mais bien proportionnée ; il était parfaitement fait et excellait dans tous les exercices du corps. Bon, franc, simple dans ses manières, sans morgue, sans hauteur, il se montrait constamment affable avec tout le monde, et bien qu'il ne fut pas dépourvu de sensibilité, il était surtout d'une gaieté inaltérable. Passionné pour la musique, il chantait agréablement. »

Dès que le projet de son mariage avait été une chose convenue et arrêtée, l'Empereur et l'Impératrice s'étaient sur-le-champ rendus à Munich.

Dans une seconde lettre écrite quatre jours après celle que nous venons de reproduire, Napoléon prescrivit au prince Eugène de se rendre à Munich.

« Mon cousin, lui dit-il, douze heures au plus tard après la réception de la présente lettre, vous partirez en toute diligence pour vous rendre à Munich. Tâchez d'être arrivé le plus tôt possible, afin d'être certain de m'y trouver. Vous laisserez votre commandement entre les mains du général de division que vous croirez le plus capable et le plus probe. Il est inutile que vous ameniez beaucoup de suite. Partez promptement et incognito, tant pour courir moins de dangers que pour éprouver le moins de retard. Envoyez-moi un courrier qui m'annonce votre arrivée vingt-quatre heures à l'avance. »

Dès que le prince Eugène eut reçu cette lettre, il se

hâta de faire ses préparatifs de départ et d'en informer l'Empereur.

Après avoir laissé ses instructions au général Miollis, qu'il investit du commandement en son absence, il se fit accompagner du général d'Anthouard, et prescrivit à un chambellan et à un écuyer, les comtes Bentivoglio et Mereningo, ainsi qu'à M. Darnay, son chef de cabinet, de le rejoindre à Munich.

L'Empereur attendait avec la plus vive impatience le prince Eugène, qui arriva à Munich le 10 janvier 1806, le matin de très-bonne heure. A peine fut-il annoncé à Napoléon, qu'il l'emmena dans son cabinet, où il eut avec lui un long entretien. Puis il le conduisit chez le roi et la reine de Bavière, où l'entrevue avec la princesse Auguste eut lieu sans aucune espèce de cérémonie, et pour ainsi dire bourgeoisement.

L'impératrice Joséphine n'était pas encore levée lorsqu'on lui annonça que le prince Eugène était à Munich. Elle fut fort affectée en pensant que la première visite de son fils n'avait pas été pour elle, et qu'elle n'avait pas été la première à l'embrasser. Un instant après, et comme elle était encore tout émue, l'Empereur entra chez elle, tenant par la main le prince Eugène qu'il poussa légèrement vers son auguste mère; l'Impératrice fondit en larmes en l'embrassant.

Qui d'ailleurs ne reconnaîtrait les susceptibilités d'un cœur maternel dans un des reproches qu'elle fit à l'Empereur d'avoir présenté son fils à sa future sans qu'elle l'eût vu ?

On sait que le prince Eugène portait habituellement des moustaches, mais sa mère trouvait qu'il était beaucoup mieux sans cela. « Pourquoi, dit-elle, avoir présenté Eugène avant qu'il eût coupé ses moustaches, sans lui avoir laissé seulement le temps de faire sa toilette ? » Cette observation, faite avec l'émotion qui suit toujours le moment où l'on vient de verser des larmes, fit sourire l'Empereur qui s'excusa gaiement de n'avoir pas songé à une chose d'une si haute importance.

« L'Impératrice, dit Mlle Avrillon, craignait que le premier coup-d'œil n'eut pas été favorable à son fils ; enfin, elle fit tant auprès de lui qu'elle finit par le déterminer à lui faire le sacrifice de ses moustaches, et la journée ne se passa pas sans qu'elles fussent coupées. »

Nous avons rapporté ce récit assez plaisant du sacrifice fait par le prince Eugène de ses moustaches. Cependant, le baron Darnay, dans ses *Notices historiques*, en parle tout autrement.

« L'Empereur, dit-il, s'était emparé du Vice-Roi à son arrivée, et ne l'avait point quitté. Ce monarque se montrait glorieux de présenter lui-même son cher élève à la famille royale de Bavière et à la princesse Auguste. Sa Majesté le préparait sans cesse à cette cérémonie et poussa la précaution et la recherche jusqu'à faire abattre dans son propre cabinet les moustaches du Vice-Roi, afin de ne pas effrayer par un air trop martial la timidité de la princesse Auguste.

« L'impératrice Joséphine, de son côté, faisait valoir auprès de la famille royale de Bavière les belles qualités de son cher fils Eugène, parlait avec chaleur de sa bravoure, de sa loyauté et de sa galanterie. Enfin, le jour de présentation fut fixé et eut lieu. La princesse Auguste, vivement émue de la présence du Vice-Roi, accueillit néanmoins avec autant d'aménité que de réserve ses respects et ses vœux. Le modeste et touchant maintien de Son Altesse Royale laissa voir qu'elle mettait toute sa confiance en ses augustes parents et en la famille impériale. »

Peu de jours suffirent au prince Eugène pour gagner la confiance de la princesse Auguste, et le 14 janvier le mariage fut célébré dans la chapelle royale, en présence des deux familles impériale et royale, et devant deux cours nombreuses.

Le secrétaire d'État Maret, duc de Bassano, eut ordre de dresser un contrat de mariage. Cet acte éprouva plusieurs variations : d'abord Napoléon assignait à la princesse Auguste un douaire sur les revenus du duché de Parme et de Plaisance ; puis, adoptant décidément le prince Eugène, il lui donna les noms de Napoléon-Eugène de France.

Cet acte d'adoption avait pour but de constater publiquement que l'Empereur réaliserait la promesse faite au roi de Bavière de désigner le prince Eugène comme son successeur au trône d'Italie.

Cette paternité adoptive amena un changement dans la correspondance impériale. Jusque-là, Napoléon, en écrivant au prince Eugène, lui disait : « mon cousin. » A partir de ce moment, il lui écrivit toujours : « mon fils. »

Quatre jours après leur mariage, le Vice-Roi et sa jeune femme partirent pour Milan, où ils furent reçus au milieu des acclamations populaires. Le même jour, l'Empereur et l'Impératrice s'acheminèrent vers la France en passant par Stuttgard et Bade, et le 26 janvier ils arrivèrent à Paris.

Pendant cette première année du mariage du prince Eugène, une correspondance s'échangea entre Napoléon et la princesse Auguste, dans les termes les plus paternels, d'une part, et les plus affectueux et soumis de l'autre.

Nous ne citerons qu'une seule de ces lettres, la plus courte, mais aussi l'une des plus significatives de l'Empereur. Elle est datée de Paris, le 25 février 1806.

« Ma fille, je vous envoie mon portrait comme une preuve de mon estime et de mon amitié J'ai reçu votre dernière lettre. J'ai écouté avec grand plaisir tout le bien qu'on me dit de vous. J'imagine que vous avez reçu votre corbeille. Je vous ai envoyé en même temps une bibliothèque. Dites à Eugène combien je l'aime et combien je suis aise d'apprendre que vous êtes réciproquement heureux. Recevez, ma fille, ma bénédiction. »

Nommé gouverneur général des provinces vénitiennes jusqu'à leur réunion au royaume, le prince Eugène visita les provinces nouvellement conquises sur l'Autriche. Sa femme l'accompagna dans cette excursion. Venise les accueillit en leur offrant des fêtes magnifiques.

Tout ce bruit, tout ce mouvement n'empêchaient pas le prince Eugène de se livrer avec une ardeur infatigable aux affaires de l'État.

De Venise, les jeunes époux se rendirent à Milan, en passant par Brescia. Partout ils surent se concilier l'estime universelle.

IV

Une année s'était écoulée à peine depuis le jour où le prince Eugène avait été mis à la tête du gouvernement de l'Italie, et déjà cependant le jeune Vice-Roi avait fait un bien immense.

Le fils adoptif de Napoléon, ainsi que le fait remarquer avec raison M. Du Casse, avait eu plus d'obstacles à vaincre qu'un prince né sur les marches du trône. « Sa position intermédiaire entre le roi d'Italie et les peuples demandait une grande justesse d'idées et un grand tact [1]. L'homme élevé sous les lambris du trône, l'homme qui, dès sa jeunesse, a été environné de tout l'éclat de la puissance qui doit un jour être son partage, apprend à connaître ses devoirs en grandissant. Il exerce tout naturellement sur les autres un prestige qui lui donne en lui-même une confiance légitime. S'il accorde quelques grâces, on lui en sait gré lorsqu'il commence à régner, il n'a pas encore trouvé d'ingrats. S'il n'a pas fait de bien, c'est qu'il n'en a pas eu le temps. L'avenir est à lui, on brûle de lui prouver son zèle. Le souverain qui, à l'âge du prince Eugène, monte sur le trône, occupant le premier rang, ne porte ombrage à personne. S'il a de belles qualités, le bonheur et la gloire de son pays sont ses mobiles, et il n'a point de détracteurs.

« Or, cette position n'était pas celle du prince Eugène. Nourri dans les camps et tellement en dehors de la puissance souveraine que l'idée de son élévation future n'avait pas même pu germer dans son esprit, il se trouvait brusquement, du jour au lendemain, mis en possession du gouvernement d'un royaume nouveau. Il n'était que Vice-Roi, c'est-à-dire vis-à-vis de Napoléon

[1] *Correspondance politique et militaire du prince Eugène*, t. II, p. 113 et suivantes.

le premier de ses sujets ; vis-à-vis de ses peuples, revêtu d'un pouvoir qui n'était pas absolu. Mandataire d'un souverain qui devait un jour lui laisser une couronne, il pouvait avoir des envieux. Le moindre écart, la moindre faute pouvaient être grossis ; les limites même de son autorité devaient le faire hésiter. Contraint de s'observer continuellement, de peser ses paroles, de mettre quelquefois la volonté d'un autre à la place de la sienne, il lui fallait une prudence, une circonspection perpétuelles. La compensation à ces revers de la position qui lui avait été faite n'existait que dans son amour du bien, l'affection réelle que lui portait son père d'adoption, et le désir ardent qu'il avait de concourir à une politique large, puissante, politique qu'il était, plus que tout autre, à même d'apprécier. Pour le prince Eugène, un travail incessant était nécessaire, car on n'organise pas, politiquement parlant, un nouveau pays d'après des bases générales données, sans se livrer à une étude approfondie des besoins d'une nation composée d'éléments divers.

« Pour atteindre son but, pour plaire à son bienfaiteur, pour mériter les éloges du grand homme qui en avait fait son fils, son enfant de prédilection, il fallait au Vice-Roi la raison, le calme de l'âge mûr unis à la verdeur, à l'activité de la jeunesse. Il lui fallait une instruction solide ; l'expérience des affaires ne pouvait être remplacée que par l'étude approfondie des grandes

LE PRINCE EUGÈNE

questions. Sans doute le prince Eugène, longtemps auprès du général Bonaparte, avait pu puiser au contact du grand homme des leçons précieuses ; mais enfin il ne s'en était pas moins trouvé transporté tout à coup du commandement de quelques escadrons, au gouvernement d'un grand État. »

Ces justes appréciations font voir combien les difficultés que le prince Eugène avait à vaincre, au début de son gouvernement, étaient aussi sérieuses que multiples. Toute la correspondance du Vice-Roi avec l'Empereur prouve deux choses : d'abord son dévouement au souverain de la France, puis sa valeur réelle, son aptitude non-seulement pour toutes les affaires militaires, mais aussi pour les affaires politiques et administratives.

Voici cependant le portrait que, dans ses *Mémoires posthumes*, le duc de Raguse a osé tracer de ce noble prince :

« Je fus voir Eugène de Beauharnais à Milan. Il y exerçait les fonctions de Vice-Roi d'Italie. Il venait d'épouser une princesse de Bavière de la plus grande beauté, modèle de douceur et de vertu. Eugène se livrait avec ardeur à l'exécution de ses devoirs. *Bon jeune homme*, d'un esprit peu étendu, mais ayant du sens ; sa capacité militaire était médiocre. Il ne manquait pas de bravoure ; son contact avec l'Empereur avait développé ses facultés ; il avait acquis ce que donnent de grandes et importantes fonctions exercées de bonne heure ; *mais il a toujours été loin de posséder le talent nécessaire au rôle dont il était chargé. On l'a beaucoup trop vanté..... »*

Nous reproduirons encore, pour en faire ressortir tout l'odieux, d'autres passages des *Mémoires du maréchal Marmont, duc de Raguse.* Mais disons tout de suite qu'après les avoir lus et commentés, nous avons voulu rechercher la cause de ce parti pris de dénigrement, et à quelle date remonte la profonde malveillance du duc de Raguse pour le prince Eugène.

Chose triste à dire, surtout lorsqu'il s'agit d'un maréchal de France, cette date remonte à l'affaire des mines d'Idria.

Au mois d'avril 1805, des dilapidations y furent découvertes par le prince Eugène, lequel, par ordre de l'Empereur à qui il en avait rendu compte, prescrivit à Marmont de reverser dans les caisses de l'État une somme de 325,000 francs qu'il s'était attribuée sur une vente de vif argent provenant de ces mines.

Cette basse rancune a, comme nous venons de le constater, une origine peu avouable pour Marmont, dont elle met à nu la cupidité en même temps qu'elle témoigne de l'honnêteté du prince Eugène.

Maintenant, comment l'homme de guerre, battu dans presque toutes les actions où il commandait en chef, a-t-il pu oser qualifier de médiocre la capacité militaire du prince Eugène, toujours vainqueur sur le champ de bataille, excepté dans une seule rencontre, au début de son commandement comme chef d'armée.

Mais reprenons le cours de notre récit. Nous aurons l'occasion, lors des événements de 1814, d'apprécier comme il convient les attaques injurieuses du maréchal Marmont.

V

Par un décret du 21 mars 1806, l'Empereur créa douze duchés dans les provinces enlevées à l'Autriche et réunies au royaume d'Italie, savoir : les duchés de Dalmatie, d'Istrie, du Frioul, de Trévise, de Bellune, de Feltre, de Cadore, de Conégliano, de Bassano, de Vicence, de Padoue et de Rovigo.

Ces duchés, donnés par l'Empereur à ses plus braves lieutenants et à quelques-uns de ses éminents conseillers, formaient une nouvelle noblesse et constituaient, en faveur des titulaires, des dotations considérables perçues sur un capital de quarante millions de francs à prélever sur la vente des biens des commanderies de Malte.

A cette époque, les Russes s'étaient emparés, avec le consentement tacite de l'Autriche, des bouches du Cattaro, ancienne possession des États de Venise, dont le traité de Presbourg avait prescrit la remise à la France. L'Empereur donna l'ordre au prince Eugène de mettre fin par les armes à cette téméraire agression.

L'entreprise était difficile, car les Russes, menacés par les troupes de Molitor, de Marmont et de Lauriston, avaient appelé les Monténégrins, et, d'un autre côté, pour reprendre Cattaro et s'y maintenir, il eût fallu au prince Eugène une marine qu'il n'avait pas.

Nous ne nous étendrons pas sur les opérations de guerre qui se continuèrent pour la reprise des bouches du Cattaro jusqu'au traité de Tilsitt qui les rendit à la France.

Au moment de la rupture avec la Prusse, bien que l'Autriche protestât de ses intentions pacifiques, Napoléon prit toutes les dispositions nécessaires pour le cas où, profitant de son éloignement, elle songerait à se jeter sur l'Italie.

« Eugène, vice-roi d'Italie et confident des pensées de Napoléon [1], avait ordre de ne rien laisser en Dal-

---

[1] *Histoire du Consulat et de l'Empire*, t. VII, p. 25 et suivantes.

matie de ce qui n'y était pas absolument indispensable en matériel ou en hommes, et de réunir tout le reste dans les places fortes de l'Italie. Ces places, depuis la conquête des États Vénitiens, avaient été l'objet d'une nouvelle classification habilement calculée, et elles étaient couvertes de travailleurs qui construisaient les ouvrages proposés par le général Chasseloup, ordonnés par Napoléon. La principale d'entre elles et la plus avancée vers l'Autriche était Palma-Nova. C'était, après la fameuse citadelle d'Alexandrie, celle dont Napoléon poussait le plus activement les travaux, parce qu'elle commandait la plaine du Frioul. Venait ensuite un peu à gauche, fermant les gorges des Alpes-Juliennes, Osopo, puis sur l'Adige Legnano, sur le Mincio Mantoue, sur le Tanaro enfin Alexandrie, base essentielle de la puissance française en Italie. Ordre avait été donné de renfermer dans ces places l'artillerie qui montait à plus de huit cents bouches à feu, et de ne pas laisser hors de leur enceinte un objet quelconque, canon, fusil, projectile, pouvant être enlevé par une surprise de l'ennemi. Venise, dont les défenses n'étaient point encore perfectionnées, mais qui avait pour elle ses lagunes, se trouvait ajoutée à cette classification. Napoléon avait choisi pour la commander un officier d'une rare énergie, le général Miollis. Il avait prescrit à ce dernier d'y exécuter à la hâte les travaux nécessaires pour mettre à profit les avantages du site, en attendant qu'on pût construire les ouvrages réguliers qui devaient rendre la place inexpugnable.

« La défense des places étant assurée, l'armée active devenait entièrement disponible. Elle consistait, pour la Lombardie, en seize mille hommes répandus dans le Frioul, et en vingt-quatre mille échelonnés de Milan à Turin, les uns et les autres prêts à marcher. Restait l'armée de Napoléon, forte d'environ cinquante mille hommes dont une grande partie était en mesure d'agir immédiatement. Masséna était sur les lieux. Si la guerre éclatait avec l'Autriche, il avait pour instruction de se reporter sur la Haute-Italie avec trente mille hommes et de les réunir aux quarante mille qui occupaient le Piémont et la Lombardie. Il n'y avait pas d'armée autrichienne capable de forcer l'opiniâtre Masséna disposant de soixante-dix mille Français, ayant en outre des appuis tels que Palma-Nova, Osopo, Venise, Mantoue et Alexandrie. Enfin, pour ce cas, le général Marmont lui-même devait jouer un rôle utile, car s'il était bloqué en Dalmatie, il était assuré de retenir devant lui trente mille Autrichiens au moins, et s'il ne l'était pas, il pouvait se jeter sur le flanc ou sur les derrières de l'ennemi. »

Telles étaient les instructions que, le 18 septembre 1806, Napoléon adressait de Saint-Cloud au prince Eugène pour la défense de l'Italie, et qu'il terminait par la recommandation suivante : « Lisez tous les jours ces instructions, et rendez-vous compte, le soir, de ce que vous aurez fait le matin pour les exécuter, mais sans bruit, sans effervescence de tête, et sans porter l'alarme nulle part. »

Après les célèbres journées d'Iéna et d'Eylau, auxquelles le prince Eugène n'avait pu assister, une grande joie lui était réservée. Le 14 mars 1807, la princesse Auguste donna le jour à une fille qui reçut les noms de Joséphine-Maximilienne-Eugénie-Napoléone.

Le général d'Anthouard fut envoyé à l'Empereur, qui se trouvait alors en Pologne, pour lui annoncer les heureuses couches de la Vice-Reine.

L'impératrice Joséphine apprit cette nouvelle par M. de Martinengo, l'un des écuyers du Vice-Roi.

Dès que la princesse Auguste fut rétablie, elle s'empressa d'écrire une lettre à l'Empereur qui, au milieu des événements de guerre, n'avait cessé de s'occuper de la santé de cette princesse.

Napoléon lui répondit de Finkeinstein, le 2 mai 1807 : « Ma fille, je reçois votre lettre du 12 avril. J'y vois avec le plus grand plaisir les sentiments que vous m'exprimez pour le Prince. J'ai éprouvé moi-même beaucoup de bonheur de vous entendre dire que vous étiez parfaitement heureuse. Je sais que vous avez beaucoup souffert et que vous avez montré du courage. »

C'est à cette époque que, d'après les ordres de l'Empereur, le prince Eugène adressa au Pape une lettre des plus remarquables, à propos du refus que ce pontife avait fait jusqu'alors, d'agréer les évêques institués par Napoléon comme roi d'Italie. La lettre du Vice-Roi, écrite avec modération et sagesse, était forte de raison et faite pour toucher un esprit qui n'eût pas été prévenu par une passion dominante.

La cour de Rome, surtout depuis la prise de possession du royaume de Naples par l'armée française, ne cessait d'élever toutes sortes de difficultés et cherchait à étendre en Italie une influence contraire à celle du gouvernement du prince Eugène.

Se laissant aller à de perfides conseils, le Pape refusait l'investiture de neuf évêques du royaume d'Italie, jusqu'à ce qu'on eût étendu le concordat à la principauté de Lucques et aux provinces vénitiennes.

Le Pape, après avoir reçu la lettre du Vice-Roi, céda sur l'article des investitures, mais il demanda que les évêques lui fussent envoyés à Rome.

Napoléon, ne voulant pas exposer ces prélats à être circonvenus par les intrigues des cardinaux romains, écrivit au prince Eugène de refuser, et il lui fit connaître en même temps le sens de la réponse qu'il devait adresser au Pape.

Instruit de l'état d'irritation où se trouvait la cour pontificale, le Vice-Roi en informa l'Empereur par une lettre dans laquelle se trouvait cette phrase : « Il sera

« plus facile de faire du Saint-Père un martyr qu'un « homme raisonnable. » Les événements se chargèrent de justifier cette prédiction.

Tout en portant son attention particulière sur les troubles que l'Autriche et Rome cherchaient à susciter de tous côtés en Italie, le prince Eugène s'attachait à consolider les institutions intérieures de cette nation et à en créer de nouvelles. C'est ainsi que divers décrets instituèrent successivement une école centrale des ponts et chaussées, une école pour les sourds-muets, des lycées, et un conservatoire de musique à Milan.

Le code pénal, les codes de procédure criminelle et de procédure civile, et le code de commerce de l'Empire français y furent aussi rendus exécutoires à la suite de sérieuses études.

VI

Revenu à Paris après le traité de Tilsitt, Napoléon songea à accomplir la promesse qu'il avait faite à une députation italienne de visiter son royaume d'Italie.

Dès que le Vice-Roi eût été informé de l'arrivée de

l'Empereur, il s'empressa de faire poser la première pierre du magnifique arc-de-triomphe où devait aboutir la route du Simplon à Milan.

Napoléon arriva à Milan le 21 novembre 1807. Il fut accueilli par le peuple avec enthousiasme.

Dès le lendemain de son arrivée, il se rendit à la résidence de Monza, où se trouvait la Vice-Reine très-souffrante à la suite d'une récente fausse-couche.

Peu de jours après, le roi et la reine de Bavière arrivèrent aussi à Monza pour y embrasser leur fille chérie, et s'y rencontrer avec Napoléon.

Les premiers instants du séjour de l'Empereur en Italie furent consacrés aux fêtes; puis, le reste du temps, dont Napoléon connaissait trop bien la valeur, fut employé par lui aux intérêts de l'Italie.

Accompagné du Vice-Roi et du prince de Neufchâtel, Sa Majesté visita successivement les casernes, les hôpitaux, les musées et tous les établissements publics de quelque importance.

Une autre fois, l'Empereur parcourait les remparts transformés en superbes promenades, examinait les travaux de la cathédrale, et ne cessait d'applaudir aux heureux changements et aux grands progrès qui lui apparaissaient de toutes parts.

Dans ses loisirs, l'Empereur réunissait autour de lui les poëtes Monti et Cesaretti; les peintres Appiani et Rossi; les savants Moscati, Lamberti, Cigognaro, et bien d'autres encore. Ces hommes distingués ne le quittaient que charmés de sa grande pénétration et honorés de ses bienfaits.

Parfois la haute politique ramenait l'Empereur dans la solitude de son cabinet; sans cesse préoccupé de son système continental, que l'Angleterre combattait avec une grande énergie, ce souverain dictait à Milan, le 17 décembre, un décret additionnel à celui de Berlin sur cette importante matière.

La lutte entamée avec le Pape était aussi l'objet de ses plus sérieuses méditations. En retour des foudres que Sa Sainteté lançait contre Napoléon, celui-ci parlait de s'approprier les droits et la succession de l'empereur Charlemagne, et laissait apercevoir le dessein de réunir les trois légations au royaume d'Italie.

Ces circonstances étaient bien graves et donnaient à penser aux politiques d'Italie et de tous les pays.

L'Empereur, reprenant ensuite le cours des affaires de son administration du royaume, présidait les trois colléges réunis d'après ses ordres. Là, au milieu des représentants de son royaume, le 20 décembre, Napoléon conférait en séance solennelle au Vice-Roi, son fils adoptif, le titre de prince de Venise, attribué à l'avenir à l'héritier présomptif de la couronne, et le désignait, à défaut d'enfants mâles, légitimes et naturels, pour son successeur au trône d'Italie.

L'assemblée entière fit éclater à cette occasion de

grands témoignages de joie. Le Vice-Roi, qui ne pouvait croire qu'en présence de l'Empereur des applaudissements particuliers lui fussent adressés, restait modestement immobile en présence des acclamations réitérées de cette assemblée, lorsque Napoléon lui dit : « Remerciez donc, Eugène, c'est vous qu'on applaudit. » Alors le Vice-Roi fit une inclination respectueuse à l'Empereur et aux représentants du royaume.

Dans la même séance, Napoléon déférait la dignité de princesse de Bologne à la fille du prince Eugène.

A ce sujet, M. de Méneval, qui accompagnait Sa Majesté, fait connaître cet intéressant détail : « Pendant le séjour que l'Empereur fit à Milan, il créa le prince Eugène prince de Venise et l'appela à la succession de la couronne d'Italie à défaut de la descendance masculine impériale. Il se fit rendre compte de la signification précise du titre d'*héritier présomptif*, et voulut vérifier lui-même dans le dictionnaire de l'Académie la véritable signification de ce mot. »

Après s'être livré à cette vérification, l'Empereur fit publier à Milan, le 20 décembre 1807, le décret suivant, qu'il avait signé aux Tuileries le 16 février 1806 :

« Napoléon, etc.;

« Vu le premier statut constitutionnel de notre royaume d'Italie, du 17 mars 1805;

« Nous avons décrété et décrétons ce qui suit :

« Article 1er. — Nous adoptons pour fils le prince

Eugène-Napoléon, archichancelier d'État de notre empire de France et vice-roi de notre royaume d'Italie.

« Art. 2. La couronne d'Italie sera, après nous et à défaut de nos enfants et descendants mâles, légitimes et naturels, héréditaire dans la personne du prince Eugène et de ses descendants directs, légitimes et naturels, de mâle en mâle, par ordre de primogéniture, à l'exclusion perpétuelle des femmes et de leur descendance.

« Art. 3. A défaut de nos fils et descendants mâles, légitimes et naturels, et des fils descendants mâles, légitimes et naturels du prince Eugène, la couronne d'Italie sera dévolue au fils ou au parent le plus proche de celui des princes de notre sang qui régnera alors en France.

« Art. 4. Le prince Eugène, notre fils, jouira de tous les honneurs attachés à notre adoption.

« Art. 5. Le droit que lui donne notre adoption à la couronne d'Italie ne pourra jamais, en aucun cas, et dans aucune circonstance, autoriser ni lui ni ses descendants à élever aucune prétention à la couronne de France, dont la succession est irrévocablement réglée par les constitutions de l'Empire. »

Ce décret avait donc près de deux ans de date, lorsqu'il fut rendu public. L'Empereur l'avait rédigé à Paris le 16 février 1806, un mois après le mariage du prince Eugène, afin de réaliser dès ce moment la promesse qu'il avait faite au roi de Bavière et à la princesse

Auguste. Des considérations politiques amenèrent sans doute l'Empereur à retarder la publication de cet acte.

Napoléon, qui, avant la séance solennelle dont nous venons de parler, avait visité Venise, Trieste, Palma-Nova, Udine et plusieurs autres villes du royaume, quitta l'Italie dans les derniers jours de décembre. Il fut de retour à Paris le 1ᵉʳ janvier 1808.

Cette année 1808 présente pour l'Italie quelques faits importants, dignes d'être mentionnés dans le récit rapide que nous avons entrepris des actes politiques et militaires du prince Eugène.

C'est d'abord l'occupation de Rome par le général Miollis, la confiscation des Marches et leur réunion au royaume d'Italie; c'est ensuite la nouvelle organisation donnée par le Vice-Roi à l'armée, dans l'éventualité d'une lutte prochaine avec l'Autriche; puis la visite qu'il fit à Ancône et dans les trois nouveaux départements.

Nous serons donc aussi bref que possible, car il nous tarde d'arriver à la suite du prince Eugène sur ces champs de bataille où, à partir de 1809, il devait se couvrir de gloire.

Fatigué des résistances de toute nature que lui opposait la cour pontificale, l'Empereur écrivit au prince Eugène afin de lui donner toutes les instructions nécessaires pour faire occuper Rome.

Le 2 février, le général Miollis remplit cette mission

LE PRINCE EUGÈNE

avec autant d'énergie que de tact, et sans s'écarter en rien du profond respect qu'il devait au Saint-Père.

Le Pape, loin d'entrer franchement dans l'alliance franco-italienne, menaça l'Empereur de son excommunication.

A cette menace l'Empereur répondit par un décret qui réunissait les légations d'Urbin, de Macerata, d'Ancône, et de Fermo au royaume d'Italie. Ces légations formèrent trois nouveaux départements. Ce fut une augmentation de sept cent mille habitants environ pour le royaume d'Italie, ce qui porta la population totale à un peu plus de six millions six cent mille âmes.

Le Vice-Roi prit de promptes mesures pour l'organisation de ces trois départements. Il nomma une commission composée de trois membres : le général Lemarois, gouverneur des pays réunis, et les conseillers d'État Luini et Verri.

On promulgua et on mit en vigueur dans ces départements les lois les plus importantes du royaume d'Italie.

Au mois de juillet 1808, le Vice-Roi se rendit à Ancône. Il imprima une énergie plus grande aux travaux du port, ordonna la construction de nouvelles routes : celle de Sinigaglia à Ancône et celle de Pésaro à Urbin. Il confirma la franchise des ports d'Ancône et de Sinigaglia. Il décida ensuite l'établissement de lycées à Fermo, Macerata et Urbin.

De retour de son voyage dans les nouveaux départements, le Vice-Roi adressa une proclamation à leurs habitants, datée de Monza le 18 août 1808.

Puis, reportant toute son infatigable activité sur l'organisation de l'armée, le prince Eugène s'attacha, pour répondre aux instructions de l'Empereur, à en faire un point d'appui des plus sérieux pour les futures opérations de guerre.

D'après M. Du Casse, l'armée italienne proprement dite se recrutait d'Italiens, et le prince Eugène l'avait formée de telle façon, qu'elle commençait à présenter un état respectable, tant par sa force numérique que par son organisation et son instruction solides.

De son côté, le général de Vaudoncourt dit que lors de la fondation du royaume d'Italie, l'armée que le vice-président Melzi donna à l'Empereur et Roi n'était que de douze à quinze mille hommes. En 1805, la conscription avait offert six mille soldats; en 1806 et 1807, près de neuf mille; en 1808, environ douze mille, c'est-à-dire un cinq centième de la population totale, proportion assez faible si l'on considère les levées qu'exige une armée active chez toutes les puissances militaires. En 1808, il y avait près de cinquante mille hommes sous les armes dans les différentes circonscriptions.

Les régiments italiens étaient, comme les régiments français, à quatre bataillons de guerre et un bataillon de dépôt; les régiments de cavalerie à quatre esca-

LE PRINCE EUGÈNE

drons. Vers la fin de 1808, cette armée se trouvait prête à entrer en campagne avec quarante-sept mille neuf cent cinquante soldats organisés sur le pied de guerre, et ainsi répartis dans les différentes armes :

GARDE ROYALE.

Grenadiers	2 bataillons	1,600	
Chasseurs	2 —	1,600	
Vélites	3 —	2,400	6,650 hommes.
Dragons	2 escadrons	300	
Gardes d'honneur	4 compagnies	600	
Artillerie et train	1 escadron	150	

ARTILLERIE ET GÉNIE.

Artillerie à pied	3 bataillons	2,400	
— à cheval	6 escadrons	900	5,500 hommes.
Sapeurs et mineurs	2 bataillons	1,60	
Train des équipages	1 —	600	

INFANTERIE.

Six régiments de ligne	24 bataillons	19,200	
Quatre d'infanterie légère	16 —	12,800	32,800 hommes.
Chasseurs d'Istrie	1 —	800	

CAVALERIE.

Deux régiments de dragons	8 escadrons	1,200	3,000 hommes.
Trois régiments de chasseurs	12 —	1,800	

Total général....... 47,950 hommes.

En ajoutant à ces quarante-sept mille neuf cent cinquante hommes les bataillons et escadrons de dépôts, la gendarmerie, les gardes-côtes, etc., l'armée italienne présentait un total général d'au moins soixante mille hommes.

Les ressources financières dont disposait le Vice-Roi pour faire face à toutes les dépenses qu'exigeaient ce développement de forces militaires et les diverses administrations, ainsi que celles nécessitées par la présence des troupes françaises dans le pays, se composaient de cent quatorze millions, desquels il fallait d'abord déduire trente millions de subsides payés à la France pour les corps que cette puissance entretenait de ce côté des Alpes.

Il restait donc au Vice-Roi quatre-vingt-quatre millions pour faire face aux dépenses du royaume d'Italie, et cette somme, grâce à l'administration probe et vigilante du prince Eugène, suffisait et au delà pour les ministères, les services financiers, judiciaires et autres des vingt-cinq départements dont se composait alors le royaume. Le prince Eugène trouvait même encore le moyen d'économiser douze à quatorze millions chaque année ; mais il est vrai qu'il n'admettait ni les traitements exorbitants, ni les sinécures, ni les bénéfices scandaleux, ni les marchés frauduleux dont il était l'adversaire le plus opiniâtre.

Les douze à quatorze millions qui, chaque année,

excédaient les dépenses, furent employés par le prince Eugène à former un fonds de réserve qui dépassait cent millions en 1812.

La fin de 1808 approchait, et le prince Eugène avait bien mérité de l'Empereur, car il était prêt pour la lutte, et tenait dans sa main une excellente armée qui brûlait de marcher contre les Autrichiens.

Le 23 décembre de cette même année, la Vice-Reine accoucha d'une seconde fille qui reçut le nom d'Eugénie.

CHAPITRE III.

I. Campagne de 1809. L'archiduc Jean dénonce les hostilités. Proclamation du prince Eugène. Attaque imprévue des Autrichiens. Le prince Eugène ordonne une marche en arrière. Appréciation malveillante du général Pelet. — II. Le prince Eugène reprend l'offensive. Bataille de Sacile. Indécision des généraux placés sous les ordres du Vice-Roi. Fuite des employés attachés à son armée. Rapport du Prince à l'Empereur. — III. Soulèvement du Tyrol. Le prince Eugène fait occuper Caldiero. L'intendant-général de l'armée autrichienne est fait prisonnier. L'examen de ses papiers fait connaître ses tentatives d'espionnage. Le prince Eugène marche en avant. Ses premiers succès comme général en chef. Passage de la Piave. Prise du fort de Malborghetto. Graves échecs subis par les Autrichiens. — IV. Prise du fort Prévald. Le corps de Jellachich est entièrement détruit. Le prince Eugène fait occuper la forteresse de Gratz. Il fait ensuite sa jonction avec la Grande-Armée sur les hauteurs du Sommering. Le prince Eugène se rend auprès de Napoléon et reçoit de Sa Majesté l'accueil le plus flatteur. Belle proclamation de l'Empereur à l'armée d'Italie. — V. Bataille de Raab gagnée par le prince Eugène. L'Empereur baptise cette victoire de *petite-fille de Marengo*. Nombre considérable de prisonniers, de canons, de fusils, de munitions et de drapeaux pris par l'armée d'Italie pendant cette campagne. La marche prudente de Marmont est sévèrement jugée par Napoléon. — VI. Wagram. Part glorieuse que le prince Eugène et l'armée d'Italie prennent à cette victoire. Signature de la paix avec l'Autriche. Napoléon rentre en France et laisse au prince Eugène la difficile mission de pacifier le Tyrol. — VII. Le divorce est résolu. Napoléon appelle le prince Eugène à Paris. La résignation de l'impératrice Joséphine, la noble conduite du prince Eugène et le dévouement de la reine Hortense leur gagnent toutes les sympathies.

I

Depuis le traité de Presbourg, l'Autriche se préparait à entrer en campagne. Trois années de paix avec la France lui avaient permis de se relever. Aidée par les subsides de l'Angleterre, et voyant Napoléon fort occupé en Espagne, cette puissance espérait trouver enfin l'occasion de prendre une éclatante revanche.

Le 1ᵉʳ mars, le général Andréossy, ambassadeur de France, quittait Vienne en vertu d'un congé. Napoléon ne voulant pas assumer sur lui la terrible responsabilité d'une nouvelle conflagration générale, recommanda expressément au prince Eugène de se tenir sur la défensive.

Conformément à ces instructions, le Vice-Roi se borna à échelonner ses troupes entre l'Adige et l'Isonzo.

Cependant, l'Autriche, ainsi que le faisait connaître le Vice-Roi à l'Empereur dans une correspondance très-suivie, avait peu à peu concentré ses forces sur les frontières d'Italie.

L'archiduc Jean se trouvait à la tête d'une armée de cent six mille hommes et de six mille six cents chevaux, lorsque, le 11 avril 1809, dès la pointe du jour, il fit remettre par un parlementaire autrichien, aux avant-postes français placés sur l'Isonzo, une dénonciation ainsi conçue :

« D'après une déclaration de S. M. l'empereur d'Autriche à l'empereur Napoléon, je préviens monsieur le commandant des avant-postes français que j'ai l'ordre de me porter en avant avec les troupes que je commande, et de traiter en ennemies toutes celles qui me feront résistance. »

Au premier avis de la déclaration de guerre de l'Autriche, le prince Eugène, qui n'avait que soixante mille hommes tant Français qu'Italiens, et six mille chevaux à opposer à l'ennemi, mit à l'ordre de l'armée d'Italie la proclamation suivante, datée d'Udine, le 10 avril 1809 :

« L'armée autrichienne vient de nous attaquer. Tel est le prix que le cabinet de Vienne réservait à la générosité de notre souverain. Ce cabinet a perdu le souvenir de la prise d'Ulm, des champs d'Austerlitz, de l'occupation de Vienne, et, enfin, de ce traité de Presbourg, qui remit dans ses mains les États qu'elle n'avait pas su défendre.

« Généraux, officiers, soldats, vous portez le titre d'armée d'Italie. Qu'ai-je à vous dire de plus ! Ce titre ne vous commande-t-il pas tous les hauts faits qu'il vous rappelle ! Vous souffriez depuis longtemps de votre inactivité ; mais, grâce à vos ennemis, le jour de gloire s'est aussi levé pour vous.

« Ce jour ne sera pas perdu pour vous ; je vous connais. Discipline et confiance. Que chacun de vous fasse son devoir, et, avec l'aide de Dieu, nous mériterons tous l'approbation de Napoléon. »

D'après les avis transmis par l'Empereur, le prince Eugène ne s'attendait pas à être attaqué avant la fin d'avril. Il n'avait alors sous la main que la division Séras devant Udine, et la division Broussier devant Ponteba.

« Les Autrichiens, dit M. Thiers [1], n'eurent donc que de simples avant-postes à refouler sur toutes les routes où ils se présentèrent. Le 10, le colonel Wockmann refoula jusqu'à Portès les avant-postes de la division Broussier ; le général Gavassini franchit l'Isonzo sans difficulté, et le corps principal déboucha avec moins de difficulté encore sur Udine, où se trouvait une seule division française.

« *Le prince Eugène, surpris par cette soudaine apparition, et peu habitué au commandement, quoique déjà très-habitué à la guerre sous son père adoptif, fut vivement ému d'une situation si nouvelle pour lui.* Des huit divisions qui composaient son armée, il n'avait auprès de lui que deux divisions françaises, Séras et Broussier. Il avait un peu en arrière, entre la Livenza et le Tagliamento, les divisions françaises Grenier et

---

[1] *Histoire du Consulat et de l'Empire*, t. X, p. 192 et suivantes.

Barbou, ainsi que la division italienne Severoli; et plus loin, près de l'Adige, la division française Lamarque, la division italienne Rusca, plus les dragons, qui constituaient le fond de sa cavalerie.

« Quant à la sixième division française, celle de Miollis, elle se trouvait fort en arrière, retenue qu'elle était par la situation de Rome et de Florence. Dans une telle occurrence, le prince Eugène n'avait qu'une détermination à prendre, c'était de se concentrer rapidement, en rétrogradant vers la masse de ses forces. Quelque désagréable que fût au début un mouvement rétrograde, il fallait s'y résoudre avec promptitude, ne devant jamais être tenue pour déplaisante la résolution qui vous mène à un bon résultat. *Il est vrai que pour braver certaines apparences passagères, il faut un général renommé, tandis que le prince Eugène était jeune et sans autre gloire que l'amour mérité de son père adoptif.* Il se décida donc à rétrograder, mais avec un regret qui devait bientôt lui être fatal, en l'empêchant de pousser jusqu'où il fallait son mouvement de concentration. Il ordonna aux divisions Séras et Broussier de repasser le Tagliamento, de se porter jusqu'à la Livenza, où devaient arriver en hâtant le pas les divisions Grenier, Barbou, Severoli, Lamarque et Grouchy. Le général Broussier eut à livrer des combats fort vifs au colonel Wockmann, qui lui disputa très-habilement les vallées du haut Tagliamento; mais il se retira en jonchant de morts le terrain qu'il abandonnait. *Heureusement les Autrichiens, quoiqu'ils voulussent nous surprendre, ne marchaient pas avec toute la vitesse possible. Ils mirent quatre jours à se rendre de la frontière au Tagliamento, ce qui nous laissait pour opérer notre concentration un temps dont un général expérimenté aurait pu mieux profiter que ne le fît le prince Eugène.* »

Nous avons cru devoir souligner les passages ci-dessus mentionnés, parce que les appréciations de M. Thiers nous semblent peu fondées.

D'après l'illustre historien, le Vice-Roi, surpris par la soudaine apparition de l'ennemi, fut vivement ému d'une situation si nouvelle pour lui.

Non-seulement le prince Eugène ne fut ni ému, ni troublé par l'attaque des Autrichiens, mais encore il n'hésita pas un moment à ordonner un mouvement rétrograde que commandait l'infériorité des forces que, pour le moment, il pouvait opposer à son adversaire.

Les lettres qu'il écrivit à la princesse Auguste et à l'Empereur, lettres dont nous ne donnons ici que quelques extraits, viennent à l'appui de notre affirmation.

Ainsi, le 12 avril 1809, à neuf heures du soir, le prince Eugène mandait ce qui suit à la Vice-Reine :

« Tu as dû être bien inquiète pendant trente-six heures, ma très-chère Auguste, et pourtant il n'y a pas raison de l'être; l'ennemi a débouché sur tous les points en assez grand nombre, et j'ai ordonné une marche en arrière, afin de me réunir aux autres divisions que j'ai encore à Padoue, Trévise et Vicence. La seule division Broussier s'est mesurée avec l'ennemi, c'était pour avoir des succès ; les Autrichiens ont eu cinq ou six cents hommes hors de combat, et nous leur avons fait deux cents prisonniers........ »

Le surlendemain, 14 avril, le prince Eugène écrivait de Cassano la lettre suivante à l'Empereur :

« J'ai eu l'honneur de marquer à Votre Majesté, par une lettre du 12, écrite de Valvasone, que je ferais une dernière marche en arrière jusqu'à la Livenza, si je ne voyais pas jour pour attaquer l'ennemi. J'ai fait aujourd'hui ce mouvement sans être inquiété. J'ai rallié ici la division Barbou et la division Lamarque. Il ne manque plus que les dragons, qui arriveront après-demain.

« Voici maintenant la disposition de l'armée : la division Grenier, sur deux lignes, en avant de Sacile ; la division Broussier, à sa gauche, également sur deux lignes, ayant sa gauche appuyée à des terrains fangeux, et derrière elle un pont de communication. Le général Séras, à la droite du général Grenier, également sur deux lignes, en avant de Brugnera. Une brigade de cavalerie légère est placée dans l'intervalle de chacune de ces divisions. En seconde ligne, j'ai la division italienne, qui occupe Brugnera, qui est une bonne tête de pont en maçonnerie, et cette division est destinée à soutenir la division Séras. La division Barbou est un peu en arrière de Sacile et soutiendra la division Grenier. La division Lamarque restera en réserve en arrière. J'ai détaché de la division Barbou deux bataillons et deux pièces d'artillerie dans une position que j'ai reconnue aujourd'hui aux sources de la Livenza, pour empêcher l'ennemi de tourner la Livenza par sa source. Je fais établir quelques ponts sur la Livenza, pour faciliter les passages des réserves et des dragons, quand ils arriveront. Mon avant-garde a occupé encore aujourd'hui Pordenone. Je lui ai donné l'ordre de pousser demain une reconnaissance, afin de bien reconnaître les mouvements de l'ennemi et de le tenir en même temps éloigné de la position que j'occupe. La journée de demain se passera dans une affaire d'avant-garde. Après demain, l'ennemi s'approchera vraisemblablement de nous et prendra ses mesures pour nous attaquer : c'est dans ce moment-là même que je compte le prévenir. Je suis d'autant plus pressé de reprendre l'offensive que les derniers rapports du Tyrol m'annoncent l'arrivée (le 11) à Brunecken, de l'avant-garde du corps du général Chasteler, qui, dit-on, est fort de vingt mille hommes. »

Résumons maintenant aussi brièvement que possible les opérations qui précédèrent la bataille de Sacile.

Le 14 avril au soir, le Vice-Roi avait prescrit au général Sahuc, qui commandait l'extrême avant-garde, formé du 6ᵉ de hussards, du 8ᵉ de chasseurs et de trois bataillons du 35ᵉ de ligne, de se maintenir à Pordenone, afin de surveiller les mouvements des Autrichiens et de couvrir l'armée.

Ce général « ne montra pas, dit avec raison M. Thiers, la vigilance qu'il faut à l'avant-garde quand on marche en avant, à l'arrière-garde quand on se retire ; il eut le tort, au lieu de battre la campagne pour éclairer l'armée, de ne pas même éclairer sa propre troupe, et de s'enfermer avec elle dans Pordenone. » Enveloppé de tous côtés par les Autrichiens, le général Sahuc, dont les troupes étaient endormies et mal gardées, dut se retirer en toute hâte. Cependant, remise bientôt de son alerte, l'infanterie abattit à coups de fusil un grand nombre de cavaliers autrichiens, et, quand les cartouches vinrent à manquer aux héroïques soldats du 35ᵉ de ligne, ils croisèrent leurs baïonnettes contre l'ennemi. De leur côté, les hussards avaient fait une charge vigoureuse ; mais ils avaient été presque tous sabrés ou faits prisonniers.

Après avoir épuisé tous les moyens de défense, les trois bataillons du 35ᵉ furent pris, ainsi que deux bouches à feu.

Ce que le général Sahuc parvint à rallier de cavalerie se replia sous ses ordres sur Fontana-Fredda, et de là sur Sacile.

LE PRINCE EUGÈNE

En apprenant ce qui venait de se passer à son avant-garde, le prince Eugène se hâta de reconnaître le terrain sur lequel il se proposait de combattre.

Cette fâcheuse aventure de Pordenone irrita beaucoup l'armée française. D'après M. Thiers, « ce que le prince Eugène aurait eu de mieux à faire à la suite de cet échec, c'eût été de persister à se retirer jusqu'à ce qu'il trouvât une ligne solide à défendre, et toutes ses forces réunies derrière cette ligne. » Mais le Vice-Roi « n'avait ni assez d'expérience, ajoute l'habile historien, ni assez de réputation pour braver patiemment les propos de l'armée. Piqué du silence de ses généraux et de l'indiscrétion de ses soldats, il résolut de s'arrêter en avant de la Livenza, entre Sacile et Pordenone, sur un terrain qu'il ne connaissait pas, qui ne présentait aucune circonstance avantageuse, et sur lequel ses troupes n'avaient pas encore eu le temps de se concentrer. »

D'abord, ce n'est point à l'échec de Pordenone que l'on doit attribuer la résolution du prince Eugène de combattre à Sacile, puisque, dans sa lettre du 14 avril, dont nous venons de citer un extrait, il annonçait à Napoléon son intention formelle de livrer bataille le 16. Ensuite, n'est-ce pas donner une trop grande importance à une affaire d'avant-garde que de montrer nos généraux découragés dès le début des hostilités. Enfin, la critique faite du terrain choisi par le prince Eugène pour livrer bataille, paraît d'autant moins opportune, que le Vice-Roi, ayant affaire à la meilleure cavalerie de l'Autriche, ne voulait pas agir en plaine, mais sur un terrain coupé de prairies marécageuses, où la nombreuse cavalerie ennemie devait perdre une grande partie de ses moyens d'action.

Dans le récit de cette bataille de Sacile, M. Thiers nous paraît s'inspirer constamment des idées émises par le général Pelet, qui reproche au prince Eugène de n'avoir pas reculé jusqu'à l'Adige sans livrer bataille.

Tel n'était cependant pas l'avis de Napoléon, car les instructions qu'il avait envoyées au Vice-Roi lui recommandaient de ne pas abandonner la Piave.

En cherchant à se maintenir sur la Piave, le prince Eugène se conforma donc aux ordres de l'Empereur, et, dès-lors, on comprend difficilement les critiques adressées directement au Vice-Roi par le grand historien, qui ne fait, nous le répétons, que reproduire à ce sujet l'opinion du général Pelet.

Or, ce général n'a eu aucun moyen de savoir quelle était la pensée du prince Eugène ; à défaut de matériaux exacts pour établir ses appréciations, il s'est servi des bulletins et de la relation connue sous le titre de *Campagne de l'archiduc Jean*. Ce que le général Pelet a écrit, soit sur cette affaire, soit sur la vie du prince Eugène, est empreint d'un tel esprit d'aigreur et de dénigrement qu'on y chercherait vainement la vérité historique.

Du reste, il suffit d'indiquer l'origine de la malveillance que le général Pelet n'a cessé de manifester contre le prince Eugène, pour faire ressortir la valeur de son jugement.

En 1806, le lieutenant Pelet était attaché à l'état-major de Masséna ; à cette époque, le prince Eugène transmit à l'illustre maréchal l'ordre par lequel l'Empereur lui prescrivait de reverser dans la caisse de l'armée deux millions et demi que, sans doute, pour les distribuer en gratifications, il avait cru pouvoir distraire des contributions de guerre.

Dès ce moment, le prince Eugène fut l'objet, de la part du maréchal, d'un ressentiment que partagèrent quelques officiers de son état-major, au nombre desquels se trouvait le lieutenant Pelet.

C'est à ce motif si peu honorable que plusieurs écrivains militaires, notamment le général de Vaudoncourt, attribuent la haine que le général Pelet laissa percer en toutes circonstances contre le prince Eugène. Nous reviendrons sur ce sujet ; mais, ceci établi, poursuivons notre récit.

II

Le 15 avril, dans la soirée, le prince Eugène ordonna de faire halte et de reprendre l'offensive sur tous les points. Il disposait de cinq divisions commandées par les généraux Broussier, Séras, Grenier, Barbou et Severoli, formant ensemble environ trente-cinq mille hommes. La force des Autrichiens s'élevait à plus de quarante-cinq mille combattants. La disproportion était donc très-grande ; mais, dès le 11, le prince Eugène avait expédié des ordres pressants, aux termes desquels il pouvait, au moment de l'action, compter sur un renfort de dix mille fantassins et cavaliers que devaient lui amener les généraux Lamarque et Grouchy.

Le terrain sur lequel allait se livrer la bataille présentait, à droite, un sol coupé et hérissé d'obstacles ; au centre, une grande route allant perpendiculairement de notre ligne à celle de l'ennemi ; à gauche, une plaine.

Le général Séras commença son mouvement le 16, à huit heures du matin. A neuf heures il aborda le village de Palse et s'en empara. Puis, les divisions Séras et Severoli, dépassant Palse, se dirigèrent sur Porzia. Le général autrichien Frimont comprit que l'occupation de ce dernier point devait décider du sort de la bataille ; il se hâta, en conséquence, de faire prévenir l'archiduc Jean, qui était en ce moment à la messe avec tout son état-major et ne s'attendait nullement à être attaqué. L'archiduc monta sur-le-champ à cheval et se décida à prendre lui-même l'offensive.

Pendant ce temps-là, le général Frimont, qui avait sous la main dix escadrons, six bataillons, et se sentait appuyé en arrière par toute l'armée de l'archiduc, lança ses troupes sur la division Severoli, qui, après avoir longtemps soutenu le choc sans broncher, finit par plier.

Le général Séras ne tarda pas à ramener nos soldats français et italiens dans les villages qu'occupait l'ennemi. Là eut lieu une lutte des plus sanglantes. Les Autrichiens se défendaient de maison à maison, de cloître à cloître.

Placé aux endroits les plus dangereux, le prince Eugène observait avec soin les diverses phases du combat. De part et d'autre, on se battait avec un acharnement incroyable. Le 1er de ligne et un escadron de dragons firent preuve de la plus grande valeur, mais nos troupes ne purent dépasser Porzia.

C'est alors que le général Broussier, dont la division formait notre gauche, commença à déboucher par Fontana-Fredda pour pénétrer dans la plaine. Les troupes formaient trois lignes. Il avait disposé en échelons les

9ᵉ, 84ᵉ et 92ᵉ de ligne, attendant avec sang-froid l'infanterie ennemie, qu'il fusilla avec tant de justesse, qu'il en renversa tout d'abord une ligne entière. La cavalerie ennemie le charge avec furie ; il la reçoit en carré, et couvre la terre de ses morts.

A ce moment, le 9ᵉ corps autrichien déborde notre gauche avec ses épais bataillons, et menace le bourg de Sacile, où se trouvait le principal pont sur la Livenza, qu'il ne tarda pas à occuper. Notre communication la plus importante était dès lors perdue, et il ne nous restait plus, pour nous retirer, que la partie inférieure de la Livenza. Dans cette situation, le prince Eugène, ne voyant arriver ni la division Lamarque, ni la cavalerie qu'il attendait, et craignant de voir ses communications coupées par l'ennemi, ordonna la retraite.

Après avoir tué autant de monde qu'elles en avaient perdu, nos troupes se retirèrent vers la Livenza. « Notre droite, dit M. Thiers, se dirigea sur le pont de Brugnera, qu'elle put gagner sans désordre, le sol, fort difficile de ce côté, ne se prêtant guère à la poursuite, et les Autrichiens étant épuisés par la terrible lutte qu'ils y avaient soutenue. Tout l'effort de l'ennemi pendant ce mouvement rétrograde, porta sur notre gauche qui se retirait sur un terrain découvert. La division Broussier, par sa superbe attitude, sauva l'armée, tantôt attendant l'infanterie ennemie pour la fusiller à bout portant, tantôt recevant en carré la cavalerie qu'elle arrêtait avec ses baïonnettes. Lorsque notre centre et notre arrière-garde eurent défilé par Sacile, elle y entra la dernière, laissant les ennemis eux-mêmes remplis d'admiration pour sa belle conduite.

« Jusque-là nous n'avions perdu que des morts, des blessés, de l'artillerie démontée et peu de prisonniers. Mais dans la nuit, le prince Eugène ayant cru devoir pousser la retraite jusqu'à Conégliano, pour se couvrir le plus tôt possible de la Piave, le mauvais temps, l'encombrement des voitures d'artillerie et des bagages, leur croisement avec les troupes, produisirent un désordre fâcheux. Les soldats, peu surveillés par leurs chefs au milieu de cette confusion, se répandirent dans les maisons au risque d'y être faits prisonniers. L'armée qui, sur le champ de bataille, avait perdu environ 3,000 hommes, perte à peu près égale à celle des Autrichiens, perdit encore 3,000 hommes en soldats pris ou égarés. Bientôt, le désordre s'augmentant par suite d'un temps effroyable qui fit déborder les rivières et rendit les routes impraticables, on arriva derrière la Piave.

« Heureusement, les Autrichiens, peu habitués à vaincre nos troupes, pressés de jouir de leur victoire, et retardés par le temps qui rendait leur poursuite aussi difficile que notre retraite, restèrent plusieurs jours sans attaquer le prince Eugène. Ils lui laissèrent ainsi le loisir de se remettre de sa défaite et d'en arrêter les conséquences. Il avait aussi été rejoint en route, mais trop tard, par la division Lamarque. »

D'après les lignes qui précèdent, le prince Eugène aurait eu aussi peu de motifs pour ordonner la retraite qu'il en avait eu pour ordonner la bataille.

Nous avons vu que le terrain de la lutte avait été parfaitement choisi, et que, s'il avait dû battre en retraite au moment où la division Broussier venait de se couvrir de gloire, c'est parce qu'il n'avait pas été rejoint par la division d'infanterie Lamarque ni par les dragons de Grouchy, et qu'accablé par les forces toujours croissantes de l'ennemi, il n'avait pas voulu compromettre le salut de son armée.

Le prince Eugène se montra-t-il irrésolu dans ce moment suprême? Pas le moins du monde. Il ordonna avec calme la retraite à cinq heures du soir, et ce fut un acte de prudence complétement motivé par la non-arrivée des dix mille hommes de renfort qu'il attendait, et par l'entrée en ligne du 9e corps autrichien.

Cette bataille de Sacile, qui marqua par un revers le premier commandement en chef du prince Eugène, et qui devait être suivie, sans aucune interruption, de succès si glorieux pour lui, nous coûta, d'après le général de Vaudoncourt, trois mille morts, trois mille cinq cents prisonniers et quinze bouches à feu restées sur le champ de bataille. Les généraux Severoli,

Garreau, Teste, Pagès, Dutrey et l'adjudant-commandant Martel furent blessés.

Les Autrichiens avaient trois mille six cents hommes hors de combat, et on leur avait fait cinq cents prisonniers, appartenant presque tous au 9ᵉ corps que l'archiduc Jean amena sur le terrain au dernier moment.

Le général de Vaudoncourt, qui a longtemps servi dans l'armée du Vice-Roi, et dont les brillantes qualités d'homme de guerre et d'écrivain militaire sont connues, a dit, dans son récit de la bataille de Sacile, qu'elle a été mal jugée sur des données inexactes. « Le prince Eugène était jeune et nouveau dans le commandement, et plusieurs généraux français souffraient impatiemment d'être placés sous les ordres d'un chef qu'ils regardaient comme un enfant. »

Appréciant ensuite la conduite de chaque général pendant la bataille, il ajoute : « le général Séras oublia que pour réussir, il devait emporter Porzia d'emblée et par conséquent s'y porter en masse ; ses attaques partielles échouèrent. Le général Barbou mit de la mollesse et de la mauvaise volonté dans ses opérations. Il en fut de même du général Broussier, qui laissa échapper le moment d'attaquer l'ennemi, qui arrivait devant lui pendant son déploiement. »

Le général de Vaudoncourt conclut ainsi qu'il suit [1] :

[1] *Histoire politique et militaire du prince Eugène-Napoléon*, t. I, p. 175.

« Il y eut de l'indécision partout où le prince Eugène ne put pas diriger les mouvements en personne, et il ne pouvait être partout. L'arrière-garde ne résista que parce qu'il était à sa tête. Le soldat était découragé par les propos que le mécontentement de l'amour-propre blessé fit tenir à plusieurs généraux. Au pont de Brugnera, le général Barbou pensa sacrifier la division italienne, restée la dernière sur le champ de bataille, en faisant couper ce seul passage qui lui restait, et il fallut employer la force pour en chasser les sapeurs. A Sacile, le désordre fut mis par cette tourbe d'employés qui empoisonnent les armées, et qui se sauvèrent jusqu'à Milan. Dans cette capitale même, le parti Melzi, aidé par la proclamation de l'archiduc Jean, aurait causé du trouble sans l'admirable fermeté que déploya la Vice-Reine. »

La lettre écrite par le prince Eugène à Napoléon, après la perte de la bataille de Sacile, renferme toute la vérité sur cette malheureuse affaire, vérité dite avec cette loyauté, cette franchise de soldat qui n'abandonnèrent jamais ce Prince, même dans les circonstances les plus critiques.

Voici cette lettre, datée des bords de la Piave, le 17 avril 1809 :

« Conformément à ce que j'ai eu l'honneur d'annoncer à Votre Majesté, il devenait chaque jour plus nécessaire de livrer bataille à l'ennemi: 1° parce que le prince Jean commençait à nous serrer de près ; 2° parce que je ne pouvais supporter l'idée d'abandonner deux départements du royaume de Votre Majesté sans combattre ; 3° et enfin parce que le mouvement du général Chasteler dans le Tyrol, son arrivée à Brixen le 13 de ce mois, rendaient de plus en plus indispensable un engagement avec l'ennemi.

« J'ai donc livré bataille hier, et j'ai la douleur d'annoncer à Votre Majesté que je l'ai perdue.

« La bataille a commencé à neuf heures et a duré jusqu'à trois heures de l'après-midi ; le succès eût été pour nous, mais, le soir, l'ennemi déploya une si grande supériorité de cavalerie et d'artillerie, qu'il a décidement fixé la journée en sa faveur. Nos troupes ont dû même quitter le champ de bataille dans le plus grand désordre.

« J'ai d'autant plus souffert de cette bataille perdue que j'en ai senti les funestes conséquences. Je passe la journée d'aujourd'hui à rallier et à reformer les troupes. Demain, je me retire en deux colonnes sur l'Adige, après avoir laissé une bonne garnison dans Venise.

« J'aurai l'honneur de faire à Votre Majesté un rapport détaillé de cette affaire.

« Il paraîtra peut-être extraordinaire, mais il n'en est pas moins vrai, que beaucoup d'actions d'éclat ont eu lieu, et que tous les corps ont bien fait leur devoir. Les pertes de l'ennemi ont été extrêmement considérables.

« Dans cette circonstance, plus que dans aucune autre, j'ai besoin de l'indulgence et des bontés paternelles de Votre Majesté. »

III

Ce fut vers cette époque que Macdonald alla prendre le commandement que le Vice-Roi lui réservait. En parlant de l'arrivée de ce général à l'armée d'Italie, l'auteur de l'*Histoire du Consulat et de l'Empire* avance que Napoléon, n'ayant pas voulu envoyer Masséna en Italie à cause du prince Eugène qu'il craignait de réduire à un rôle secondaire, s'était prêté à ce qu'on lui donnât le général Macdonald pour lui servir de guide et de soutien.

Assurément, on ne peut nier que Macdonald fût l'un des chefs les plus expérimentés de cette grande époque, bien qu'il eût perdu la bataille de la Trebbia; mais loin de l'avoir désigné pour se rendre auprès du prince Eugène, ce fut sur la demande du Vice-Roi lui-même, et à la suite de démarches faites auprès de ce dernier par sa mère et par sa sœur, que l'Empereur adopta cette mesure.

Le Vice-Roi établit son armée le 17 avril sur la Piave sans être inquiété par l'ennemi. Dans cette position, il résolut de lui disputer le passage de la Piave s'il se présentait pour le tenter, et de prendre ensuite l'offensive aussitôt qu'il aurait réuni toutes ses forces.

Informé qu'une colonne autrichienne avait pénétré dans le Tyrol sous le commandement du général Chasteler, et que tout le pays était soulevé, le prince Eugène ordonna à la division Fontanelli de se diriger à marches forcées sur Trente. En même temps, le 7e régiment de dragons dut se porter sur la même ville, et le général Baraguey-d'Hilliers eut la mission d'aller prendre le commandement de toutes les troupes dirigées sur ce point.

Les Bavarois, dans l'impossibilité de disputer le Tyrol aux forces autrichiennes, avaient cherché à détruire les ponts; mais les habitants s'étaient insurgés tous à la fois, et ils avaient pris ouvertement le parti de l'Autriche. Un aubergiste, Andréas Hofer, s'était mis à la tête de l'insurrection.

C'est à la paix de Presbourg, comme on le sait, que la Bavière avait dû la possession de ce pays. A l'approche du général Chasteler, tous les postes bavarois furent enlevés de Liebz à Brunecken.

Bientôt le Tyrol italien fut entièrement abandonné par les Bavarois jusqu'à Roveredo, où se trouvait le général Baraguey-d'Hilliers, qui, en présence de forces supérieures, dut se replier sur Rivoli. Là, appuyé à l'armée d'Italie, il n'avait plus à craindre d'entreprises sérieuses de la part de l'ennemi.

Informé de la révolte générale du Tyrol, et apprenant en même temps que les renforts qu'il attendait de la Toscane avaient à peine franchi les Apennins, le prince Eugène se détermina à venir occuper la position de Caldiero pour être à portée de suivre les mouvements de l'ennemi sur tous les points menacés.

Le 18 avril, le Vice-Roi donna ses ordres pour prolonger la retraite jusqu'à l'Adige en abandonnant la Piave ; mais, avant, il pourvut à la garnison de Venise, où, dès le 14, le général Caffarelli était entré pour veiller à sa défense.

Le 21, le Vice-Roi s'établit à Vicence et s'occupa immédiatement de l'organisation nouvelle de son armée en assignant une position à chaque corps.

Un détachement de hussards autrichiens servant d'escorte au comte de Goës, intendant-général de l'armée autrichienne, venait d'entrer à Padoue lorsque deux escadrons des dragons franco-italiens les surprirent et les firent prisonniers.

Le comte de Goës était porteur de papiers qui compromettaient plusieurs Italiens. On trouva sur lui des registres et des lettres que contenaient les noms des individus qui, trahissant devoirs et serments, agissaient dans l'intérêt de l'ennemi. Napoléon, informé de ces circonstances, voulait faire juger militairement ce comte de Goës comme promoteur de trahison et chef d'espionnage. Mais le prince Eugène, ayant reconnu qu'on avait attaché à ces papiers beaucoup plus d'importance qu'ils n'en avaient réellement, adressa à l'Empereur un rapport dont les conclusions indulgentes sauvèrent la vie du comte de Goës.

L'inaction de l'ennemi pendant près de huit jours laissa au prince Eugène tout le temps nécessaire pour prendre une éclatante revanche de la défaite de Sacile.

Le 26, l'armée franco-italienne arriva sur l'Adige et s'établit dans la forte position de Caldiero. Le Vice-Roi jugeant que ses troupes étaient en état de reprendre l'offensive, résolut d'attaquer de front l'archiduc Jean. Le 29 avril fut le jour fixé pour l'attaque.

La veille au soir, la nouvelle de la prise de Ratisbonne vint électriser nos soldats. Cette nouvelle devait modifier les projets du prince Eugène, puisqu'il y avait lieu de penser que l'archiduc ne tarderait pas à battre en retraite en apprenant ce qui se passait sur le Danube.

Le Vice-Roi prit immédiatement des dispositions pour faire une grande reconnaissance sur toute la ligne. « En présence de faits aussi positifs, dit avec une réelle autorité M. Du Casse [1], n'est-il pas singulier de

[1] *Correspondance politique et militaire du prince Eugène*, t. V, p. 57.

lire, page 276 du dixième volume de l'*Histoire du Consulat et de l'Empire* : — « Le prince Eugène, *inspiré par le maréchal Macdonald*, avait profité du retard apporté par l'archiduc Jean dans ses opérations, pour reprendre haleine et pour familiariser avec la vue de l'ennemi, non pas ses soldats qui n'en avaient pas besoin, mais lui-même et ses lieutenants intimidés par la défaite de Sacile. »

Après cette citation, M. Du Casse ajoute : « Eugène faisait la guerre depuis l'âge de quinze ans, il en avait vingt-sept. Ses lieutenants étaient tous de vieux généraux, Barbou, Séras, Grenier, Lamarque, Broussier, etc. » Mais continuons, et citons encore ce passage de l'*Histoire du Consulat et de l'Empire* [1] : — « Ce « prince commençait effectivement à se remettre lors- « que, *le 1er mai*, dans une de ses reconnaissances, « le général Macdonald aperçut à l'horizon une immense « quantité de charrois paraissant rétrograder vers le « Frioul. A cette date (1er mai) *on ne savait rien encore* « *au quartier général du prince Eugène des événe-* « *ments de Ratisbonne, et on était inquiet pour* « *l'Allemagne autant que pour l'Italie*. Mais le général « Macdonald ne pouvant attribuer un pareil mouvement « qu'à des défaites que les Autrichiens auraient essuyées « en Bavière, poussa son cheval vers le prince Eugène,

[1] T. X, p. 276 et 277.

« et, lui prenant la main : — Victoire en Alle-
« magne! lui dit-il, c'est le moment de marcher
« en avant ! — Le Prince, charmé, lui serra la main
« à son tour. Tous deux coururent aux avant-postes,
« reconnurent de leurs yeux, et apprirent bientôt par
« tous les rapports que les Autrichiens battaient en
« retraite. »

Certes, dirons-nous avec M. Du Casse : « Voilà une jolie mise en scène pour le général Macdonald, un tableau charmant qui figurerait admirablement dans un roman historique ; mais il est impossible de l'admettre dans une histoire véritable sans en indiquer les parties défectueuses. » Puis il démontre que la scène racontée par M. Thiers n'a pu avoir lieu. En effet, « *le 28 avril le prince Eugène connaissait les événements de l'Allemagne, puisqu'il les avait mis à l'ordre du jour, puisqu'il avait fait tirer le canon en signe d'allégresse, puisqu'il avait écrit tout cela à la princesse Auguste.* Le prince n'avait jamais été inquiet sur les événements d'Allemagne. Sa correspondance avec Napoléon pouvait le rassurer à cet égard. Enfin, le 30, les Autrichiens avaient été attaqués vigoureusement, et dans la nuit, ils avaient commencé leur retraite. Il est possible que le 1er mai le général Macdonald ait vu l'ennemi en retraite sur le Frioul, mais il n'a pu deviner que c'était par suite des victoires de la grande armée, puisqu'il en devait être sûr. » Ainsi, c'est par des faits, c'est par des dates que les citations erronées de M. Thiers sont réfutées.

Le 30 avril eut lieu une affaire glorieuse pour trois bataillons de la garde et le 1er régiment de ligne italien qui repoussèrent de Monte-Bastia dix mille Autrichiens. Dans cet engagement le brave général Sorbier fut blessé mortellement.

Dans la nuit suivante, l'armée autrichienne commença son mouvement de retraite sur Vicence.

Le 2 mai, l'avant-garde du prince Eugène se mit en mouvement pour poursuivre l'ennemi qu'elle rencontra à Montebello. Les Autrichiens furent culbutés et s'enfuirent au delà du pont d'Olmo.

Dès ce moment, la poursuite devient acharnée; c'est en vain que l'ennemi nous oppose le plus souvent des forces supérieures; la bouillante ardeur de nos soldats les pousse en avant au pas de charge. Il faut venger la défaite de Sacile! Tel est le cri qui s'élève dans tous les rangs.

Le prince Eugène adressa à l'Empereur, sur ces rapides succès, plusieurs rapports dont nous ne citerons que les principaux passages.

Le 6 mai 1809, le Vice-Roi écrivit de Castel-Franco à l'Empereur : « Je m'empresse d'adresser à Votre Majesté l'écuyer Cavaletti. Il n'aura pas à lui raconter de grandes victoires, mais il dira que nous faisons tout ce qu'il faut pour ne pas donner de relâche à l'ennemi.

Hier, l'armée a passé la Brenta sur trois ponts. La perte de la journée a été pour l'ennemi de 300 tués et 1,100 prisonniers. »

Le 9 mai, dès son arrivée à Conégliano, le prince Eugène rend compte en ces termes du passage de la Piave : « Je m'empresse d'annoncer à Votre Majesté que son armée d'Italie a remporté hier une victoire complète sur l'armée autrichienne. Le passage de la Piave a été effectué de vive force en présence de toute l'armée ennemie, avec le plus grand sang-froid et malgré des difficultés infinies. Les résultats de cette bataille sont jusqu'à ce moment de 14 pièces de canon, 25 à 30 caissons, 2 généraux prisonniers, 8 officiers d'état-major, 40 à 50 officiers et 2 à 3,000 prisonniers. Le champ de bataille est jonché de morts. Cinq régiments d'infanterie et deux de dragons (Hohenlohe et Savoye), ont été presque entièrement détruits. L'ennemi a eu, en outre, 2 officiers généraux tués et 3 autres grièvement blessés. Les décorations trouvées sur un cadavre font croire que le général de Frimont est au nombre des tués. La cavalerie s'est couverte de gloire; les dragons ont rivalisé avec la troupe légère. Parmi les corps qui se sont distingués, je dois citer le 9e régiment de chasseurs, le 6e de même arme, les 7e, 28e et 29e dragons. L'armée d'Italie s'est bien vengée de l'affront de Sacile. La déroute de l'ennemi a été complète. »

Dans cette brillante journée, la division de dragons commandée par le général Grouchy, et le 9ᵉ chasseurs, méritèrent les plus grands éloges. Le général Davenay, arrivé depuis deux jours à l'armée, avait eu la jambe emportée au moment où il allait charger. Notre perte, d'après le rapport du général Caffarelli à Duroc, avait été d'environ 170 hommes tués et 300 blessés.

A la fin de son rapport, le général Caffarelli disait : « Le prince Eugène s'est conduit en digne fils de l'Empereur. J'ai admiré son sang-froid et sa présence d'esprit. On ne peut que lui reprocher trop de bravoure. »

Voici dans quels termes M. Thiers rend compte du passage de la Piave, et ici encore l'illustre historien semble dénier au prince Eugène la part très-grande qui lui revient dans cette belle journée : « Le 7 mai, au soir, on était au bord de la Piave dont l'ennemi avait occupé tous les ponts. On résolut de la traverser à gué et de se précipiter sur les Autrichiens. Ceux-ci furent d'abord repoussés ; mais comme ils avaient leurs bagages à défendre, ils résolurent de résister et se reportèrent en masse sur l'avant-garde du prince Eugène qui, se trouvant de sa personne aux avant-postes, vit bientôt *avec effroi* sa cavalerie et son infanterie refoulées en désordre sur la Piave. L'armée n'avait pas encore franchi la rivière, et celles de nos troupes qui avaient passé les premières, pouvaient essuyer un grand échec. Heureusement, la droite, sous le général Macdonald, arrivait en toute hâte. Celui-ci la fit entrer hardiment dans le fleuve et prendre position au delà. Puis, vint le général Grenier, et on marcha tous ensemble sur les Autrichiens qui furent promptement culbutés et laissèrent dans nos mains beaucoup de canons, de bagages, 2,500 morts ou blessés, plus un nombre à peu près égal de prisonniers. On en avait déjà ramassé 2,000 de l'Adige à la Piave. C'était donc plus de 7,000 soldats enlevés en quelques jours à l'archiduc Jean. »

Comme on le voit, d'après M. Thiers, c'est au général Macdonald seul qu'appartiendrait la gloire de cette journée ; mais dans son rapport au grand-maréchal Duroc, le général Caffarelli disait, et nous le répétons afin de bien constater ce fait : « Le prince Eugène « s'est conduit en digne fils de l'Empereur. J'ai admiré « son sang-froid et sa présence d'esprit. On ne peut que « lui reprocher trop de bravoure. »

Ce rapport n'a pu être ignoré de M. Thiers, qui cependant attribue la gloire du passage de la Piave au général Macdonald, lequel n'a agi que d'après les ordres du Vice-Roi.

Le général Caffarelli était sur les lieux, et c'est après avoir vu le prince Eugène pendant l'action qu'il a fait part de ses impressions au grand-maréchal, tandis que M. Thiers a écrit la page que nous venons de reproduire, d'après des documents dont l'authenticité n'est nullement démontrée.

Nous ajouterons encore que lorsque le prince Eugène fit charger sa cavalerie et culbuter celle des Autrichiens, comme le fait justement remarquer M. Du Casse [1], « le général Macdonald n'avait encore que peu de troupes sur la rive gauche de l'Adige. »

Ce fut le général Grenier, avec le corps du centre, qui fit attaquer le village de Cima-d'Olmo. Enfin, l'ennemi fut ébranlé par le feu de 24 pièces de canon réunies devant le centre de l'armée, par ordre du prince Eugène, et il effectua sa retraite après une charge générale à laquelle contribuèrent toutes les troupes passées sur la rive gauche.

Le lecteur impartial saura discerner la vérité historique entre l'assertion de M. Thiers et le rapport officiel du général Caffarelli. Reprenons maintenant le récit sommaire des opérations du prince Eugène, en nous référant au rapport qu'il adressa de Saint-Daniel même à l'Empereur, le 12 mai 1809 :

« Je m'empresse d'annoncer à Votre Majesté que son armée d'Italie a passé le Tagliamento. Hier matin, toute la cavalerie a balayé la plaine jusqu'au delà d'Udine.

« Nous avons encore eu le bonheur de joindre l'armée autrichienne à Saint-Daniel, vers trois heures de l'après-midi. Le général Giulay était resté avec plusieurs

---

[1] *Correspondance politique et militaire du prince Eugène*, t. V, p. 77.

régiments d'infanterie, quelques escadrons et plusieurs pièces d'artillerie. Le prince Jean y était même de sa personne et avait ordonné à son arrière-garde de défendre le plus longtemps possible les hauteurs de Saint-Daniel, afin de donner le temps au reste de son armée de défiler dans la longue vallée de la Fella. J'avais joint notre avant-garde à deux heures et demie, et voyant que l'ennemi occupait des positions, j'ai ordonné qu'il fût attaqué sans délai. Quelques compagnies de tirailleurs, soutenues par quatre bataillons, attaquaient de front pendant que deux autres bataillons cherchaient à gagner la droite et la gauche de l'ennemi. La fusillade fut très-vive, mais nous parvînmes à enlever la position. L'ennemi se retira de hauteurs en hauteurs, mais je le fis poursuivre sans relâche. La charge à la baïonnette de quelques pelotons d'infanterie, soutenus par plusieurs pelotons du 9e de chasseurs et du 23e de dragons, mit le désordre dans les rangs ennemis. L'avant-garde, à la nuit, prit position sur la Lédra.

« Les résultats de ce combat sont 1,500 prisonniers et le drapeau du régiment de Rieski. Parmi les blessés il y a 22 officiers dont un colonel, un major et six capitaines. L'ennemi a perdu, en outre, 600 hommes tués ou blessés. Cette journée nous coûte environ 200 hommes. »

Dans les rapports du 16 au 20 mai 1809, le Vice-Roi rend compte à l'Empereur de la prise des forts de

Malborghetto, de Prédel et du combat de Tarvis.

A la date du 17 mai, le prince Eugène écrit à ce sujet à la Vice-Reine la lettre suivante, que nous reproduisons en entier, parce qu'elle fait ressortir, sous une forme intime et familière, l'initiative de ce Prince dans toutes les habiles dispositions prises contre l'ennemi durant le cours de cette poursuite acharnée.

« Je m'empresse, ma bonne Auguste, de t'annoncer d'excellentes nouvelles ; la journée du 17 mai est pour l'armée d'Italie une des plus belles journées militaires. Ce matin, nous avons enlevé un fort très-difficile à prendre (le fort de Malborghetto), et pourtant nos grenadiers l'ont enlevé à la baïonnette ; presque toute la garnison a été passée au fil de l'épée, on n'a fait que 300 prisonniers. Je suis parti tout de suite pour rejoindre l'avant-garde, je l'ai trouvée à Tarvis ; j'ai aussitôt reconnu l'ennemi, et j'ai pu juger qu'il se préparait à nous attaquer cette nuit ou demain matin. Quoiqu'il ne me restât que deux heures de jour, j'ordonnai l'attaque, et elle a été faite par ma droite où était la division italienne commandée par Fontanelli. L'attaque a été si vive et a si bien réussi, que le reste de l'armée a à peine pu tirer un coup de fusil. L'ennemi a été mené six milles l'épée dans les reins et dans le plus grand désordre. Je ne puis dire au total le résultat de cette journée, mais certainement nous aurons de 2 à 3,000 prisonniers, 20 à 25 pièces de canon, et Dieu sait tout ce que nous ramasserons encore demain. L'affaire a été chaude ; nous avons eu environ 300 hommes hors de combat, et les boulets ennemis sillonnaient de la belle manière le terrain où nous étions.

« J'espère que l'Empereur sera content, et je suis bien satisfait. Je te dirai, *pour toi seule*, que je suis d'autant plus content de moi, que personne n'était d'avis d'attaquer, parce que l'ennemi avait plusieurs lignes de retranchements ; mais j'ai tenu bon pour les ordres donnés, et le résultat a prouvé que j'avais grandement raison ; quelques heures plus tard, et nous eussions été nous-mêmes battus. Je me porte bien. Voilà plusieurs nuits que je ne dors pas, mais tout va le mieux du monde..... »

Certes, le prince Eugène avait lieu d'être satisfait de lui-même, et bientôt un ordre du jour de l'Empereur allait donner au Vice-Roi et à son armée d'Italie le plus éclatant, le plus solennel témoignage de satisfaction.

IV

Pendant que le prince Eugène s'attachait à justifier la confiance que l'Empereur avait mise en lui, le général

Macdonald opérait de son côté avec le même bonheur. A la tête d'environ dix-sept mille hommes, il avait passé l'Isonzo et fait capituler le fort de Prévald. Parvenu devant Laybach, il ne tarda pas à occuper ce vaste camp retranché, puis il se dirigea sur Grätz, où il s'arrêta pour attendre le Vice-Roi.

Jusqu'au combat de Saint-Michel, qui eut lieu le 25 mai, le prince Eugène ne cessa de faire essuyer à l'ennemi qui se retirait à la hâte devant lui, une série de revers.

A cette date, le Prince écrit à l'Empereur : « J'ai le bonheur de pouvoir annoncer à Votre Majesté de nouveaux succès de son armée d'Italie. Je n'avais d'autre but que l'exécution des ordres de Votre Majesté, et tous mes efforts tendaient à joindre d'autant plus promptement la droite de la grande armée, que j'avais connaissance de la marche du corps du général Jellachich, qui se portait sur Léoben, tandis que, suivant tous les rapports, le prince Jean se dirigeait par la route de Grätz sur Brück. »

Après avoir indiqué les mouvements successifs de ses troupes, le prince Eugène termine ainsi : « Vers deux heures, l'attaque commença sur toute la ligne; elle se fit avec la plus grande impétuosité. L'ennemi voulut résister partout, et partout il fut culbuté: A peine arrivée sur le plateau, notre cavalerie s'élança sur l'ennemi et acheva sa déroute. Le corps du général

Jellachich est entièrement détruit. Huit cents Autrichiens tués, plus de mille deux cents blessés, deux mille quatre cents prisonniers, dont soixante-dix officiers, deux pièces de canon enlevées, un drapeau pris par le 9ᵉ régiment de chasseurs, sont les résultats de cette belle affaire. Le général Jellachich, avec deux autres généraux, s'est sauvé à toute bride avec environ soixante dragons. Le général Séras a continué la poursuite de l'ennemi et est entré à Léoben à sept heures du soir. Il y a pris six cents hommes, dernier reste du corps d'armée. Un nombre d'hommes à peu près égal s'est sauvé dans les montagnes après avoir jeté leurs armes... »

« Nous n'avons que cinq ou six cents hommes hors de combat. Demain les troupes se dirigeront sur Brück, où nous arriverons, je l'espère, avant le prince Jean, et par ce moyen j'aurai, enfin, opéré cette jonction que je désire si vivement pour être plus à portée de recevoir et d'exécuter les ordres de Votre Majesté. J'ose lui assurer qu'elle peut être satisfaite de son armée d'Italie. Il est impossible de marcher plus vite qu'elle ne l'a fait... »

En parlant de cette belle affaire, M. Thiers rend enfin justice aux dispositions prises par le prince Eugène. « Il fallait franchir une rivière, dit-il [1], puis gravir

---

[1] *Histoire du Consulat et de l'Empire*, t. X, p. 366 et suivantes.

des montagnes pour aborder les neuf mille hommes de Jellachich. Tout cela fut exécuté avec une hardiesse extraordinaire, malgré la fusillade et la mitraille, et Jellachich enfoncé, perdit, en quelques heures, environ deux mille morts ou blessés, et quatre mille prisonniers. Il eut beaucoup de peine, en se dispersant dans tous les sens et à la faveur d'un pays dévoué à l'Autriche, à sauver trois mille hommes qu'il conduisit vers Grätz à l'archiduc Jean.

« Il y avait bien moins de chances encore pour la jonction du général Chasteler qui ne pouvait pas amener plus de cinq à six mille hommes, après les détachements laissés dans le Tyrol, et qui devait trouver la route de Carinthie et de Styrie définitivement occupée par les Français. L'archiduc Jean voyait donc ses forces portées tout au plus à dix-huit mille hommes par la jonction des débris du général Jellachich et ne savait encore ce que deviendrait le ban Giulay, qui, avec son détachement et les levées croates, avait affaire aux généraux Macdonald et Marmont. Croyant prudent de se rapprocher de la Hongrie, il mit une garnison dans la forteresse de Grätz et se dirigea sur la Raab, attendant toujours les ordres de son frère le généralissime (l'archiduc Charles), et laissant le prince Eugène victorieux marcher sur Vienne où aucun obstacle ne pouvait l'empêcher d'arriver, puisque le détachement du général Lauriston était à Brück pour lui donner la main. Les avant-gardes françaises se reconnurent en effet aux environs de Brück, s'embrassèrent, et le fait si important de la réunion des armées d'Italie et d'Allemagne fut dès lors consommé. »

Arrivé sur les hauteurs de Sommering, le prince Eugène se joignit aux avant-postes de l'armée d'Allemagne, commandés par le général Lauriston. La joie fut égale des deux côtés.

Le Vice-Roi se mit aussitôt en route pour voir l'Empereur à son quartier général d'Ebersdorf.

Le baron Darnay, secrétaire du prince Eugène, dit à ce sujet dans ses *Notices historiques* : « J'eus l'honneur d'accompagner Son Altesse Impériale et Royale et d'être l'heureux témoin de l'accueil flatteur qu'elle reçut de S. M. l'Empereur et de tout son état-major général. L'Empereur vint avec empressement au-devant du prince Eugène et le tint étroitement serré dans ses bras. Puis le présentant aux maréchaux et à l'état-major général, il s'écria : « Ce n'est pas seulement le courage « qui a amené ici Eugène, c'est aussi le cœur ! »

L'Empereur était dans un ravissement extraordinaire, et c'est alors qu'il dicta en style vraiment antique cette proclamation :

« Soldats de l'armée d'Italie, vous avez glorieusement atteint le but que je vous avais marqué. Le Sommering a été témoin de notre jonction avec la grande armée, soyez les bien venus ; je suis content de vous.

LE PRINCE EUGÈNE

Surpris par un ennemi perfide avant que nos colonnes fussent réunies, vous avez dû rétrograder jusqu'à l'Adige ; mais lorsque vous reçûtes l'ordre de marcher en avant, vous étiez sur le champ mémorable d'Arcole, et là vous jurâtes sur les mânes de nos héros de triompher. Vous avez tenu parole à la bataille de la Piave, aux combats de Saint-Daniel, de Tarvis ; vous avez pris d'assaut les forts de Malborghetto, de Prédel, et fait capituler la division ennemie retranchée dans Laybach ; vous n'aviez pas encore passé la Drave, et déjà vingt-cinq mille prisonniers, soixante pièces d'artillerie, dix drapeaux avaient signalé votre valeur. Depuis, la Drave, la Save, la Muhr, n'ont pu retarder un instant votre marche. La colonne autrichienne de Jellachich, qui, la première, entra dans Munich, qui donna le signal des massacres dans le Tyrol, environnée à Saint-Michel, est tombée sous vos baïonnettes ; vous avez fait une prompte justice des débris dérobés à la colère de notre grande armée. Soldats, cette armée autrichienne d'Italie, qui, un moment, souilla par sa présence mes provinces, qui avait la prétention de briser ma couronne de fer, battue, dispersée, anéantie grâce à vous, sera un exemple de la vérité de cette devise : « *Dio me la diede, guai a chi la tocca !* »

Dans les derniers jours de mai, et après la jonction de la grande armée avec l'armée d'Italie, cette dernière se trouvait échelonnée de Marburg à Léoben et Brück, sur la Muhr, se liant par sa gauche avec les corps de la Grande-Armée, au moyen de la cavalerie de Lauriston prête à se réunir au corps de Dalmatie que Marmont n'amena que fort tardivement.

Le 29 mai 1809, l'archiduc Jean s'était replié par Gleisdorf sur Fürstenfeld avec les débris de son armée qu'il voulait rallier derrière la Raab.

Le 1ᵉʳ juin, le Vice-Roi, après avoir pris les ordres de l'Empereur, prescrivit la concentration de l'armée d'Italie sur Neustad, et vint en prendre le commandement le 4 du même mois.

Fidèle au plan que Napoléon lui avait tracé dans d'admirables instructions, le prince Eugène, après avoir rejoint les généraux Lauriston, Colbert et Montbrun, se mit à la recherche de l'archiduc Jean.

Ayant appris qu'il était sur la haute Raab, il marcha vers lui pour le combattre, et informa sur-le-champ de son dessein le général Macdonald en l'invitant à le rejoindre le plus tôt possible.

Ce général, qui attendait à Grätz Marmont, toujours invisible, se hâta de se mettre en route après avoir laissé le soin au général Broussier de s'emparer de la citadelle de Grätz et d'empêcher le général autrichien Chasteler de passer du Tyrol en Hongrie.

Le 9 juin, le général Macdonald put opérer sa jonction avec le prince Eugène sur la Raab.

Il s'agissait maintenant d'atteindre l'archiduc Jean

qui s'était réuni à son frère, l'archiduc palatin. Ce dernier avait amené avec lui les forces de l'insurrection hongroise.

Les deux princes pouvaient présenter en ligne environ quarante mille hommes. « Dès les 12 et 13 juin, dit M. Thiers, les archiducs avaient été talonnés par les avant-gardes du prince Eugène, et le 13 au soir ils étaient postés autour de la Raab, certains d'avoir une affaire fort chaude le lendemain s'ils ne consentaient à battre en retraite. »

Ils s'établirent dans une position avantageuse, sur un plateau, adossés au Danube, ayant leur droite appuyée à la Raab, et leur gauche à des marécages qui s'étendaient au loin. Après avoir employé la journée du 13 juin à rectifier leur position et à mêler ensemble les troupes régulières et les troupes de l'insurrection hongroise, afin de leur donner plus d'aplomb, ils furent prêts à combattre dès le 14 au matin.

Mais le prince Eugène, bien qu'il eût marché avec une grande célérité, ne put aborder l'armée des archiducs que le même jour, vers midi.

Après s'être concerté avec les généraux Séras, Grenier, Montbrun, Durutte et Grouchy, le prince Eugène, ajoute M. Thiers, convint des dispositions suivantes : « Tandis que la cavalerie déployée de Montbrun masquerait les mouvements de notre infanterie, les trois divisions Séras, Durutte et Severoli, s'avançant en échelons, devaient attaquer successivement la ferme de Kismegyer et le village de Szabadhegy par l'un et l'autre côté, la division Pacthod et la garde italienne restées en réserve étaient chargées d'appuyer celui des trois échelons qui aurait besoin de secours. Grouchy et Montbrun, à droite, devaient se jeter sur la cavalerie ennemie pendant que Sahuc, à gauche, lierait l'armée avec le détachement de Lauriston. Le prince Eugène *sentant alors, mais un peu tard, la sagesse des principes de Napoléon,* dépêcha aides de camp sur aides de camp auprès du général Macdonald pour qu'il amenât de Papa les huit mille hommes qui l'auraient complété si à propos dans le moment, car il n'en avait que trente-six mille contre quarante mille établis dans une forte position. *Napoléon, cependant, lui avait répété sans cesse que, même avec les troupes les meilleures, il fallait, pour ne rien donner au hasard, manœuvrer de manière à être plus nombreux que l'ennemi sur le terrain où se livraient les batailles. Heureusement que Macdonald, prévoyant qu'il pourrait être utile à Raab, tandis qu'à Papa il ne faisait rien ni pour Broussier ni pour Marmont, s'était mis spontanément en route et déjà se montrait, dans le lointain, précédé par les dragons de Pully. Il y avait donc là une ressource contre un accident peu probable, mais possible.* »

Nous avons cru devoir souligner, en les citant, les

LE PRINCE EUGÈNE

lignes qui précèdent, parce que le lecteur qui se met avec tant de confiance et d'empressement à la suite de notre grand historien, pourrait conclure de cet exposé : 1° que le prince Eugène opéra assez peu habilement la marche contre les archiducs; 2° que Macdonald, laissé à Papa, contrairement aux instructions de l'Empereur, prit le parti, sans attendre aucun ordre du Vice-Roi, d'accourir sur le champ de bataille de Raab.

D'abord, la marche du prince Eugène fut exécutée avec une grande vigueur, et la journée de Raab fut précédée de combats glorieux à Karako et à Papa, où les généraux Colbert et Grouchy firent essuyer à l'ennemi des pertes sensibles.

Ensuite, cette expression dont se sert M. Thiers : « *Dès les 12 et 13 juin les archiducs avaient été talonnés par les avant-gardes du prince Eugène* » se trouve fort en désaccord avec la pensée que le Vice-Roi n'aurait pas effectué ses opérations avec toute la rapidité possible.

Les archiducs avaient été en effet talonnés de si près que nos soldats, entrant pêle-mêle dans Papa avec les Autrichiens, sabrèrent ou firent prisonnier tout ce qui se trouvait dans la place. A la suite de ce brillant combat, les généraux Montbrun, Grouchy et Colbert harcelèrent l'arrière-garde ennemie sans trêve ni relâche.

Enfin, Macdonald fut laissé à Papa d'après les ordres de Napoléon lui-même, ainsi que le témoigne la correspondance que nous allons citer, et comme ce général commandait, non pas l'armée d'Italie, mais seulement l'aile droite de cette armée, il ne put se rendre sur le champ de bataille que d'après les ordres du prince Eugène qui commandait en chef, ordres très-formels, très-positifs, auxquels il s'empressa d'obéir.

Voici ce qu'à la date du 10 juin, l'Empereur écrivait de Schœnbrunn au prince Eugène en ce qui concernait le général Macdonald : « Il est nécessaire de ne pas trop engager Macdonald, afin que lorsqu'on aura des nouvelles positives de l'ennemi, s'il y a des craintes pour Klagenfurth et pour les derrières de l'armée d'Italie, le général Macdonald puisse s'y porter pour rétablir l'ordre. »

Le prince Eugène n'eut donc pas tort, comme l'avance M. Thiers, de laisser Macdonald à Papa, c'est-à-dire à une marche en arrière, lorsque les 12 et 13 juin il s'avançait sur Raab.

V

Nous voilà arrivés à cette belle journée du 14 juin, qui fêta par une brillante victoire les anniversaires de Marengo et de Friedland.

Nous n'entrerons pas dans les détails des opérations militaires de cette bataille qui, sans compter M. Thiers et un grand nombre d'historiens remarquables, a également pour narrateur aussi précis que fidèle, M. Du Casse, l'auteur consciencieux de la *Correspondance politique et militaire du prince Eugène*.

Nous ne ferons, pour ainsi dire, qu'une esquisse là où de grandes toiles ont été peintes. Notre cadre est d'ailleurs limité, et l'espace de notre terrain est compté. Il faut que nous marchions vite, au pas de charge, sans énumérer, sans donner le détail des divisions, des brigades, du matériel d'artillerie, en ne perdant pas de vue un seul instant que le titre de notre livre est : *le Prince Eugène*, et que cette noble et chevaleresque figure doit constamment éclairer notre récit.

Le Vice-Roi livra franchement la bataille aux archiducs réunis. L'ardeur des soldats était extrême. Aussi, sans attendre le corps du général Macdonald, le prince Eugène marcha droit à l'ennemi.

C'est d'abord Montbrun qui, sous un feu violent d'artillerie et appuyé par l'infanterie du général Séras, fond avec ses quatre régiments de cavalerie sur la brillante noblesse de la maison d'Autriche. En peu d'instants tous ces élégants cavaliers se dispersent. Viennent alors s'opposer à notre choc les hussards réguliers de l'archiduc Jean, solides et vaillants soldats que Montbrun ramène à coups de sabre dans leurs lignes.

Au même moment, le plateau occupé par les troupes légères ennemies, en avant de la ferme de Kismegyer, était vigoureusement attaqué par l'infanterie du général Séras. Les murs de cette ferme étaient crénelés et défendus par douze cents hommes. En outre, un terrain coupé en rendait l'approche difficile, meurtrière.

Ce formidable obstacle arrête le général Séras.

C'est alors que le général Roussel reçoit l'ordre d'attaquer la ferme de front, pendant que le général Séras l'attaquera sur la droite.

Un feu terrible de mousqueterie les reçoit, et en quelques minutes trente-six officiers et près de sept cents soldats sont couchés par terre.

Nos troupes, ébranlées un instant, s'arrêtent pour reprendre haleine, puis, à la voix de leur brave général qui les ramène l'épée à la main, elles s'élancent de nouveau sur cette ferme d'où partent des feux si meurtriers. Malgré les furieuses décharges de mousqueterie, la hache de nos sapeurs enfonce les portes du bâtiment, et les baïonnettes de nos soldats vengent sur les défenseurs de la ferme la mort de tant de braves.

De son côté, le général Durutte avait attaqué Szabadhegy. Sur ce point, les Autrichiens avaient une telle supériorité de forces que la lutte fut des plus longues et des plus acharnées. Chaque maison de ce village était devenue une forteresse improvisée, derrière laquelle l'ennemi nous tuait beaucoup de monde. Culbutés d'abord par une masse d'infanterie autrichienne qui s'était ruée contre nous, le général Durutte, à la tête du 112ᵉ de ligne, et le général Severoli, à la tête du 1ᵉʳ de ligne italien, ramènent au pas de charge leurs soldats sur le village tant disputé, et l'emportent de concert avec la première brigade de la division Pacthod, que le prince Eugène s'était hâté de leur envoyer.

A ce moment notre cavalerie, conduite par Montbrun, Grouchy, Sahuc, Colbert, s'élance pour couper la retraite aux Autrichiens qui se retiraient vers le Danube en assez bon ordre. Le 8ᵉ de chasseurs, de la division Sahuc, emporté par sa bouillante ardeur, pénètre dans les carrés de l'ennemi, enfonce tout ce qu'il rencontre devant lui, prend des canons, fait des milliers de prisonniers, et ne s'arrête dans cet immense élan que lorsqu'il est entouré par dix fois autant de soldats qu'il en compte dans ses rangs. Il va périr tout entier lorsque le reste de la division Sahuc vient le dégager. Ce brave régiment rentre alors dans nos lignes, acclamé par ses frères d'armes qui le voient avec orgueil ramener à sa suite ses prisonniers.

La nuit qui était arrivée, mit fin à la poursuite. Voyant alors que la bataille était entièrement perdue, les archiducs ordonnèrent la retraite.

Pour le prince Eugène et l'armée d'Italie, cette journée, dit M. Thiers: « réparait glorieusement la défaite de

Sacile[1]. Elle nous coûta à nous 2,000 morts ou blessés, et aux Autrichiens environ 3,000 hommes hors de combat, 2,500 prisonniers, 2,000 soldats égarés. Elle mettait l'archiduc Jean et l'archiduc Palatin hors de cause, assurait la jonction des généraux Broussier et Marmont, et ne nous laissait plus exposés sur la rive droite qu'à des courses de hussards, courses peu redoutables, auxquelles il devait suffire d'opposer quelques détachements de cavalerie. Le général Macdonald arriva vers la chute du jour pour embrasser sur le champ de bataille le jeune Prince au succès duquel il s'intéressait vivement. »

Nous croyons devoir ajouter que, durant cette journée mémorable, nous prîmes à l'ennemi deux drapeaux, des canons, et que, parmi les prisonniers, se trouvaient le général Marriany et un grand nombre d'officiers de marque.

Le Vice-Roi, qui, durant toute la bataille, avait non-seulement prodigué sa vie en vaillant officier, mais n'avait pas cessé un seul instant de surveiller et de diriger toutes les opérations, prit les dispositions les plus efficaces pour porter secours aux blessés. De ce nombre étaient le général Severoli, le général d'Anthouard, l'adjudant-commandant Forestier, les colonels Expert, Triaire et Delacroix. Deux colonels et beaucoup d'autres officiers supérieurs avaient été tués.

[1] *Histoire du Consulat et de l'Empire*, t. X, p. 385.

LE PRINCE EUGÈNE

C'est dans les termes les plus simples que le prince Eugène, suivant sa noble coutume, rendit compte à l'Empereur de la bataille de Raab.

Voici un passage de cette lettre, datée du 14 juin :

« Sire, je m'empresse de rendre compte à votre Majesté que j'ai livré bataille aujourd'hui au prince Jean, et que j'ai eu le bonheur de la gagner. C'était l'anniversaire d'un trop beau jour pour qu'il pût nous arriver malheur.

« Les positions de l'ennemi ont été enlevées après avoir été perdues et reprises sept fois..... »

On a fait la remarque que, dans cette glorieuse campagne, le prince Eugène fit plus de prisonniers et enleva à l'ennemi plus d'artillerie qu'il n'avait lui-même sous ses ordres d'hommes et de canons [1].

L'Empereur, en recevant la nouvelle du triomphe du Vice-Roi, baptisa, dans sa joie, la bataille de Raab du nom de *petite fille de Marengo*.

Les deux archiducs, vaincus et découragés, prirent

---

[1] A la suite de recherches que nous avons faites aux archives du dépôt de la guerre, nous avons constaté, d'après des documents officiels, que, du 1er au 27 mai 1809, l'armée du prince Eugène fit 25,733 prisonniers, et prit 154 pièces de canon et 33,950 fusils. A la fin de cette courte et glorieuse campagne, l'armée d'Italie avait fait 36,700 prisonniers, dont 5 généraux, 21 officiers supérieurs et 522 officiers subalternes; elle avait pris 12 drapeaux, 79 pièces de campagne, 178 pièces de siége, 93,000 boulets, 4,500 bombes, 4,700 obus et 44,500 fusils.

leur direction sur Comorn. Le Vice-Roi les poursuivit sans relâche, et plaça son quartier général à Gognio, sur le Danube, observant, de ce point, la citadelle de Comorn où les princes s'étaient réfugiés.

Dès le 15 juin, la place de Raab avait été investie. Le 24, elle capitula d'après les conditions dictées par le général Lauriston. La garnison, forte de deux mille cinq cents hommes, se rendit sur parole. Elle s'engagea à ne pas porter les armes dans cette guerre contre la France et ses alliés jusqu'à parfait échange. On trouva dans la ville de l'artillerie de siége et beaucoup de munitions.

Le moment approchait où l'armée d'Italie allait quitter les environs de Raab pour venir renforcer la Grande-Armée. Pendant ce temps, le général Broussier, qui avait été laissé, par Macdonald, dans les faubourgs de Grätz, se trouvait toujours sans nouvelles de Marmont. Il dut abandonner, momentanément, le siége du château, pour se porter au devant du corps de Giulay qui venait dégager la garnison de Grätz.

Marmont, qui persistait à ne pas se montrer en temps opportun, croyant que Giulay avait rassemblé des forces considérables pour l'écraser au-dessous de Vildon, prescrivit au général Broussier de venir le rejoindre.

Pendant que Broussier faisait ce mouvement, Giulay s'était porté sur Grätz, où il ne trouva pour s'opposer à son corps d'armée que deux bataillons du 84e et quelques compagnies du 9ᵉ de ligne commandés par le colonel Gambin. « Une fusillade des plus vives fit comprendre à Broussier, dit M. Du Casse [1], que le colonel Gambin était aux prises d'une manière sérieuse avec l'ennemi. Il avait trouvé Marmont à Liboé avec la division Lamarque. Il demanda au commandant du corps de Dalmatie de marcher avec lui sur Grätz. Le duc de Raguse voulut attendre pour cela l'arrivée de son autre division, celle du général Montrichard, qui, sans ordre ou parce que les ordres étaient mal formulés, chose plus probable, s'était arrêté à une marche en arrière. Marmont engagea seulement Broussier à revenir avec ses troupes sur Grätz pour dégager le 84ᵉ. Ce brave régiment et trois compagnies du 9ᵉ de ligne luttaient depuis quatorze heures contre tout le corps de Giulay (20,000 hommes, dont 12,000 de troupes de ligne). Ces héroïques soldats avaient tué 1,200 ennemis et enlevé deux drapeaux. Ils maintenaient leurs positions, résolus à se faire tuer plutôt que de céder, lorsqu'enfin les troupes de Broussier vinrent les dégager.

« Napoléon, fort mécontent de la façon de manœuvrer du duc de Raguse, lui fit écrire et lui écrivit lui-même pour lui témoigner son peu de satisfaction. Nous ne relaterons pas ici les lettres de l'Empereur ni celles du major-général ; elles sont dans les *Mémoires* de

[1] *Correspondance politique et militaire du prince Eugène*, t. V, p. 302 et 303.

Marmont qui n'a point osé les dissimuler, non plus que celle par laquelle il s'excuse auprès de l'Empereur. Si nous parlons de cette circonstance, c'est pour prouver une fois de plus que le grand capitaine et le grand historien ne sont pas toujours d'accord sur les opérations stratégiques. M. Thiers donne des éloges à la marche du duc de Raguse, qu'il qualifie d'*audacieuse et de prudente*. Napoléon la considère comme la *plus grande faute* qu'un général puisse faire.

« Quoi qu'il en soit, Chasteler et Giulay, qui devaient tomber sous les coups du corps de Dalmatie, de la division Broussier et de la division Rusca, parvinrent à s'échapper. Le prince Eugène avait été plus heureux; il avait anéanti Jellachich à Saint-Michel, battu complétement l'archiduc à Raab, et débarrassé la Grande-Armée de ces corps ennemis. Cela n'empêche pas le duc de Raguse de vanter dans ses *Mémoires* ses propres opérations, et de n'accorder au prince Eugène qu'une fort médiocre entente de la guerre. »

Pendant ce mois de juin, où le prince Eugène s'était montré si digne de la confiance de l'Empereur, Napoléon avait écrit trois lettres à la princesse Auguste. L'une de ces lettres, datée de Schœnbrunn, le 15 juin, contient ce passage : « J'ai reçu votre lettre du 2 juin. Je vous remercie de ce que vous m'y dites. Jai été instruit de la bonne conduite que vous avez tenue pendant les affaires d'Italie et du courage que vous avez montré. Je suis bien aise de ces nouveaux titres que vous avez acquis à mon estime. Eugène est en Hongrie où il bat l'ennemi. » C'est là un précieux et haut témoignage que nous sommes heureux de reproduire.

Cette lettre allait être expédiée à la princesse Auguste, lorsque l'Empereur apprit le résultat de la bataille de Raab. Il la rouvrit aussitôt pour y ajouter ces quelques lignes : « Au moment même, je reçois la nouvelle qu'Eugène a remporté le 14, anniversaire de la bataille de Marengo, une victoire à Raab, en Hongrie, contre l'archiduc Jean et l'archiduc Palatin, leur a pris 3,000 hommes, des canons et des drapeaux. »

La princesse Auguste, douée d'une grande fermeté d'esprit, méritait à tous égards les éloges qui lui venaient de si haut. Pendant l'absence du prince Eugène, elle déploya une grande énergie mêlée à une rare prudence.

Le soin du gouvernement lui avait été en quelque sorte dévolu. Cependant, Napoléon voulant avoir à Milan un officier général qui pût concentrer toutes les forces militaires de l'Italie pour agir sur le Tyrol révolté, désigna un de ses aides de camp, le général Caffarelli, qui s'acquitta à merveille de cette difficile mission.

VI

Après quelques jours de repos à Gognio, repos bien nécessaire au ralliement de l'armée d'Italie et au pansement des blessés, le Vice-Roi fut appelé avec ses troupes à prendre part au passage du Danube et aux luttes sanglantes qui devaient en être la suite dans les vastes plaines de Wagram.

Le prince Eugène accourut à marches forcées et prit une part glorieuse à cette grande et mémorable journée. Mais là où M. Thiers n'a pas trouvé convenable de dire un seul mot du commandant en chef de l'armée d'Italie, nous demanderons à nos lecteurs la permission de combler cette lacune en exposant sommairement les faits.

C'est dans la nuit du 4 au 5 juillet que le Vice-Roi fit passer l'armée d'Italie dans l'île de Lobau.

Vers six heures du soir, l'armée française étant formée en ligne, Napoléon envoya au prince Eugène l'ordre d'attaquer les Autrichiens au centre, en face de lui, tandis que Bernadotte et Oudinot l'attaqueraient par la gauche et par la droite.

Aussitôt, le prince Eugène lance ses braves troupes. Le Russbach, ruisseau qui coule dans un lit escarpé, large de douze pieds, est franchi sous un feu terrible. Les divisions Lamarque, Séras, Durutte gravissent la position et mettent l'ennemi en fuite.

Voyant le danger qui le menace de ce côté, l'archiduc Charles rassemble en masses serrées les forces dont il peut disposer et qui sont bien plus considérables que celles de son adversaire. Il réussit à arrêter dans leur marche les divisions de l'armée d'Italie.

La nuit étant venue, l'armée d'Italie, après avoir pris deux drapeaux, bivaqua dans les positions qu'elle occupait avant cet engagement, lequel coûta la vie au colonel du 13° de ligne et à plusieurs officiers supérieurs. Les généraux Grenier, Séras, Sahuc et de Vignolle y furent blessés.

Le lendemain 6 juillet, à la pointe du jour, les Autrichiens commencèrent le feu et firent éprouver quelques pertes aux divers corps du prince Eugène, qui, d'après l'ordre formel de l'Empereur, ne durent pas bouger.

Cependant, le Vice-Roi voyant que l'archiduc Charles cherchait à se placer entre l'armée française et le Danube, et jugeant que ce mouvement offensif était de nature à changer les dispositions de l'Empereur, se hâta de lui envoyer un de ses aides de camp, le chef d'escadron Tascher de la Pagerie. Napoléon, après l'avoir écouté attentivement, lui répondit : « Tascher, « va dire à Eugène qu'il ne s'inquiète pas de sa gauche, « mais qu'il ait toujours les yeux sur sa droite. C'est

« là, ajouta-t-il, en montrant Neusiedel, que doit se
« gagner la bataille. »

Bientôt l'Empereur fait avancer cent bouches à feu qui criblent de boulets les Autrichiens et démontent leur artillerie. Mais pour enfoncer le centre de l'ennemi, ce feu terrible ne suffit pas ; il faut nos baïonnettes, et ce fut Macdonald, de l'armée d'Italie, qui eut l'insigne honneur de décider le sort de cette immortelle journée.

Observant tous les mouvements de Macdonald en même temps que ceux de Davout qui venait de s'emparer de Neusiedel, le prince Eugène jugea que le moment était venu, d'après les instructions de l'Empereur, de s'ébranler pour poursuivre l'ennemi et gagner le plateau du Russbach.

Il avait sous la main les divisions Pacthod et Durutte. Se mettant à la tête de ces troupes, il les conduisit lui-même sur le plateau, et fit exécuter des charges vigoureuses de cavalerie par les gardes d'honneur et les dragons de la garde royale d'Italie.

La division Pacthod enleva le village de Wagram, le dépassa et se réunit aux divisions de Macdonald et de Durutte qui, aidées des troupes saxonnes, prirent le village de Süssenbrunn.

Le prince Eugène fit poursuivre jusqu'à la fin du jour les corps autrichiens qui lui étaient opposés. La nuit étant venue, la canonnade cessa sur ce vaste champ de bataille. Le Vice-Roi se rendit alors à la tente de l'Empereur qui le loua publiquement pour sa belle conduite pendant cette journée.

L'armée d'Italie fit 2,500 prisonniers et enleva huit canons à l'ennemi. Le général de Vaudoncourt estime les pertes de l'armée d'Italie à 250 officiers et environ 6,000 sous-officiers et soldats hors de combat.

Le lendemain de cette mémorable bataille, l'Empereur, traversant les bivacs de l'armée d'Italie, s'arrêta et dit aux soldats : « Vous êtes de braves gens, vous « vous êtes tous couverts de gloire. »

Macdonald reçut le bâton de maréchal de France et fut nommé duc de Tarente.

Notre armée, triomphante à Wagram, poursuivit vivement l'archiduc Charles. Le prince Eugène fut chargé par l'Empereur de manœuvrer sur les deux rives du Danube pour poursuivre l'archiduc Jean, tout en couvrant Vienne pour mettre cette capitale à l'abri des corps de Giulay et de Chasteler qui s'avançaient en force sur la rive droite, à la hauteur de Neustadt.

Quelques jours après fut publié l'armistice qui suspendit de part et d'autre les hostilités.

Le Vice-Roi, qui avait établi son quartier général à Stammersdorf, le transféra alors à Presbourg. Il alla visiter ensuite le champ de bataille d'Austerlitz, puis il se rendit à Vienne, où, d'après les ordres de l'Empereur, il demeura pendant presque toute la durée de l'armistice dans le palais du duc Albert de Saxe, bien qu'en dernier lieu son quartier général eût été fixé à Eisenstadt.

Il donna les ordres les plus précis pour la garde et la conservation des objets précieux de tout genre que renfermait ce palais.

Vienne était d'abord désert et inhabité. L'armistice y ramena les habitants. La cité se ranima, les théâtres se rouvrirent.

Pendant ces jours de repos, le Vice-Roi ne cessait de s'occuper des affaires administratives et militaires de l'Italie, comme il l'avait fait, du reste, pendant tout le cours de cette laborieuse campagne, ainsi que l'atteste la volumineuse correspondance du général Caffarelli avec le prince Eugène, correspondance qui se trouve aux archives du dépôt de la guerre et que nous avons souvent consultée.

Le Vice-Roi visitait aussi avec soin tous les établissements de Vienne, ses musées, ses manufactures, etc. Il honorait de sa bienveillance le mécanicien Mælzel, à qui il acheta le fameux joueur d'échecs et différents autres objets curieux.

Le 14 octobre 1809, la paix de Vienne fut signée. Après la conclusion de ce grand acte politique, l'Empereur partit pour Paris, laissant au Vice-Roi le soin de pacifier le Tyrol. Cette difficile mission fut remplie au gré de l'Empereur, qui, tranquille sur ce point, écrivit au Prince qu'il le verrait avec plaisir retourner à Milan.

Le 12 novembre, après sept mois d'absence, après tant de dangers affrontés, le prince Eugène reprit le chemin de Milan, où l'attendaient la tendre affection de sa femme et de ses enfants, et les acclamations enthousiastes de tout un peuple.

Le conseil municipal de Milan, pour célébrer le retour du Vice-Roi dans cette ville, offrit à son Altesse Impériale et Royale et à la princesse Auguste des fêtes splendides. Mais ces jours de félicité parfaite allaient être troublés, pour le prince Eugène, par une grande douleur et faire place à des jours de deuil, car nous arrivons à cette page si triste du premier Empire qu'on appelle *le divorce*.

VII

Napoléon avait résolu le divorce avec l'impératrice Joséphine, et le prince Eugène fut appelé à Paris par la lettre suivante de l'Empereur, datée du 26 novembre 1809 :

« Mon fils, je désire, si aucune affaire majeure ne vous

en empêche, que vous partiez de Milan de manière à arriver à Paris le 5 ou le 6 décembre. Venez seul avec trois voitures et quatre ou cinq personnes de votre service d'honneur. Passez par Fontainebleau. Ceci en supposant que des événements majeurs ne vous empêchent pas de partir. »

Quelques écrivains ont émis l'opinion que le prince Eugène avait eu connaissance, à Vienne, des projets de l'Empereur dès la fin de la campagne d'Allemagne.

Cette assertion ne se trouve pas justifiée par la correspondance échangée entre l'Empereur et le Vice-Roi, et entre ce dernier et la princesse Auguste.

M. Thiers, qui a puisé aux sources les plus authentiques pour écrire son admirable chapitre sur le divorce de Napoléon avec l'impératrice Joséphine, dit en parlant de l'arrivée du prince Eugène à Paris : « Cet excellent Prince arriva à Paris le 9 décembre 1809 [1]. Sa sœur, accourue à sa rencontre, se jeta dans ses bras en lui annonçant le triste sort de leur mère. Il avait été jusque là dans l'incertitude, et au lieu de prévoir un malheur, il avait été induit un moment à espérer le comble des grandeurs, car la princesse Auguste, son épouse, lui avait dit qu'on le mandait peut-être pour le déclarer héritier de l'Empire. Ses succès

---

[1] *Histoire du Consulat et de l'Empire*, t. XI, p. 344 et suivantes.

dans la dernière guerre avaient contribué à lui procurer une courte illusion. Au surplus, ce Prince modéré dans ses désirs, en apprenant le motif qui le faisait mander à Paris, fut principalement affligé pour sa femme, car il était évident que si Napoléon avait pour successeur un fils, il n'amoindrirait pas l'héritage de ce fils et n'en détacherait pas le royaume d'Italie. Il fallait donc non-seulement renoncer au trône de France auquel il n'avait après tout ni aspiré ni cru, mais au trône d'Italie qu'une longue possession semblait l'avoir destiné à conserver comme patrimoine. Il se rendit néanmoins près de l'Empereur, résigné à tout, souffrant pour les siens bien plus que pour lui-même. Napoléon, qui l'aimait, le serra dans ses bras, lui expliqua ses motifs, lui démontra l'impossibilité de le faire régner, lui Beauharnais, sur les Bonaparte si dificiles à soumettre, et lui retraça ses projets pour conserver aux Beauharnais une existence conforme aux quelques années de grandeur dont ils avaient joui. Il conduisit ensuite les deux enfants de Joséphine à leur mère. L'entrevue fut longue et douloureuse. »

Dans une autre étude ayant pour titre : *la Reine Hortense*, publiée en 1864, nous avons consacré un chapitre entier au récit du divorce en nous appuyant sur des documents irrécusables.

Nous nous attacherons à reproduire ici celles de ces pages où le prince Eugène se montre, comme toujours, aussi bon fils que digne époux et sujet dévoué à la grandeur de l'Empire.

Nous ajouterons en même temps à ces extraits de notre précédent livre quelques lettres échangées entre le Vice-Roi et la princesse Auguste dans ces douloureuses circonstances, lettres si simples et si belles tout à la fois, qu'elles rendent superflu tout commentaire.

Parti de Milan le 1ᵉʳ décembre 1809, le prince Eugène était arrivé à Paris le 7 au matin. « Il se rendit sur-le-champ auprès de Napoléon [1], puis chez l'Impératrice, avec laquelle son entrevue fut des plus douloureuses. Le Prince, comprenant tout ce que cette séparation avait de pénible, et cependant combien il importait pour la tranquillité future, et même pour la santé de sa mère, d'abréger autant que possible les choses, résolut de demander à Napoléon pour Joséphine une entrevue dans laquelle les deux époux auraient en sa présence une explication loyale et catégorique.

« L'Empereur y consentit. Le soir même, l'entrevue eut lieu. Napoléon présenta le divorce comme une nécessité politique, indispensable à la stabilité et même à la tranquillité de l'Empire. Joséphine répondit que, puisqu'il y allait du bonheur de la France, cette con-

---

[1] *Correspondance politique et militaire du prince Eugène*, t. VI, p. 288 et suivantes.

sidération devant l'emporter sur toute autre, elle était prête à se sacrifier pour son pays. Puis, les yeux remplis de larmes, elle s'écria : « Une fois séparés, mes « enfants seront oubliés. Faites Eugène roi d'Italie, « ma tendresse maternelle sera tranquille, et votre po- « litique sera applaudie, j'ose le dire, par toutes les « puissances étrangères. »

Le prince Vice-Roi, en entendant cette prière adressée par sa mère à l'Empereur, prit la parole avec vivacité pour demander qu'il ne fût pas question de lui dans toute cette affaire. « Votre fils, ajouta-t-il, ne voudrait pas d'une couronne qui serait le prix de votre séparation. Si vous souscrivez aux volontés de l'Empereur, c'est à vous seule qu'il doit penser. » Après un instant de silence et non sans une certaine émotion, Napoléon répondit : « Je reconnais là le cœur d'Eugène; il a raison de s'en rapporter à ma tendresse. »

En apprenant par les lettres de son mari la fatale nouvelle, la Vice-Reine écrivit au prince Eugène, le 13 décembre: « Je ne sais pas ce que je t'ai écrit hier, mon bien-aimé et tendre époux; la nouvelle du divorce m'a accablée; ma douleur est d'autant plus forte puisque c'est pour toi que je souffre; je me représente ta triste position, et quoique bien loin, je vois la joie imprimée sur les visages de ceux qui nous font tant de mal. Mais on ne peut pas te faire celui qu'on voudrait, puisqu'on ne peut pas t'ôter une réputation sans tache et une conscience sans reproche. Tu n'as point mérité ces malheurs, je dis *ces*, car je suppose qu'on nous en prépare encore d'autres; je suis préparée à tout; je ne regretterai rien si ta tendresse me reste; au contraire, je serai heureuse de pouvoir te prouver que je ne t'aime que pour toi. Effacés de la liste des grands, on nous inscrira sur celle des heureux; cela ne vaut-il pas mieux? Je n'écris pas à ta pauvre mère! que lui dirais-je? Assure-la de mon respect et de ma tendresse. Tu me dis que ton retour sera prochain; ces paroles m'ont soulagée dans ma tristesse, et je t'attends avec impatience. Ne crois pas que je me laisse abattre; non, mon Eugène, mon courage égale le tien, et je veux te prouver que je suis digne d'être ta femme. Adieu, cher ami, continue-moi ta tendresse, et crois à celle que je t'ai vouée jusqu'au dernier moment de ma vie. »

Le 15 décembre 1809 avait été le jour fixé par l'Empereur pour l'accomplissement du sacrifice imposé à Joséphine au nom de la France. A neuf heures du soir, le prince archichancelier Cambacérès, conformément aux instructions contenues dans la lettre close qu'il avait reçue le matin même, se rendit aux Tuileries, accompagné du comte Regnaud de Saint-Jean-d'Angély, ministre d'État et de la famille impériale, afin d'y exercer les fonctions qui lui étaient attribuées par le titre II, art. 14, du Statut de famille. Ils furent introduits

LE PRINCE EUGÈNE

tous les deux dans le grand cabinet de l'Empereur, où se trouvaient déjà Napoléon, Joséphine, le roi Louis, le roi Jérôme, le roi Murat, les reines d'Espagne, de Hollande, de Westphalie, Madame Mère, la princesse Pauline et le prince Eugène.

L'Empereur, adressant la parole à Cambacérès, lui dit :

« Mon cousin le prince archichancelier, je vous ai expédié une lettre close, en date de ce jour, pour vous ordonner de vous rendre dans mon cabinet, afin de vous faire connaître la résolution que moi et l'Impératrice, ma très-chère épouse, nous avons prise. J'ai été bien aise que les rois, reines, princesses, mes frères, sœurs, beaux-frères et belles-sœurs, ma belle-fille et mon beau-fils, devenu mon fils adoptif, ainsi que ma mère, fussent présents à ce que j'avais à vous faire connaître.

« La politique de ma monarchie, l'intérêt et le besoin de mes peuples, qui ont constamment guidé toutes mes actions, veulent qu'après moi je laisse à des enfants, héritiers de mon amour pour mes peuples, ce trône où la Providence m'a placé.

« Cependant, depuis plusieurs années, j'ai perdu l'espérance d'avoir des enfants de mon mariage avec ma bien-aimée épouse l'impératrice Joséphine; c'est ce qui me porte à sacrifier les plus douces affections de mon cœur, à n'écouter que le bien de l'État, et à vouloir la dissolution de notre mariage. Parvenu à l'âge de quarante ans, je puis concevoir l'espérance de vivre assez pour élever dans mon esprit et dans mes pensées les enfants qu'il plaira à la Providence de me donner. Dieu sait combien une pareille résolution a coûté à mon cœur; mais il n'est aucun sacrifice qui soit au-dessus de mon courage, lorsqu'il m'est démontré qu'il est utile au bien de la France.

« J'ai le besoin d'ajouter que, loin d'avoir jamais eu à me plaindre, je n'ai eu, au contraire, qu'à me louer de l'attachement et de la tendresse de mon épouse bien-aimée. Elle a embelli quinze ans de ma vie. Le souvenir en restera gravé dans mon cœur. Elle a été couronnée de ma main, je veux qu'elle conserve le rang et le titre d'Impératrice; mais surtout qu'elle ne doute jamais de mes sentiments et qu'elle me tienne toujours pour son meilleur ami. »

Après avoir prononcé ces paroles, Napoléon s'arrêta, les larmes aux yeux et en proie à un trouble extrême.

Joséphine se leva à son tour; la présence de ses enfants lui avait rendu un peu de courage. Cherchant à dominer l'émotion profonde qui faisait palpiter son cœur, elle commença à lire la déclaration suivante, qui lui avait été remise :

« Avec la permission de mon auguste et cher époux, dit-elle, je dois déclarer que, ne conservant aucun espoir d'avoir des enfants qui puissent satisfaire les besoins de la politique et l'intérêt de la France, je me plais à lui donner la plus grande preuve d'attachement et de dévouement qui ait jamais été donnée sur la terre..... »

Mais à peine avait-elle prononcé ces mots, que les sanglots qu'elle comprimait depuis le commencement firent taire sa voix. « Elle voulut en vain continuer, dit M. Aubenas [1], et tendit le papier au comte Regnaud de Saint-Jean-d'Angély, qui en acheva la lecture avec tous les signes d'une vive émotion.

« Je tiens tout de ses bontés ; c'est sa main qui m'a couronnée, et du haut de ce trône, je n'ai reçu que des témoignages d'affection et d'amour du peuple français. Je crois reconnaître tous ces sentiments en consentant à la dissolution d'un mariage qui, désormais, est un obstacle au bien de la France, qui la prive du bonheur d'être, un jour, gouvernée par les descendants d'un grand homme, si évidemment suscité par la Providence pour effacer les maux d'une terrible révolution, et rétablir l'autel, le trône et l'ordre social.

« Mais la dissolution de mon mariage ne changera rien aux sentiments de mon cœur. L'Empereur aura toujours en moi sa meilleure amie. Je sais combien cet acte, commandé par la politique et par de si grands intérêts, a froissé son cœur ; mais, l'un et l'autre, nous

---

[1] *Histoire de l'impératrice Joséphine*, t. II, p. 469 et 470.

sommes glorieux du sacrifice que nous faisons au bien de la patrie. »

Après ces mutuelles paroles, les plus belles, remarque avec raison M. Thiers, qui aient été prononcées en pareille circonstance, l'archichancelier dressa le procès-verbal de cette double déclaration, et Napoléon, embrassant Joséphine, la conduisit chez elle, et la laissa presque évanouie dans les bras de ses enfants.

M. Méneval ajoute : « L'Empereur rentra dans son cabinet, triste et silencieux ; il se laissa tomber sur la causeuse où il s'asseyait habituellement dans un état d'abattement complet. Il y resta quelques moments, la tête appuyée sur ses mains, et quand il se leva, sa figure était bouleversée. »

Le samedi 16 décembre, le Sénat se réunit à onze heures du matin. Le prince Eugène était présent, et après avoir prêté serment entre les mains de l'archichancelier, il s'exprima ainsi :

« Depuis que les bontés de l'Empereur et Roi m'ont appelé à compter parmi vous, des témoignages de sa confiance m'ont continuellement éloigné de Paris, et c'est pour la première fois aujourd'hui que j'ai le bonheur de paraître dans votre sein. Je suis heureux de pouvoir vous dire qu'au milieu des bienfaits dont Sa Majesté n'a cessé de me combler, j'ai été particulièrement sensible à l'honneur qui m'était accordé de faire partie du premier corps de l'Empire. »

LE PRINCE EUGÈNE

Après la prestation du serment du Vice-Roi, le président du Sénat annonça le projet de divorce de l'Empereur, qui allait être soumis à l'assemblée. « La noble et touchante adhésion de l'Impératrice, dit en terminant l'archichancelier, est un témoignage glorieux de son affection désintéressée pour l'Empereur et lui assure des droits à la reconnaissance de la nation. »

Dès que le comte Regnaud de Saint-Jean-d'Angély eut donné connaissance au Sénat du projet de sénatus-consulte portant dissolution du mariage contracté entre l'Empereur et l'impératrice Joséphine, le prince Eugène prononça le discours suivant :

« Messieurs les Sénateurs, vous venez d'entendre la lecture du projet de sénatus-consulte soumis à votre délibération. Je crois devoir, en cette circonstance, manifester les sentiments dont ma famille est animée.

« Ma mère, ma sœur et moi, nous devons tout à l'Empereur. Il a été pour nous un véritable père ; il trouvera en nous, dans tous les temps, des enfants dévoués et des sujets soumis.

« Il importe au bonheur de la France que le fondateur de cette quatrième dynastie vieillisse environné d'une descendance directe qui soit notre garantie à tous, comme le gage de la gloire de la patrie.

« Lorsque ma mère fut couronnée par toute la nation par les mains de son auguste époux, elle contracta l'obligation de sacrifier toutes ses affections aux intérêts de la France; elle a rempli avec courage, noblesse et dignité ce premier des devoirs. Son âme a été souvent attendrie en voyant en butte à de pénibles combats le cœur d'un homme accoutumé à maîtriser la fortune et à marcher toujours d'un pas ferme à l'accomplissement de ses grands desseins. Les larmes qu'a coûtées cette résolution à l'Empereur suffisent à la gloire de ma mère. Dans la situation où elle va se trouver, elle ne sera pas étrangère, par ses vœux et par ses sentiments, aux nouvelles prospérités qui nous attendent, et ce sera avec une satisfaction mêlée d'orgueil qu'elle verra tout ce que ses sacrifices auront produit d'heureux pour sa patrie et pour son Empereur. »

Le projet, renvoyé à une commission spéciale, fut adopté dans la même séance et converti en sénatus-consulte. En sortant du Sénat, le prince Eugène adressa la lettre suivante à la Vice-Reine.

« Il ne m'a pas été possible de t'écrire hier, ma bonne Auguste, parce que je suis resté chez l'Impératrice jusqu'à minuit. Enfin, cette séparation de l'Empereur et de ma mère dont on entretenait le public depuis si longtemps, est terminée depuis hier soir! Il y a eu aux Tuileries une assemblée de famille. L'Empereur y a exposé les raisons qui exigeaient qu'il se séparât de son épouse et qui commandaient ce sacrifice. L'Impératrice a répondu avec noblesse et dignité, et non sans la plus touchante sensibilité. L'archichancelier a dressé procès-verbal de la séance, et nous avons tous signé. Après cela il y eut un conseil privé où on lut le projet de sénatus-consulte. Ce matin, je me suis rendu à la séance du Sénat, où, suivant les désirs de l'Empereur, j'ai exprimé les sentiments dont ma famille était animée dans cette circonstance. Tout s'est passé avec calme, et l'Impératrice a déployé le plus grand courage et la plus grande résignation. »

Au moment où le prince Eugène écrivait cette lettre à la Vice-Reine, il recevait d'elle ces lignes touchantes :

« Je suis résignée à tout et me soumets à la volonté de Dieu, écrivait-elle. Ta grandeur d'âme pourra étonner beaucoup de monde, mais pas ta femme qui t'en aime, s'il est possible, encore davantage. Je te prouverai, mon cher Eugène, que je n'ai pas moins de courage et de force d'âme que toi, quoique j'étais éloignée de m'attendre à des événements aussi tristes, surtout dans ce moment-ci. Tes petites se portent bien; Dieu sait quel avenir les attend !

« Adieu, le meilleur des époux ; sois persuadé que mon unique désir est de faire ce que tu peux souhaiter, et de te donner des preuves de ma tendresse, qui ne finira qu'avec la vie de ta fidèle épouse. »

Ainsi qu'il l'avait annoncé à la Vice-Reine, le prince Eugène n'avait pas voulu quitter un seul instant sa mère. Il la suivit à la Malmaison, et de là il adressa à la princesse Auguste ces quelques mots, datés du 17 décembre :

« Nous voici à la Malmaison depuis hier soir, ma très-chère Auguste. Si le temps avait été plus beau, nous aurions pu passer une journée moins triste, mais il n'a pas cessé de pleuvoir. L'Impératrice se porte bien. Sa douleur a été vive ce matin en revoyant les lieux qu'elle a habités si longtemps avec l'Empereur ; mais son courage a repris le dessus et elle est résignée à sa nouvelle position. Je crois fermement qu'elle sera plus heureuse et plus tranquille. Nous avons eu, ce matin, quelques visites. On ne parle à Paris, nous dit-on, que de notre courage et de la résignation de l'Impératrice. Ils seraient bien sots ceux qui pourraient croire que j'ai regretté quelque faveur ou quelque élévation. J'espère qu'à la manière dont j'ai pris la chose, je convaincrai les plus incrédules que je suis au-dessus de tout cela. Je ne te cacherai pas que je n'ai eu qu'une seule inquiétude, c'était de penser que cet événement pourrait te faire de la peine. J'ai cependant été tant de fois à même d'apprécier ton caractère que j'aime à penser que tu seras la première de mon avis. »

CHAPITRE IV.

I. Mariage de Napoléon avec Marie-Louise. L'Empereur fait offrir la couronne de Suède au prince Eugène, qui la refuse. Le grand-duché de Francfort lui est attribué à titre héréditaire. Rentré en Italie, le prince Eugène donne tous ses soins à l'administration du royaume. — II. Préparatifs pour la campagne de Russie. Organisation de l'armée italienne. Elle forme le quatrième corps de la Grande-Armée. — III. La couronne de Pologne est offerte au prince Eugène au nom de la nation polonaise. Il la refuse. Passage du Niémen. Commencement des opérations contre l'armée russe. — IV. Ostrowno. La Moskowa. Moscou. Retraite de Russie. Malo-Jaroslawetz. Krasnoë. Le prince Eugène arrive à Orscha. Joie que témoigne l'Empereur en le revoyant. — V. Héroïsme du maréchal Ney. Il est sauvé, ainsi que les débris de son corps d'armée, par le prince Eugène. Passage de la Bérésina. Le prince Eugène est appelé à commander l'arrière-garde de l'armée. — VI. Napoléon quitte l'armée, dont il remet le commandement au roi de Naples. Lettre adressée à l'Empereur, à ce sujet, par le prince Eugène. Conseil de guerre tenu à Kowno. Les débris du quatrième corps arrivent à Marienwerder. Ce corps d'armée, qui était de 49,248 hommes au commencement de la campagne, est réduit à 169 hommes en état de porter les armes. — VII. Le roi de Naples abandonne l'armée. Le prince Eugène en prend le commandement, et en rend compte à Napoléon. La réponse de l'Empereur et une note du *Moniteur* témoignent une fois de plus de la confiance qu'inspirent à Sa Majesté les nobles sentiments et les talents militaires de son fils adoptif. — VIII. Le prince Eugène rentre en Italie après avoir remis son commandement à l'Empereur. Les Alliés lui font offrir la couronne d'Italie. Il la refuse avec indignation. Sa proclamation aux Italiens. Bataille du Mincio. — IX. Mission du comte de Tascher de la Pagerie auprès de l'Empereur. Il apporte au prince Eugène l'ordre de défendre l'Italie le plus longtemps possible. — X. Informé de la capitulation de Paris, le prince Eugène signe une suspension d'armes avec l'Autriche. Il adresse, par une proclamation, ses adieux aux Italiens, et il quitte l'Italie, accompagné des vœux de la population et de l'armée. Lettre du général d'Anthouard. Résultats obtenus en Italie sous le gouvernement du prince Eugène.

I

Vers la fin de 1809, l'Istrie et la Dalmatie furent distraites du royaume d'Italie, pour être réunies aux provinces Illyriennes, dont le gouvernement fut confié au maréchal Marmont.

Bientôt après, et par suite de négociations avec la Bavière, le royaume d'Italie reçut une province du Tyrol, qui prit le nom de département du Haut-Adige, et dont le chef-lieu fut Trente. Dès cette époque, le royaume fut divisé en trente-deux départements, comptant ensemble une population de 6,800,000 habitants.

Le décret en vertu duquel Rome et ses provinces étaient réunies à l'Empire français, fut publié en Italie. Le prince Eugène annonça ensuite au Sénat le mariage de Napoléon avec l'archiduchesse Marie-Louise.

D'après les ordres de l'Empereur, il invita tous les Italiens appartenant aux rangs les plus élevés de la société à se rendre à Paris, afin d'y contribuer, par leur présence, à la pompe des fêtes qui allaient avoir lieu.

Le Vice-Roi, lui-même, se disposa à se rendre avec la princesse Auguste dans cette capitale. Napoléon l'avait engagé à assister au mariage qui devait avoir lieu le 29 mars 1810.

Arrivés à Paris huit jours avant la cérémonie, le Vice-Roi et la Vice-Reine descendirent au palais de l'Elysée, qui leur avait été destiné. Après les premiers devoirs offerts à l'Empereur, ils s'empressèrent de se rendre auprès de l'impératrice Joséphine, à la Malmaison. La Vice-Reine y occupait un appartement voisin de celui de son auguste belle-mère, et passait des journées entières avec elle dans la plus touchante intimité.

Nous ne rappellerons pas ici la magnificence des cérémonies auxquelles donna lieu le mariage de Napoléon avec l'archiduchesse Marie-Louise.

Au milieu de toutes ces têtes couronnées qui faisaient un cortége éblouissant à l'Empereur, la Vice-Reine appelait tous les regards par la noblesse et la grâce de ses traits, par la modeste dignité de toute sa personne.

Le Vice-Roi et la Vice-Reine passèrent une huitaine de jours à Compiègne.

Pendant ces fêtes, l'Empereur envoya, un matin, le grand-maréchal Duroc auprès du Vice-Roi, au palais de l'Elysée, pour lui proposer en son nom le trône de Suède [1].

Le grand-maréchal, ancien ami du prince Eugène, déploya tout ce que l'attachement avait de persuasif et d'éloquent pour le décider à condescendre au vœu de l'Empereur. Le Vice-Roi objectait qu'il était content de ses destinées présentes en Italie; qu'il craindrait de ne pouvoir conquérir l'estime d'une population pour laquelle il n'avait jamais rien fait. Il finit par prier le grand-maréchal de mettre ses remercîments et ses respectueux regrets aux pieds de l'Empereur.

Le lendemain, Duroc vint de nouveau trouver le Vice-Roi, de la part de l'Empereur, et insista, au nom de Sa Majesté, sur les propositions de la veille. Il faisait remarquer au prince Eugène que, dans le cas où l'Empereur aurait deux enfants mâles, le royaume d'Italie passerait au second fils; qu'il ne pouvait manquer de plaire à une nation brave et belliqueuse; les vertus de la princesse Auguste y seraient appréciées et rallieraient tous les cœurs.

Le Vice-Roi, ayant eu toute la journée de la veille pour en conférer avec la Vice-Reine, qui partageait son opinion, persista dans ses résolutions de courir toutes les chances de sa position, et renouvela au grand-ma-

[1] Ce fait est affirmé par le baron Darnay, mais, d'un autre côté, M. Du Casse déclare qu'il n'a pas trouvé trace de ce projet ni dans la correspondance du prince Eugène, ni dans les divers documents qui lui ont été communiqués par la famille.

réchal sa prière de remercier l'Empereur et de lui faire agréer ses respectueuses excuses.

D'après le baron Darnay, l'Empereur aurait fait dire, le même jour, au Vice-Roi, qu'il avait peut-être raison, et qu'il ne lui saurait pas mauvais gré de son refus.

Tandis que le prince de Schwarzenberg faisait les préparatifs du grand bal qu'il devait donner à l'Empereur et à l'Impératrice, Napoléon se rendit en Belgique avec Marie-Louise. Le principal but de cette excursion était d'ouvrir le canal de Saint-Quentin. Le prince Eugène accompagna l'Empereur, laissant à l'Elysée la Vice-Reine, qui était souffrante par suite de son état de grossesse.

Ce voyage accompli, les fêtes reprirent leur cours. Celle du prince de Schwarzenberg, qui avait été préparée avec autant de frais que de recherches, eut, comme on le sait, les suites les plus désastreuses. Un incendie éclata pendant le bal, et prit instantanément des proportions considérables [1].

---

[1] L'ambassade d'Autriche occupait alors l'hôtel Montesson, lequel était situé au n° 40 de la rue du Mont-Blanc, devenue depuis rue de la Chaussée-d'Antin. Toute la cité d'Antin est construite sur les terrains de l'hôtel Montesson, dont le jardin se prolongeait, d'un côté jusqu'à la rue de Provence, et de l'autre jusqu'à la rue Taitbout, à l'endroit où passe actuellement la rue La Fayette.

Cet incendie eut lieu pendant la nuit du 1er juillet 1810. Il fut suivi d'une enquête qui démontra que le chef des pompiers n'avait pas une autorité suffisante pour faire exécuter ses ordres lorsqu'il

Dans cette nuit terrible, le Vice-Roi fut assez heureux pour emmener la princesse Auguste, sans qu'elle connût tous les dangers au milieu desquels elle s'était trouvée. Une dame du palais de la Vice-Reine, Mme la comtesse de Confaglonieri, ne put suivre la princesse au moment de sa sortie, parce qu'elle se trouvait dans un autre salon. Elle n'échappa aux flammes qui l'entouraient, que par le dévouement de plusieurs personnes de la maison de la Vice-Reine.

Le prince Eugène et sa femme reprirent, vers le milieu du mois de juillet, le chemin de Milan, par la superbe route du Simplon. Arrivé à Genève, le prince Eugène alla rendre visite à l'impératrice Joséphine, qui se trouvait à Aix, en Savoie. Le Prince voulut épargner à la Vice-Reine les dangers de ce voyage, par une route de traverse, à cause de son état de grossesse, mais l'impératrice Joséphine vint elle-même recevoir les embrassements de la princesse Auguste.

Après quelques heures d'une réunion où de mutuels sentiments de tendre affection se firent jour, le Vice-

---

se trouvait, sur les lieux d'un sinistre, en rapport avec les troupes de la garnison de Paris et les services municipaux ou de police : un décret du 18 septembre 1811 organisa militairement les sapeurs-pompiers qui furent dès-lors casernés et armés. Depuis cette époque, le bataillon de sapeurs-pompiers fut successivement porté de quatre à dix compagnies. Un décret du 5 décembre 1866 en a formé un régiment de deux bataillons à six compagnies chacun.

Roi et sa femme reprirent le cours de leur voyage par le Simplon, ne se lassant pas d'admirer les travaux gigantesques qui allaient rendre viable ce passage, si difficile et si accidenté. Ils arrivèrent ainsi, en ligne droite, à Monza, résidence d'été où les attendaient leurs chers enfants, sous la garde de Mᵐᵉ la baronne de Wurmbs, ancienne gouvernante de la Vice-Reine, et de Mᵐᵉ de Sandizell, dame du palais.

Sans se laisser abattre par le coup qui venait de frapper sa famille, sans montrer le moindre regret pour les destinées brillantes qui allaient lui échapper, par suite du divorce de sa mère, le prince Eugène s'attacha à servir, comme par le passé, avec un inaltérable dévouement, les intérêts de Napoléon.

Cependant, l'Empereur, tout en condescendant aux vœux de ses frères et de ses sœurs, qui redoutaient de voir la couronne d'Italie se poser définitivement sur le front du Vice-Roi, voulut accorder, en quelque sorte, une compensation à son fils adoptif. Il l'appela, en conséquence, à l'hérédité du grand duché de Francfort, possédé par le prince-primat; mais il convient de faire remarquer que le prince Eugène n'eut jamais la jouissance de cette survivance.

Rentré en Italie, le Vice-Roi, après un mois de séjour à Milan, entièrement consacré aux affaires administratives et politiques, se rendit à Venise pour y activer les travaux de la marine et des fortifications. Un mois plus tard, il fit une tournée dans les départements des anciennes Marches.

En arrivant à Ancône, le prince Eugène trouva un officier du roi de Naples qui venait le complimenter au nom de son souverain. Le but secret du voyage du Vice-Roi à Ancône, était de se trouver mieux à portée de connaître promptement les chances d'une expédition qu'il avait préparée contre l'île de Lissa.

Les Anglais, auquel le blocus continental causait un préjudice immense, essayaient, par tous les moyens possibles, de contre-balancer dans l'Adriatique l'influence française.

Ils avaient occupé et fortifié l'île de Lissa, et en avaient fait un dépôt considérable de leurs marchandises qu'ils introduisaient furtivement dans les moindres ports de l'Adriatique.

Le Vice-Roi avait confié cette expédition au capitaine de vaisseau Dubourdieu. Le commandement des troupes de débarquement avait été donné, par le prince Eugène, à son aide de camp, le colonel Gifflenga.

L'expédition eut un plein succès : soixante-deux bâtiments furent brûlés ; la garnison fut faite prisonnière.

La division anglaise, composée de trois frégates, une corvette et deux bricks, avait évité de se mesurer avec nos équipages.

Après cette courte expédition, qui fit éprouver aux Anglais une perte matérielle de plus de vingt-cinq millions de francs, le capitaine Dubourdieu reprit la mer et se mit à la recherche de la flotte anglaise qui avait quitté les eaux de Lissa. L'ayant aperçue, il força de voiles, et dans l'ardeur qui l'emportait, il eut le tort d'offrir le combat à l'ennemi, tout en n'ayant qu'une partie de ses forces à sa disposition.

Dès le commencement du combat, Dubourdieu fut tué; une des frégates fut désemparée; une autre, ayant à son bord trois cents hommes du 3ᵉ régiment italien, opposa une résistance désespérée. Les bâtiments cherchèrent à regagner Raguse. La frégate désemparée s'échoua sur la côte de Lissa où elle fut brisée et incendiée. Celle que commandait le capitaine de frégate Pasqualigo n'amena son pavillon qu'après avoir perdu, au moment de couler bas, cent cinquante hommes de troupes de débarquement, et la moitié de son équipage.

Le Vice-Roi fut profondément affligé de cet échec, car il aimait les entreprises maritimes, et il avait fait des efforts inouïs pour relever la marine de Venise.

Depuis que le prince Eugène avait été désigné comme héritier du grand-duché de Francfort, les Italiens ne conservaient plus l'espoir de le posséder, un jour, comme roi. On parlait, sans cesse, de la réunion du royaume à l'Empire français. Tantôt on appelait le prince Eugène au trône de Pologne, tantôt on lui assignait d'autres destinées.

Au milieu de ces bruits divers, le Vice-Roi reçut

l'avis officiel de la grossesse de Marie-Louise. Cet événement ne fit que consolider le mouvement de l'opinion qui représentait le prince Eugène comme dépossédé de sa future royauté d'Italie.

Peu de temps après la communication de cette nouvelle, c'est-à-dire le 9 décembre 1810, la princesse Auguste mit au monde un prince auquel on donna les noms d'Auguste-Charles-Eugène-Napoléon.

Trois ans auparavant, cet événement eut été salué par l'Italie tout entière avec une joie sans mélange, parce qu'elle considérait alors le Vice-Roi comme l'héritier désigné de la couronne ; mais le mariage de Marie-Louise avait fait prendre une autre direction au cours des choses, et l'allégresse publique se manifestait plutôt dans l'intérêt du bonheur personnel du Vice-Roi et de la Vice-Reine que dans celui de la nation même.

Heureux d'être père d'un prince, le Vice-Roi ne se livrait qu'avec plus d'activité, s'il était possible, à l'administration du pays dont les intérêts lui avaient été confiés. C'est ainsi qu'il présenta successivement au Sénat d'Italie le code Napoléon, le code de procédure civile, le code d'instruction criminelle ; qu'il créa des lycées et qu'il s'appliqua, en un mot, à imiter complétement les institutions de la France, autant que les mœurs du pays qu'il gouvernait le permettaient.

Mais tout à coup de nouveaux dissentiments s'élevèrent entre la France, l'Autriche et la Russie. L'armée appela alors l'attention toute particulière du Vice-Roi. Il s'occupa de l'organisation et de l'augmentation du corps des vélites et des gardes d'honneur, leva la conscription de 1811, et fit de nouveaux règlements pour ramener sous les drapeaux les conscrits réfractaires.

Au milieu de tous ces travaux, le prince Eugène fut appelé à Paris pour assister aux couches de l'impératrice Marie-Louise. Il se mit immédiatement en route pour la France, laissant avec regret la Vice-Reine souffrante d'une douleur rhumatismale dont elle avait été atteinte à la main droite depuis sa dernière couche.

Il fut décidé que pendant l'absence du Vice-Roi la princesse Auguste irait prendre les eaux thermales du Padouan.

En arrivant à Paris, le prince Eugène descendit dans son propre hôtel, rue de Lille, n° 78 [1].

Quelques jours après l'arrivée du Vice-Roi, Marie-Louise mit au monde un fils qui reçut en naissant le titre de roi de Rome. Cet heureux événement produisit un immense effet à Paris et dans toute la France.

Deux mois après la naissance du roi de Rome, Napoléon se décida à entreprendre le voyage de Cher-

[1] Cet hôtel fut habité par le roi de Prusse pendant le séjour des alliés à Paris. Acheté plus tard par ce souverain, il a toujours été occupé depuis par l'ambassadeur de Prusse, qui y demeure encore actuellement.

bourg avec l'Impératrice. Le prince Eugène accompagna l'Empereur pendant ce voyage, et fut témoin de l'ouverture des immenses bassins creusés à grands frais dans le roc. Une flotte entière pouvait, désormais, y être abritée facilement.

II

Au retour de ce voyage, le prince Eugène, d'après les instructions de l'Empereur, eut de longues conférences avec le duc de Feltre, ministre de la guerre, tant sur le nombre et l'état des troupes françaises et italiennes qui se trouvaient dans le royaume d'Italie, que sur la composition d'un grand corps d'armée que Son Altesse Impériale pourrait être appelée à commander dans le cas très-probable où la guerre viendrait à éclater avec la Russie.

Tel était l'état des affaires lorsque le prince Eugène se mit en route pour Milan. Arrivé à la résidence de Monza, il trouva la Vice-Reine moins souffrante de son affection rhumatismale.

Après avoir passé quelques jours heureux au sein de

sa famille, le Vice-Roi se rendit à Milan pour se mettre à la tête des affaires. Il s'attacha d'abord à préparer en silence, suivant les instructions de l'Empereur, le personnel et le matériel des corps italiens qui devaient, sous peu, traverser l'Allemagne.

Secondé par le nouveau ministre de la guerre du royaume d'Italie, le général comte de Fontanelli, ancien aide de camp de l'empereur Napoléon, et par le général comte de Vignolle, son chef d'état-major général, le Vice-Roi se mit en mesure d'aller passer des revues et de faire manœuvrer les troupes françaises et italiennes.

Il avait ordonné, à cet effet, la formation de deux camps, l'un d'infanterie aux portes d'Udine, dans le Frioul, l'autre de cavalerie à Montechiaro, près de Brescia.

Pour ne pas appeler l'attention sur la formation des camps et la mise sur pied de guerre des troupes italiennes, le Vice-Roi se rendit avec sa famille et sa cour au palais de Stra, près de Venise. De là, le Prince allait faire manœuvrer ses troupes sur divers points.

Rentré à Milan, le prince Eugène continua de s'occuper sans relâche et sans bruit des préparatifs de guerre.

Le royaume d'Italie, qui allait fournir son appoint aux forces considérables que Napoléon voulait réunir pour marcher contre la Russie, avait acquis, grâce aux dispositions prises par le prince Eugène, une vigoureuse organisation militaire.

L'administration intérieure, les finances, l'agriculture, tout avait pris un rapide essor, et si la guerre n'eût pas éclaté, l'Italie allait atteindre une ère de prospérité qui eût consolidé son assiette au milieu des autres puissances de l'Europe.

Dès le commencement de 1812, le Vice-Roi reçut des instructions de l'Empereur qui ne lui laissaient plus de doute sur l'imminence de la guerre avec la Russie.

Les diverses divisions de l'armée d'Italie devaient, aux termes de ces instructions, traverser le Tyrol et se réunir aux corps de la Grande-Armée qui marchait vers la Prusse et la Pologne. Le plus grand secret était recommandé au Vice-Roi.

Le maréchal Berthier, prince de Neufchâtel et de Wagram, prit, le 1er février, les fonctions de major-général de la Grande-Armée, et le 9 du même mois, il écrivit par ordre de Napoléon au roi de Bavière :

« Sire, j'ai l'honneur d'informer Votre Majesté que d'après les ordres de l'Empereur, l'armée d'Italie, forte de quatre-vingts mille hommes, va traverser le Tyrol en neuf colonnes. Elle se mettra en marche du 16 au 20 février, de Botzen [1], pour se diriger sur Ratisbonne.

---

[1] Bolzano, petite ville du Tyrol, sur l'Adige.

Comme il est essentiel que ce mouvement soit très-rapide, l'Empereur désire, Sire, que Votre Majesté veuille bien donner des ordres pour faire nettoyer le Mont-Brenner des neiges qui en gênent le passage, et pour faire fournir ce qui est nécessaire aux troupes pendant leur marche [1].

« Il est important, Sire, de garder le secret sur ce mouvement le plus longtemps possible, afin que les troupes aient le temps d'arriver sur la Vistule avant que les Russes en sachent rien, pour éviter qu'ils puissent venir ravager le grand-duché de Varsovie, comme les Autrichiens ont fait en Bavière pendant les guerres précédentes. »

En même temps, et par une lettre écrite à la même

---

[1] D'après les situations officielles conservées aux archives du dépôt de la guerre, et les notes du général de Vaudoncourt, qui exerçait un commandement sous les ordres du prince Eugène, l'armée d'Italie, destinée à la formation du 4e corps de la Grande-Armée, ne comptait pas réellement une force de 80,000 hommes comme l'indiquait la dépêche du prince de Neufchâtel. Au moment de son entrée en campagne, elle était organisée comme il suit :

Garde royale (général Lecchi), 4,500 hommes et 1,000 chevaux.
13e division (général Delzons), 12,000 hommes.
14e division (général Broussier), 12,000 hommes.
15e division (général Pino), 11,500 hommes.
La cavalerie comptait 4,000 chevaux.

Ainsi, au moment de se mettre en marche, l'armée d'Italie se composait de 40,000 hommes et de 5,000 cavaliers; ce n'est que plus tard que le 4e corps fut porté à 80,000 hommes par l'adjonction du contingent bavarois.

date, le Vice-Roi reçut pour instruction de mettre son corps d'armée en mouvement du 16 au 20 février.

Le 15 avril suivant, les trois divisions d'infanterie et une brigade de cavalerie légère se trouvèrent réunies dans la haute Silésie. Les trois autres brigades de cavalerie rejoignirent les divisions de réserve de la Grande-Armée.

Le prince Eugène quitta Milan le 18 avril pour se rendre à Paris, où il arriva le 22 au soir. Il y resta jusqu'au 2 mai. En faisant ses adieux à son excellente mère, à la Malmaison, il reçut d'elle la promesse qu'elle irait assister, à Milan, aux couches de la Vice-Reine, qui portait de nouveau un enfant dans son sein.

Après avoir pris congé de l'Empereur et de l'Impératrice, le prince Eugène se dirigea sur Mayence, accompagné de quelques-uns de ses aides de camp et de plusieurs officiers de sa maison.

Les conférences nombreuses du Vice-Roi avec l'Empereur avaient fait répandre le bruit que la couronne de Pologne lui était destinée; mais le prince Eugène préférait de beaucoup conserver sa vice-royauté d'Italie, quelque éventuelle qu'elle fût. Ces dispositions se trouvent exprimées dans la lettre suivante, qu'il écrivit de Milan, le 22 février 1812, au comte de La Valette :

« Tu me tiens toujours rigueur, mon bon La Valette. Voici bientôt un siècle que je n'ai reçu de tes nouvelles. S'il ne t'est pas permis de me parler politique, du moins ne me refuse pas le plaisir d'avoir quelquefois l'assurance de ta constante amitié pour moi. Enfin, mon sort est décidé ; j'ai un superbe commandement, et quoiqu'il ne soit pas encore public, je puis te l'annoncer. Je commande le 4ᵉ corps d'armée ; savoir : le mien, dont Junot est cependant venu s'emparer directement, et celui des Bavarois qu'on dit placé sous les ordres de Saint-Cyr. Tu vois que cela me fera de 70 à 80,000 hommes et près de 200 pièces de canon. Les généraux et officiers qui nous viennent de Paris, m'assurent que l'on y dit que j'aurai le commandement de la cavalerie. De toute manière, je serai bien placé, et celui où il y y aura à donner le plus de preuves d'absolu dévouement à Sa Majesté, sera le poste que je préfèrerai toujours. Une seule chose ne me ferait pas rire du tout : ce serait celle qui pourrait appeler stablement ma chétive personne en Pologne. On a répandu ici ce bruit, je t'assure qu'il y fait une véritable peine. Moi, je ne pourrais me supporter si loin de l'Empereur. Je n'ai qu'une ambition : celle de vivre et mourir le plus près possible de lui. Tu me diras que je ne suis pas difficile, tu auras raison. Cette ambition là en vaut bien une autre ; mais je n'ai pas celle de trôner, cela est certain, comme il est aussi certain que je t'ai voué, pour la vie, la plus sincère amitié. »

III

Un grand nombre de Polonais désiraient, en effet, que le prince Eugène fut placé à la tête de la Pologne constituée en royaume indépendant. M. Du Casse cite, à ce sujet, deux lettres écrites au Vice-Roi [1], par le prince Poniatowski et le général Rosniwki qui exerçaient une grande et légitime influence dans leur pays.

D'après le baron Darnay, le prince Eugène reçut sur les bords de la Vistule, où se trouvait alors son corps d'armée, une députation de Polonais de marque, parmi lesquels se trouvait Dombrowski. Cet officier-général avait servi précédemment en Italie, sous les ordres du Vice-Roi. La députation venait complimenter le Prince, et le prier de plaider auprès de l'empereur Napoléon pour leur indépendance, et pour le rétablissement de leur ancienne monarchie. Ces députés ne laissèrent point ignorer au Vice-Roi que les Polonais seraient heureux de voir à leur tête un guerrier aussi recommandable, et un administrateur aussi éclairé que lui. Le prince Eugène, en remerciant la députation de ces

---

[1] *Correspondance politique et militaire du prince Eugène*, t. VII, p. 262 *et suivantes*.

hommages, lui fit sentir que les Polonais devaient mettre toute leur confiance dans l'empereur Napoléon, qui savait apprécier leur patriotisme et leur valeur ; que si pourtant il entrait dans leur intention d'entretenir Sa Majesté de leurs vœux, il les priait instamment de ne jamais prononcer son nom.

A l'ouverture de la campagne, le prince Eugène avait à ses côtés, comme chef d'état-major, le général Dessales, pour lequel il professait la plus sérieuse estime : mais ce général ne tarda pas à être atteint d'une maladie assez grave pour motiver son retour en France. Il eut pour successeur le général comte de Guilleminot, que le Vice-Roi connaissait parfaitement pour l'avoir eu, en la même qualité, à son armée en 1809, après la blessure du général Vignolle.

C'est à Plock que devait se réunir entièrement le 4ᵉ corps de la Grande-Armée. Le prince Eugène y arriva le 15 mai, précédant ses troupes de quelques jours, afin d'avoir le temps de faire une reconnaissance sur la Narew, et d'établir sa ligne de défense, entre cette rivière et les lacs qui s'étendent d'Angerburg à Joannisberg.

Nous allons suivre rapidement la marche du 4ᵉ corps jusqu'à la grande bataille de la Moskowa.

Le 8 juin 1812, le 4ᵉ corps se porta sur Villemberg ; il y séjourna quarante-huit heures avant de se rendre à Rastemburg, où il entra trois jours plus tard pour continuer sa route sur Lotzen et Oletzko, dernières villes de la Prusse orientale.

Deux lieues plus loin, le 4ᵉ corps entra en Pologne et ne tarda pas à suivre la grande route de Kœnisgsberg à Prenn.

Le 23 juin, l'avant-garde de la Grande-Armée passa le Niémen, et se porta sur Wilna. Le 4ᵉ corps resta en observation derrière le fleuve jusqu'au 29. Ce jour là toutes les troupes franco-italiennes franchirent le Niémen à Prenn, saluant de leurs acclamations le prince Eugène qui dirigeait ce mouvement.

Ainsi, le sort en était jeté !

Napoléon marchait vers l'intérieur de la Russie avec quatre cent mille hommes, et suivi de deux cent mille autres.

En décrivant le passage du Niémen, M. Thiers dit : que « en quelques heures la rive droite fut couverte de ces troupes magnifiques, qui, descendant des hauteurs de la rive gauche, se déroulant en longues files sur les trois ponts, semblaient couler comme des torrents inépuisables dans cette plaine arrondie qu'ils remplissaient déjà de leurs flots pressés. Les feux du soleil étincelaient sur les baïonnettes et les casques ; les troupes, enthousiasmées d'elles-mêmes et de leur chef, poussaient sans relâche le cri de : *Vive l'Empereur !* Ce n'était pas d'elles qu'on devait attendre et désirer la froide raison qui aurait pu apprécier et prévenir cette fabuleuse entreprise. Elles ne rêvaient que triomphes et courses lointaines, car elles étaient convaincues que l'expédition de Russie allait finir dans les Indes. On a souvent parlé d'un orage subit qui serait venu comme un oracle sinistre donner un avis non écouté [1] ; il n'en fut rien, hélas! le temps ne cessa pas d'être superbe, et Napoléon, qui n'avait pas eu les avertissements de l'opinion publique, n'eut pas même ceux de la superstition. »

Le 4e corps bivaqua le 1er juillet à Kroni, et le 2 à Zismori.

Les nuits pluvieuses et froides des 29 et 30 juin avaient tué un grand nombre de chevaux dans ce corps, qui n'atteignit que péniblement Nowoi-Troki.

C'est en vain que le Vice-Roi cherchait les cosaques de Platow, qui venaient, disait-on, rallier l'armée russe; il ne les rencontrait nulle part. Déjà son corps était fort amoindri par la perte qu'il avait faite de la moitié des Bavarois, décimés par la fatigue de la marche, et par la dyssenterie.

Après avoir rallié tout son monde à Nowoi-Troki, le prince Eugène suivit la route de Minsk jusqu'à Smorgoni, et se porta ensuite à Wileika, où il se procura deux jours de vivres dont il avait le plus urgent besoin.

---

[1] Un orage eut lieu, en effet, mais c'est l'armée d'Italie qui l'essuya en passant le Niémen à Prenn, le 29 juin 1812.

Puis il continua sa route jusqu'à Bérézino, aux sources de la Bérézina. Là, se trouvaient des approvisionnements que les Russes n'avaient pas eu le temps de détruire, et qu'il s'occupa de recueillir.

Arrivé à Kamen le 21 juillet, le Prince apprit que les Russes avaient abandonné leur camp retranché de la Drissa, et se portaient en toute hâte sur le Witespk. Le 23, il franchit l'Oula, et se porta, avec quelques troupes légères, sur Beschenkowiczy, petit bourg situé au bord de la Dwina, d'où l'on pouvait distinguer les mouvements de l'armée russe au-delà du fleuve, ce qui fit naître l'espoir de voir l'ennemi accepter, enfin, la bataille.

Le 24, le Vice-Roi, qui avait réuni, sur ce point, tout son corps, ordonna l'établissement d'un pont. Les pontonniers se jetèrent hardiment dans le fleuve, et en peu d'heures les troupes purent commencer à effectuer leur passage. La cavalerie bavaroise passa à gué et se déploya en face de l'arrière-garde ennemie.

En présence de ce mouvement, le général russe Doctorow, replia ses troupes sans accepter le combat.

Au même moment un grand bruit, occasionné par le galop des chevaux, annonça l'arrivée de l'Empereur. Les troupes d'Italie, qui n'avaient pas encore vu Napoléon, le saluèrent par de bruyantes acclamations. Voyant que Doctorow se dirigeait sur Witespk, l'Empereur fit repasser la Dwina aux troupes qui l'avaient franchie, et il ordonna au prince Eugène et au général Nansouty de marcher le lendemain, 25, sur Ostrowno. Murat se mit à la tête de la cavalerie et précéda le prince Eugène dans le mouvement sur Ostrowno.

IV

Le général russe Barclay de Tolly, songeant enfin à arrêter les Français dans leur marche, plaça, en avant d'Ostrowno, des forces considérables commandées par Ostermann.

Le général Bruyère, qui commandait la division française, ne tarda pas à se trouver en face de la division de cavalerie Palhen qu'il culbuta. De son côté, le général Péré, avec le 8e hussards et le 16e chasseurs à cheval, avait enlevé à l'ennemi huit bouches à feu.

Murat ne tarda pas à arriver sur le lieu même de l'action, et lança sa cavalerie contre toute l'infanterie russe.

Bientôt la division Delzons, envoyée par le prince Eugène à l'aide de Murat, força le général Ostermann à battre en retraite.

Cette journée, qui nous avait coûté un peu moins de quatre cents hommes, fit perdre aux Russes huit bouches à feu, huit cents prisonniers et douze ou quinze cents hommes mis hors de combat.

Le Vice-Roi vint coucher avec sa garde à Ostrowno. Le 26, la cavalerie et le 8ᵉ léger prirent la tête de colonne, suivis par les divisions Delzons et Broussier. On se trouva bientôt en présence des troupes d'Ostermann, qui, pendant la nuit, avaient été renforcées par une division. Les Russes occupaient une forte position derrière un ravin.

Notre cavalerie légère fut obligée de se replier. Le général Delzons, arrivé devant le ravin, soutint le 8ᵉ léger, et l'artillerie mise en batterie par le général d'Anthouard protégea l'attaque exécutée par l'infanterie.

Après plusieurs engagements des plus vifs, le corps d'Ostermann fut culbuté et rejeté dans les bois qui bordaient le ravin.

Mais apercevant dans le lointain des masses profondes de Russes qui, sur ce terrain accidenté, pouvaient nous tenir en échec, le prince Eugène, de concert avec Murat, résolut de ne pas s'engager trop avant et d'attendre les ordres de Napoléon pour provoquer, s'il y avait lieu, une action générale.

A ce moment là même arrivait l'Empereur, qui, ayant cru reconnaître l'intention qu'avait l'ennemi de ne pas risquer une grande bataille, prescrivit de le poursuivre sans relâche.

Cette seconde journée nous avait coûté douze cents hommes, dont quatre cents morts et huit cents blessés. Les Russes en avaient perdu à peu près deux mille.

Napoléon passa cette nuit là au milieu de l'avant-garde. Bientôt, le prince Eugène ayant appris que les Russes nous avaient abandonné Smolensk après l'avoir incendié, alla rejoindre l'Empereur qui se trouvait dans cette ville.

Le 4e corps resta quatre jours en position près de Smolensk, puis il continua sa marche par des chemins peu frayés pour s'arrêter non loin de Viazma, au village de Novoë.

Lors du passage du Niémen, le corps du prince Eugène, évalué à environ quatre-vingt mille hommes, n'était plus que de quarante-cinq mille hommes, dont deux mille seulement perdus par le feu. « Une affreuse dyssenterie, devenue épidémique parmi les Bavarois[1], les avait réduits de vingt-sept à treize mille. Cette maladie était due à une nourriture où il entrait plus de viande que de pain, à la viande de porc mangée sans sel, à la privation de vin, à la fraîcheur des bivouacs succédant brusquement à l'étouffante chaleur des jours, enfin et

---

[1] *Histoire du Consulat et de l'Empire*, t. XIV, p. 162 et suivantes.

par-dessus tout, aux marches rapides, à la jeunesse des hommes, à leur peu de penchant à servir. On regardait ce corps comme à peu près hors d'état d'être utile, et on l'avait laissé à Beschenkowiczy, parce que chaque jour de marche lui occasionnait mille malades. La division italienne était le corps qui, après les Bavarois, avait le plus souffert de la dyssenterie. La garde italienne elle-même, composée d'hommes de choix, n'en avait pas été exempte. Les belles divisions françaises Broussier et Delzons avaient mieux résisté à cette rude vie de marche et de privations. D'avril à juillet elles étaient venues de Vérone à Witepsk, de l'Adriatique aux sources de la Dwina. Elles avaient perdu par le feu deux mille hommes à Ostrowno, et trois mille par la fatigue, ce qui de vingt mille les avait réduites à quinze mille. C'était un grand avantage sur la division italienne Pino, qui de onze mille hommes était tombée à cinq mille. »

Les autres corps de la Grande-Armée avaient fait également des pertes considérables en hommes et en chevaux, de telle sorte que l'armée active qui, au passage du Niémen, comprenait quatre cent mille combattants, ne comptait plus que deux cent cinquante mille soldats.

C'est avec ces forces réduites que Napoléon allait pénétrer au cœur de la Russie.

Bien que l'armée d'Italie, qui venait de faire six cents

lieues en moins de cinq mois, c'est-à-dire de la fin de février au commencement de juillet 1812, fût déjà singulièrement affaiblie, l'esprit militaire, sous un chef tel que le prince Eugène, était resté excellent. Le combat d'Ostrowno l'avait suffisamment prouvé ; la bataille de la Moskowa allait fournir à ces braves soldats une nouvelle occasion d'illustrer leur drapeau.

C'est 7 septembre 1812 qu'eut lieu cette mémorable journée, à laquelle les Russes ont donné le nom de Borodino, et que Napoléon qualifia d'un nom retentissant, celui de la Moskowa, rivière qui passe à une lieue du champ de bataille et traverse Moscou.

L'armée russe, entièrement réunie, s'était retranchée sur la Moskowa. Le général en chef Kutusow, élevé à la qualité de prince en récompense des services qu'il avait rendus récemment en Turquie, était heureusement secondé par son chef d'état-major, le général Beningsen, et par les généraux Barclay de Tolly et Bagration qui commandaient, le premier l'armée de la Dwina, le second l'armée du Dniéper. La force de l'armée russe s'élevait à cent quarante mille hommes.

Vers cinq heures et demie du matin, cent vingt bouches à feu commencèrent, de notre côté, à tirer sur les ouvrages des Russes ; mais, sans entrer dans les détails de cette terrible bataille de la Moskowa, nous nous bornerons à faire connaître le rôle important qui fut assigné au prince Eugène pendant cette glorieuse journée.

D'après les instructions qu'il avait reçues de l'Empereur, le Prince devait, d'abord, faire une démonstration sur la droite de l'ennemi pour retenir de ce côté une partie des forces de Kutusow, en attaquant le village de Borodino situé en avant de la Kolocza et gardé par trois bataillons de chasseurs de la garde impériale russe, puis ensuite opérer sur le centre en enlevant les hauteurs de Gorki, et enfin, plus tard, attaquer la grande redoute des Russes.

Dès qu'il eût entendu le signal d'attaque donné par le canon, le prince Eugène lança la division Delzons sur Borodino. Le général Plauzonne, à la tête du 106e régiment, enleva le village, le dépassa et courut au-delà de la Kolocza à la poursuite de l'ennemi. Mais là, deux régiments de chasseurs russes firent un feu si terrible que le 106e, qui s'était aventuré un peu loin, se trouva compromis un instant. Le général Plauzonne fut tué, et tous les siens allaient avoir le même sort lorsque le 92e, volant au secours de ses frères d'armes, rallia le 106e et s'établit solidement dans Borodino, malgré les efforts désespérés des Russes.

Ce premier acte de la bataille accompli, le prince Eugène, d'après les ordres de l'Empereur, devait attendre pour attaquer la grande redoute du centre avec les divisions Morand et Gudin, que les maréchaux

Davout et Ney eussent enlevé à la droite les ouvrages qui couvraient la gauche des Russes.

A huit heures du matin, le prince Eugène ayant reçu l'ordre attendu, fit attaquer la grande redoute par la division Morand, laissant la division Gudin au pied de l'ouvrage pour ménager ses ressources.

Sous le feu de quatre-vingts pièces de canons, cette héroïque division gravit au pas le monticule sur lequel s'élevait la formidable redoute. L'ennemi est rejeté, culbuté de tous côtés. Le général Bonamy, à la tête du 30ᵉ de ligne, pénètre dans la redoute et cherche à s'y maintenir.

Mais, témoin de cette attaque vigoureuse, le général russe Doctorow fait avancer la 12ᵉ division qui prend en flanc la division Morand et la contraint à s'arrêter. Enveloppé par des forces supérieures, le 30ᵉ de ligne est repoussé de la redoute, et le général Bonamy, couvert de blessures, est fait prisonnier. Les autres troupes de la division Morand luttent en vain contre les masses qui les entourent et les pressent de tous côtés. Cette vaillante infanterie est sur le point d'être précipitée du monticule quand le prince Eugène accourt à la tête de la division Gudin, commandée alors par le général Gérard, et arrête le progrès des Russes qui ne peuvent nous chasser du plateau et réussissent seulement à se maintenir dans l'enceinte de la grande redoute.

Le combat était rétabli sur tous les points, et le prince Eugène allait tenter de nouveau d'enlever cette inexpugnable redoute ainsi qu'il en avait reçu l'ordre, lorsque tout à coup une grande rumeur se produisit à son extrême gauche.

Kutusow avait voulu arrêter l'attaque du prince Eugène sur la grande redoute, en opérant une diversion puissante à l'extrême gauche de la ligne française où se trouvait la cavalerie légère d'Ornano et la division Delzons.

Au premier bruit de cette attaque imprévue, le prince Eugène passe sur la rive gauche de la Kolocza, et se porte rapidement à Borodino à la tête de la garde italienne. Il réussit à arrêter les progrès de l'ennemi.

Trop faible pour résister aux huit régiments de cavalerie légère d'Ouvaroff, la cavalerie d'Oudinot se replie d'abord avec ordre sur notre infanterie, puis elle reprend l'offensive et ramène ses adversaires, l'épée dans les reins, jusqu'au-delà de la Kolocza.

Cette tentative de l'ennemi repoussée, le prince Eugène reprend vivement l'attaque de la grande redoute, car ce point d'appui enlevé à l'armée russe, on devait finir par l'enfoncer sur tous les points.

A ce moment, Napoléon ordonne à Murat et à Ney d'accabler de mitraille les fortes colonnes qui s'avançaient de ce côté. Murat et Ney font vomir deux cents pièces de canons sur les Russes. Puis, dès qu'il voit la ligne ennemie suffisamment ébranlée, Murat lance sur elle le 2ᵉ corps de cavalerie commandé par le général Caulaincourt qui tombe frappé à mort dans cette charge brillante. Après les cuirassiers de Caulaincourt, viennent les carabiniers du général Defrance qui dispersent les Russes en un clin d'œil, passent au fil de leur sabre et clouent sur place tous ceux qui essayent de leur résister.

L'infanterie de Morand et de Gudin, qui était placée à la droite de la grande redoute et voyait les casques de nos cuirassiers étinceler au delà, pousse des cris de joie et de triomphe. Mais, ici, laissons parler M. Thiers, qui est loin, chacun le sait, d'être suspect de partialité pour le fils de Joséphine. « C'est alors, dit le grand historien [1], que le prince Eugène, qui était à la gauche, se met à la tête du 9ᵉ de ligne, celui-là même qui avait fourni les braves tirailleurs d'Ostrowno, lui adresse quelques paroles véhémentes, lui fait gravir le monticule à perte d'haleine, puis, profitant du tumulte du combat, de l'épaisseur de la fumée, escalade les parapets de la redoute et les franchit au moment même où le 5ᵉ cuirassiers sabrait les fantassins de la division Likatcheff. Les trois bataillons du 9ᵉ fondent à la baïonnette sur les soldats de cette division, en prennent

---

[1] *Histoire du Consulat et de l'Empire*, t. XIV, p. 342 et 343.

quelques centaines, en tuent un plus grand nombre et vengent le 30ᵉ de ligne de ses malheurs du matin. Ils allaient même venger le général Bonamy sur le commandant de la division, le général Likatcheff, mais, à l'aspect de ce vieillard respectable tombé en leurs mains, ils lui laissent la vie et l'envoyent à l'Empereur. Ils se rangent en bataille sur le revers de la redoute, et viennent assister au terrible combat de cavalerie engagé entre la garde à cheval russe et nos cuirassiers. »

Maître de la redoute, le prince Eugène s'était jeté sur le corps de Doctorow et l'avait culbuté en lui faisant subir une perte immense.

Le centre de l'armée russe se trouvant ainsi coupé, et les tentatives de Kutusow pour reprendre le village Semenoffskoïe ayant été infructueuses, la bataille se trouva gagnée. Les Français et les Russes couchèrent sur le champ de bataille les uns à côté des autres ; mais au point du jour, tous furent témoins d'une spectacle horrible, et on put se faire une idée de l'épouvantable sacrifice d'êtres humains qui avait été consommé la veille. « Le champ de bataille, ajoute M. Thiers [1], était couvert de morts et de mourants comme jamais on ne l'avait vu. Chose cruelle à dire, nombre effrayant à prononcer, quatre-vingt-dix mille hommes environ, c'est-à-dire la population entière

---

[1] T. XIV, p. 349 et suivantes.

d'une grande cité, étaient étendus sur la terre, morts ou blessés; quinze à vingt mille chevaux renversés ou errants, et poussant d'affreux hennissements; trois ou quatre cents voitures d'artillerie démontées, et mille débris de tout genre complétaient ce spectacle qui soulevait le cœur, surtout en approchant des ravins, où, par une sorte d'instinct, les blessés s'étaient portés afin de se mettre à l'abri de nouveaux coups. Là, ils étaient accumulés les uns sur les autres, sans distinction de nation. Heureusement (si le patriotisme permet de prononcer ce mot inhumain), heureusement le partage dans cette liste funèbre était fort inégal. Nous comptions environ neuf à dix mille morts, vingt ou vingt-un mille blessés, c'est-à-dire trente mille hommes hors de combat, et les Russes, d'après leur aveu, près de soixante mille. Nous avions tué tout ce qu'autrefois nous prenions par de savantes manœuvres. La faux de la mort semblait ainsi avoir remplacé dans les mains de Napoléon l'épée merveilleuse qui, jadis, désarmait plus d'ennemis qu'elle n'en détruisait. Ce qu'on ne croirait pas, si des documents authentiques ne l'attestaient, nous avions quarante-sept généraux et trente-sept colonels tués ou blessés, les Russes à peu près autant, preuves de l'énergie que les chefs avaient déployée des deux côtés, et de la petite distance à laquelle on avait combattu. »

L'armée russe se mit en retraite le 8 septembre au

matin, bien que Kutusow eût eu l'effronterie d'écrire à l'empereur Alexandre que s'il quittait le champ de bataille, ce n'était pas parce qu'il était vaincu, mais pour prendre les devants et aller couvrir Moscou.

Aussi, partout où notre armée s'avançait victorieuse, les habitants qui nous croyaient défaits et à peu près exterminés, s'enfuyaient épouvantés, brûlant, détruisant tout sur leur passage.

Le prince Eugène, qui avait reçu l'ordre de passer la Moskowa avec le 4ᵉ corps, poussa jusqu'à Rouza, dans la direction de Moscou, tenant la gauche de la grande armée, comme il l'avait fait depuis Smolensk.

Le Vice-Roi trouva dans cette ville des vivres qu'il partagea entre le 4ᵉ corps et une partie de la Grande-Armée.

De Rouza, où il s'était reposé un jour, le prince Eugène gagna Zwenigorod, sur la rive gauche de la Moskowa, et à quelques lieues de Moscou.

Du 8 au 15 septembre, le 4ᵉ corps qui formait l'extrême gauche de la Grande-Armée, s'avança sur Moscou.

Lorsque cette magnifique cité apparut aux yeux émerveillés de nos soldats, un cri immense partit de tous les rangs de l'armée : *Moscou ! Moscou !* et tous les rangs se confondirent.

Mais la solitude de cette grande cité, quand nos troupes y pénétrèrent, frappa tout le monde d'anxiété.

LE PRINCE EUGÈNE

La correspondance du Vice-Roi avec la princesse Auguste, publiée par M. Du Casse, nous permet de recueillir, çà et là, les impressions du prince Eugène, qui nous font assister successivement à toutes les péripéties de cette campagne si glorieuse au début, si funeste dans ses conséquences, à partir de la retraite de notre armée.

Nous lisons dans une lettre datée du 15 septembre 1812 : « Je t'écris du faubourg de Moscou, ma chère Auguste, où je suis établi avec mon corps d'armée. Les Russes ont évacué hier la ville, mais ils y ont mis le feu dans vingt endroits, et surtout dans le quartier des marchands où étaient tous les magasins, par conséquent toutes les ressources. On ne peut pas être plus barbare ! L'armée va se reposer, je pense, et cela sera fort utile pour faire réparer tous nos bagages..... Le froid commence à se faire sentir, et dans un mois ce sera bien autre chose. Cette ville est grande, elle contient des palais magnifiques et de misérables chaumières. C'est cependant, au total, une belle ville, mais les principaux habitants en sont sortis; il ne reste plus que la populace. »

Le 18 septembre 1812, le prince Eugène écrit à la Vice-Reine : «.... La ville est presque totalement réduite en cendres. C'est une des plus belles d'Europe. Il y avait des palais magnifiques et en grand nombre. La barbarie des Russes a été poussée au dernier point en ruinant ainsi 300,000 habitants, et les 600 plus grands seigneurs de la Russie, et tout cela pour nous faire perdre quelques ressources en farine, en vin, en draps et en souliers. Nous avons pu faire arrêter une trentaine de ces misérables bandits au moment où, avec des torches, ils mettaient le feu. Beaucoup ont été massacrés sur place par la fureur de nos soldats. Il en reste pourtant encore assez pour qu'on fasse un jugement en règle, et il se trouve parmi eux un officier ayant même une des décorations de la Russie. Tous ces misérables ont avoué qu'ils ont été payés pour cela, et qu'ils n'ont agi qu'en vertu des ordres du gouverneur de Moscou[1]. Tu ne peux te faire une idée du spectacle horrible que nous avons eu sous les yeux pendant cet incendie. Il restait bien dans la ville 8 ou 10,000 habitants. Ils sont, à présent, sans nourriture, sans vêtements, et sans même avoir de quoi abriter leurs têtes, au moment de l'approche d'une saison qui est si rigide ici ; cela fait horreur ! Je continue à dater mes lettres de Moscou, et cependant je suis établi dans une petite maison à trois quarts de lieue de la barrière, sur la route de Pétersbourg et au milieu de mon corps d'armée. »

Le 13 octobre 1812, le prince Eugène écrivait encore : « Nous sommes toujours ici, ma très-chère Auguste ; il était fortement question hier de départ pour

[1] Le général Rostopchin.

marcher sur l'ennemi. La neige, qui tombe aujourd'hui abondamment, fera peut-être remettre le projet à un autre moment.... »

Après avoir passé vingt-sept jours à Moscou, Napoléon sentait qu'il fallait s'arrêter à une résolution définitive : ou rester dans cette ville, et éloigner l'ennemi de ses cantonnements, ou en sortir pour opérer sa retraite avant la venue de l'hiver, qui s'annonçait comme devant être très-rigoureux.

La nouvelle de la surprise des troupes de Murat par celles de Kutusow, qui venait de reprendre brusquement l'offensive, vint hâter ses résolutions.

Disséminée pour aller aux fourrages, notre cavalerie légère avait été assaillie à l'improviste dans la nuit du 17 octobre. Notre infanterie, éveillée en sursaut dans les villages où elle campait, avait laissé quelques centaines de prisonniers entre les mains des Russes, mais Poniatowski avait arrêté net la marche de l'ennemi, et Murat, après de brillantes charges de cavalerie, avait pu rester maître de la route de Moscou.

Le 19 octobre, le mouvement de retraite commença sur Kalouga, par le départ de Moscou du 4ᵉ corps.

Six mille hommes restèrent dans le Kremlin pour le faire sauter.

Le prince Eugène vint camper le 21 à Fominskoïé, où Napoléon arriva le 22.

Vers le milieu de ce jour, le Vice-Roi se dirigea sur

Borosk ; il y arriva le 23, ayant la division Delzons et la cavalerie de Grouchy en tête, la division Broussier au centre, la division Pino et la garde italienne à son arrière-garde.

Le 24, le général Doctorow arriva au point du jour devant Malo-Jaroslawitz, petite ville située sur les hauteurs au pied desquelles coule la Longea dans un lit marécageux.

Le général Delzons l'occupait avec deux bataillons.

Dans la matinée de ce même jour, commença la bataille de Malo-Jaroslawitz, si glorieuse pour le prince Eugène.

Nous croyons devoir reproduire ici, en partie, le rapport, daté du 26 octobre, par lequel le Vice-Roi rendit compte à l'Empereur de cette sanglante affaire.

« Sire, d'après les ordres que me donna Votre Majesté, la division du général Delzons partit le 23 de Borosk à onze heures du matin pour aller s'emparer du pont de la ville de Malo-Jaroslawitz. Le reste du corps d'armée fut échelonné sur la route pour la soutenir au besoin.

« Le général Delzons trouva le pont rompu. Il s'occupa aussitôt de sa reconstruction, et fit passer la rivière à deux bataillons, sur un petit pont de moulin, qui se trouve un peu au-dessus. Le reste de sa division prit position sur la hauteur, en deçà ; la nuit se passa tranquillement.

« A la pointe du jour, pendant que six bataillons passaient la rivière, les deux bataillons qui les avaient précédés la veille furent attaqués par des forces supérieures ; mais le général Delzons, ayant réuni toute sa première brigade au delà du pont, attaqua l'ennemi, à son retour, et s'empara des contre-forts des hauteurs qui couronnent la ville de Malo-Jaroslawitz.

« Le 24 au matin, le reste du corps d'armée fut mis en mouvement pour soutenir le général Delzons, qui se maintenait contre un ennemi supérieur. Je m'empressai d'aller prendre connaissance de l'état des choses.

« Les ordres que m'envoya Votre Majesté, portant de forcer le passage de la rivière et de se rendre tout à fait maître de la ville, je la fis aussitôt enlever par une attaque vigoureuse.

« Cependant l'ennemi ayant l'avantage du nombre et d'une position, qui lui permettait de nous envelopper par son feu, parvint à resserrer nos troupes dans la partie inférieure de la ville ; on s'y battit avec le dernier acharnement. Le général Delzons, en conduisant une de ses colonnes d'attaque tomba mort, percé de plusieurs coups de feu. C'était un officier du plus grand mérite ; il est vivement regretté de tous ceux qui l'ont connu. Le chef de bataillon Delzons, son frère, et son aide de camp, furent blessés grièvement auprès de lui.

« Il y eut alors un mouvement rétrograde dans le centre de la ville. Je confiai au général Guilleminot, mon chef d'état-major, le commandement des troupes dans cette partie de la ville. Le général forma aussitôt deux bataillons en colonne, marcha à l'ennemi, et rétablit le combat. Tourné par sa droite et par sa gauche, il se maintint près d'une église, jusqu'à ce qu'un bataillon du 106ᵉ, tournant l'ennemi par sa droite, fut parvenu à le dégager. Pendant ce temps, le général Bertrand de Sevray, conservait la partie gauche de la ville qu'il avait enlevée dès le commencement de l'action.

« Les forces russes continuaient d'arriver; leurs généraux, sentant l'importance de ce poste, renouvellent leurs attaques. La division Broussier passa le défilé, vers midi, et ses colonnes, marchant avec la plus belle audace, culbutèrent tout ce qu'elles trouvèrent devant elles; mais ce renfort considérable ne put suffire longtemps contre des forces toujours croissantes, et je dus faire donner successivement la division Pino et la garde royale, à mesure qu'elles arrivèrent.

« La division italienne enleva, au pas de course, une sommité occupée fortement par l'ennemi, dont le feu nous incommodait beaucoup. Cependant, trois fois les Russes parviennent à nous ramener jusqu'à la rivière, et trois fois nos troupes sont ralliées en avant du pont, et, soutenues par des réserves ménagées d'avance, elles remontent au pas de charge et aux cris de : *Vive l'Em-*

pereur! jusque sur les hauteurs où étaient les premières batteries des Russes. La position de leur armée était couverte par un grand rideau, dont le sommet était fortifié par trois redoutes, et qu'ils faisaient franchir à chaque instant par de nouvelles colonnes d'attaque. Leurs généraux les conduisent jusqu'à huit fois contre nous, mais les troupes françaises et italiennes rivalisent d'intrépidité. Elles repoussent toutes ces attaques à la baïonnette, et les Russes couvrent de leurs morts toute la partie supérieure de la ville.

« A cinq heures du soir, la division Compans, du 1er corps d'armée, vint se placer à la gauche de la garde italienne et forma une réserve dans la partie inférieure de la ville. L'ennemi rentra dans sa position à la nuit close. Deux régiments de la 3e division passèrent la rivière sur le petit pont du moulin, et, après une fusillade assez vive, s'établirent à l'extrême droite, dans un bois, à la pointe duquel était une batterie que les Russes furent forcés d'évacuer.

« La nuit du 24 au 25 se passa à rallier les troupes, à rectifier les positions de chacun, et à faire panser et enlever les blessés. Le 25, à la pointe du jour, je m'assurai que l'ennemi avait fait un mouvement rétrograde de sa droite vers sa gauche, ainsi que l'annonçaient les rapports de la nuit. Il avait laissé une très-forte arrière-garde avec laquelle nous engageâmes nos voltigeurs, et trente coups de canon suffirent pour l'éloigner. Il ne nous fut pas possible de la poursuivre en débouchant dans la plaine, l'ennemi couvrant sa retraite avec une immense quantité de cavalerie, et la nôtre n'étant pas encore arrivée.

« Votre Majesté a jugé par elle-même des efforts que le 4e corps d'armée a dû faire pour enlever à des forces très-supérieures une position aussi formidable que celle de Malo-Jaroslawitz. Nous avons eu à combattre les 6e, 7e, 12e, 17e, 24e et 26e divisions et deux divisions de grenadiers de l'armée ennemie, ainsi que le constatent les morts qu'elles ont laissés sur le champ de bataille.... »

En effet, la lutte avait été aussi terrible que disproportionnée. Le prince Eugène avait combattu avec une vingtaine de mille hommes contre huit divisions russes, formant un effectif de plus de cent mille soldats, dont près de quatre-vingt mille prirent part à l'action.

Pour la première fois, Kutuzow avoua lui-même, dans ses rapports officiels, *qu'il n'avait pas remporté la victoire.*

Si nous avons tenu à bien faire comprendre à nos lecteurs toute l'importance de cette bataille, c'est que M. Thiers, après avoir constaté que Malo-Jaroslawitz, repris pour la septième fois par les Français, avec l'aide des Italiens, demeura en notre pouvoir, s'abstient de donner quelque éloge que ce soit au prince Eugène.

Et cependant, comme l'ajoute le célèbre historien :

« l'ennemi avait abandonné à la hâte cet horrible théâtre des fureurs de la guerre, où quatre mille Français et Italiens, et six mille Russes étaient morts, les uns, calcinés par l'incendie, les autres broyés sous les roues des canons qui, dans la précipitation du combat, avaient roulé sur des cadavres. »

D'après le général de Vaudoncourt, qui fut pendant longtemps attaché à l'état-major du Vice-Roi, c'est dix mille hommes que coûta aux Russes la bataille de Malo-Jaroslawetz.

Lorsque, après la retraite de l'ennemi, le prince Eugène passa en revue ses divisions, toutes les troupes firent éclater le plus vif enthousiasme, et des acclamations unanimes retentirent sur toute la ligne.

On aime à voir, au milieu de ses succès éclatants, le prince Eugène conserver toujours ce sentiment de simple modestie qui le fait s'effacer devant ses compagnons d'armes. C'est ainsi que le 26 octobre 1812, il se borne à faire connaître à la Vice-Reine, dans les termes suivants, les résultats de la bataille de Malo-Jaroslawitz : « L'affaire de mon corps d'armée a été très-glorieuse pour lui et un peu pour moi. Nous sommes en marche depuis midi ; il paraît que nous allons nous rapprocher de nos cantonnements d'hiver ; il faudrait aller jusqu'en Sibérie pour poursuivre ces maudits Russes!..... »

Kutuzow n'ayant plus l'appui de Malo-Jaroslawitz, que le prince Eugène venait de lui enlever, avait jugé prudent de prendre une position un peu plus éloignée, où il était couvert par un ravin, nous laissant le désavantage, si nous voulions lui livrer de nouveau bataille, d'avoir la Longea derrière nous.

Après avoir étudié en silence le terrain sur lequel nous nous avancions, Napoléon renonça à livrer une seconde action générale qui nous eût sans doute donné encore la victoire, mais en compromettant le sort de la retraite.

Ce fut dans une pauvre grange d'un village ignoré, Gorodnia, que fut discutée cette question qui allait décider du sort de notre armée. L'avis de se replier sur Smolensk par la route la plus directe prévalut, mais, pour cela, il fallait d'abord gagner Mojaïsk.

Le 27, tout le monde était en marche de Malo-Jaroslawitz sur Vereja, la garde en tête, Murat et Ney derrière la garde, le prince Eugène venait ensuite, puis Davout formait l'extrême arrière-garde.

L'armée étant arrivée à la hauteur de Mojaïsk, qu'elle mit trois jours à traverser, bivaqua sur le champ de bataille de la Moskowa. Il y a à ce sujet, dans l'histoire due à l'inimitable plume de M. Thiers, une page saisissante d'horrible vérité, que l'on nous saura gré de reproduire ici. « Dans un pays peuplé, qui a conservé ses habitants, dit notre écrivain national [1], un

---

[1] T. XIV, p. 493 et 494.

champ de bataille est bientôt débarrassé des tristes débris dont il est ordinairement couvert, mais la malheureuse ville de Mojaïsk ayant été brûlée, ses habitants s'étant enfuis, tous les villages voisins ayant subi le même sort, il n'était resté personne pour enlever les cinquante mille cadavres qui jonchaient le sol. Des voitures brisées, des canons démontés, des casques, des cuirasses, des fusils répandus çà et là, des cadavres à moitié dévorés par les animaux encombraient la terre et rendaient le spectacle horrible. Toutes les fois qu'on approchait d'un endroit où les victimes étaient tombées en plus grand nombre, on voyait des nuées d'oiseaux de proie qui s'envolaient en poussant des cris sinistres et en obscurcissant le ciel de leurs troupes hideuses. La gelée qui commençait à se faire sentir pendant les nuits, en saisissant ces corps, avait suspendu heureusement leurs dangereuses émanations, mais nullement diminué l'horreur de leur aspect, bien au contraire! Aussi, les réflexions que leur vue excitait étaient-elles profondément douloureuses. »

Frappé de l'image désolante que présentait le champ de bataille de la Moskowa, Napoléon ordonna que chaque corps ne séjournât que pendant une soirée dans ce funeste lieu.

Plusieurs jours avant d'arriver à Smolensk, on vit commencer ce froid excessif qui, s'augmentant chaque jour, amena sur notre armée en retraite tous les genres de misères et de destruction.

A Wiasma, l'ennemi, qui nous harcelait sans cesse, chercha à écarter notre arrière-garde. Le prince Eugène, toujours vigilant et grandissant incessamment pendant cette retraite néfaste, se porta en avant, et franchit les bois de Mezaïedowa. Devant lui, se trouvait une division russe ; sur sa gauche paraissaient deux autres divisions.

Poussant devant lui une masse compacte de soldats désarmés, de blessés, de malades, impuissante à se protéger elle-même, le Vice-Roi resta maître de la route de Wiasma après cinq heures d'un combat des plus acharnés.

Par une lettre datée de Semlowo, le 4 novembre 1812, le prince Eugène écrivit ces quelques lignes à la Vice-Reine : « Hier, l'ennemi a attaqué vigoureusement le maréchal Davout, chargé de l'arrière-garde, et m'a attaqué en même temps par le flanc. J'ai eu même un instant une de mes divisions séparée de moi, mais, l'affaire commencée, le maréchal Davout a été dégagé, et nous avons ensemble continué notre marche sur Wiasma. Il n'y avait que nos deux corps, et l'armée ennemie paraissait y être en entier. Nous avons fait de très-beaux mouvements rétrogrades. La faim et la fatigue nous talonnent bien un peu, mais je pense qu'arrivés à Smolensk nous trouverons un peu plus d'abondance ; il n'y a plus que quelques jours de patience à avoir. Adieu, ma bonne amie, je te quitte pour me jeter sur une peau d'ours et dormir, ce dont j'ai grand besoin. »

Cette patience dont parle le prince Eugène, ne lui fait défaut dans aucun des moments de sa longue et douloureuse retraite. Ainsi, le 6 novembre, il écrit à sa femme : « Nous avons souffert quelques privations depuis plusieurs jours; c'est que nous marchons sur la même route qu'a déjà suivie toute l'armée, mais c'est justement dans ces circonstances difficiles qu'on juge les hommes, et c'est une bonne école. Adieu, ma chère Auguste, ma santé est bonne. J'ai fait hier une toilette dont j'avais bien besoin, car il y avait, le croirais-tu? dix jours que je ne m'étais rasé. J'avais l'air d'un capucin..... »

Dès le 6 novembre, le froid avait pris une intensité extrême. Tandis que Napoléon marchait sur Smolensk, escorté du maréchal Ney, le prince Eugène avait pris la route de Doukhowtchina. Il était suivi de près de 6,000 hommes en état de porter les armes, et d'un nombre aussi grand au moins de traînards.

Arrivé le 8 près le château de Zazelé, où l'on espérait trouver quelques ressources, on fut arrêté tout à coup au pied d'une côte que le verglas rendait inaccessible. On détela les pièces d'artillerie pour doubler et tripler les attelages, mais on ne put parvenir à faire monter que les pièces d'un petit calibre; il fallut abandonner toutes celles de douze qui composaient la réserve.

Pendant ce temps-là, les cosaques de Platow, qui amenaient à leur suite de légers canons, portés sur des traîneaux, ne cessaient d'envoyer des boulets à nos malheureux soldats. Le général d'Anthouard, qui commandait l'artillerie, fut blessé grièvement, et remplacé par le colonel Griois.

Le lendemain 9, on chercha à franchir le Vop, qui était chargé de fange et de glaçons. Le prince Eugène avait fait construire un pont pendant la nuit. Dès le point du jour, toute la multitude désarmée se pressa sur ce pont inachevé, car le froid avait suspendu les travaux des pontonniers. La foule, se heurtant et se pressant sans cesse au milieu d'un brouillard épais, s'engageait dans un passage dangereux. Bientôt un grand nombre de malheureux sont précipités dans le torrent; à ce moment apparaissent, comme des oiseaux de proie guettant leurs victimes, des milliers de cosaques poussant des cris sauvages.

Le tumulte est à son comble. Le prince Eugène accourt pour rendre un peu de calme à la foule désespérée, et parvient à sauver les débris de son corps qui, le 10 novembre, put enfin atteindre Doukhowtchina, petite ville suffisamment pourvue de vivres. Après avoir fait prendre aux siens un repos de deux jours, le prince Eugène dut recommencer sa marche pénible. Le 15, il se

LE PRINCE EUGÈNE

porta sur Krasnoë. Vers trois heures de l'après-midi, il se trouva en face de l'ennemi, qui lui opposait des forces considérables. Pour tenir tête à cette masse armée qui le menaçait de toutes parts, il forme deux carrés des hommes encore armés qu'il a sous la main, et met en batterie les douze seules pièces d'artillerie qui lui restent. Sous le feu de cent canons, cette poignée d'hommes héroïques, conduits par leur chef intrépide, renverse tout ce qui s'oppose à son passage. C'est en vain que le général Miloradowitch, admirant le courage du Vice-Roi, le somme de mettre bas les armes. Le prince Eugène est là, avec à peine quelques milliers d'hommes valides, en présence de 30,000 Russes, dont 3,000 cavaliers, et cependant il ne se rendra pas. Profitant de l'obscurité de la nuit pour se dégager du côté de l'aile gauche de l'ennemi, il parvient ainsi à se rapprocher du Dniéper, puis il marche sur Krasnoë, laissant les restes de la division Broussier en ligne pour masquer cette retraite destinée à sauver le reste de son corps d'armée.

Pendant que les uns meurent, sans se plaindre, pour le salut des autres, le prince Eugène, qui guide en silence sur la neige ses braves frères d'armes, rencontre tout à coup un fort détachement ennemi. Heureusement, au cri d'une sentinelle d'avant-garde, un officier polonais, du corps du prince Poniatowski, sachant le russe, répond dans cette langue : « Tais-toi, malheureux, nous sommes du corps de Miloradowitch. »

Cette rare présence d'esprit sauve les débris du 4ᵉ corps, qui parviennent à rallier la jeune garde et à entrer dans Krasnoë. Napoléon était dans cette ville, et il éprouvait une vive inquiétude sur le sort de son fils adoptif, qu'il reçut avec une joie bien vive.

V

Mais qu'étaient devenus Davout et Ney, demeurés en arrière? Cette pensée causait un profond souci à l'Empereur.

Le lendemain du combat de Krasnoë, le prince Eugène gagna Doubrowna, et de là se rendit à Orscha.

De son côté, le maréchal Mortier quitta Krasnoë le 16 novembre au matin, et, d'après les ordres de Napoléon, il informa de son départ le maréchal Davout en le pressant de suivre son mouvement. Ce dernier, avant de se mettre en marche, envoya au maréchal Ney un avis destiné à lui faire connaître les dangers qui le menaçaient pour la journée du lendemain, s'il ne parvenait pas à le rejoindre dans la nuit.

Mais le maréchal Ney était encore à Smolensk, d'où

LE PRINCE EUGÈNE

il ne partit que le 17 au matin, après avoir fait sauter les tours de cette ville, et enfoui dans la terre ou jeté dans le Dniéper toute l'artillerie qu'il ne pouvait pas emmener avec lui. Il ne reçut donc pas l'avis que le maréchal Davout lui avait envoyé la veille. Déjà, d'ailleurs, un corps ennemi commandé par le général Miloradowitch s'était placé entre les deux maréchaux, et Ney ne tarda pas à se trouver en face de l'armée russe tout entière, commandée par Kutusow.

Malgré la disproportion considérable de ses troupes, le maréchal Ney n'hésita pas un seul instant sur le parti qu'il avait à prendre, et, montrant à ses soldats les lignes serrées des Russes, il voulut y faire une trouée, pour les traverser, avec les sept ou huit mille baïonnettes dont il pouvait encore disposer à ce moment. Foudroyé par le feu de près de cent pièces d'artillerie, il dut renoncer à cette audacieuse tentative. Après avoir laissé sur place plus de trois mille hommes, il fit un mouvement en arrière pour se mettre hors de la portée des canons russes.

Kutusow comptait bien que le lendemain le maréchal Ney deviendrait son prisonnier, ou qu'il serait anéanti avec ce qui lui restait de son petit corps d'armée. Ce général lui envoya même un parlementaire pour l'inviter à se rendre; mais, trompant l'espoir de Kutusow, le maréchal Ney traversa le Dniéper pendant la nuit, non sans éprouver des difficultés inouïes et de grandes pertes, car ce fleuve n'était pas gelé dans toutes ses parties ; puis il suivit la direction d'Orscha, d'où il était encore éloigné d'une quinzaine de lieues.

Harcelé, à chaque instant, par des nuées de cosaques, le maréchal Ney se défendit avec vigueur, cheminant au hasard, pour ainsi dire, et à travers les bois, afin d'épargner le plus possible ses soldats épuisés, dont le nombre diminuait à chaque pas ; enfin, le 19 au soir, il ne se trouvait plus qu'à cinq ou six lieues d'Orscha, sur la lisière d'une forêt où il passa la nuit.

Pendant que le maréchal Ney opérait si péniblement sa retraite, avec une poignée d'hommes, et au milieu des plus grands obstacles, le prince Eugène, vivement préoccupé du sort de cet illustre chef, avait envoyé d'Orscha, vers le milieu de la journée du 20, des reconnaissances dans différentes directions, et, d'après les rapports de ses éclaireurs, le Vice-Roi acquit la presque certitude que le maréchal Ney ne se trouvait plus qu'à quelques lieues de lui, mais entouré de nombreux cavaliers qui lui barraient le passage.

D'après ces données, le prince Eugène sortit d'Orscha dans la soirée du 20, et il se porta dans la direction où devait se trouver le maréchal. Des coups de canon, tirés de distance en distance pour annoncer son approche, furent enfin entendus du maréchal Ney, qui, enveloppé dans un bois, pouvait se croire perdu. Des signaux furent faits. Le prince Eugène fit allumer de grands feux devant lesquels il fit passer plusieurs fois les quelques milliers d'hommes qui composaient alors tout l'effectif de son corps d'armée.

Les Russes, surpris et croyant avoir devant eux des forces imposantes, se retirèrent à la hâte, et le héros de la Moskowa fut sauvé.

De son côté, ce vaillant maréchal, afin de faire connaître sa position et demander du secours, avait envoyé, dès le 20 au matin, un officier polonais qui parvint heureusement à Orscha. L'Empereur venait de quitter cette ville [1], mais le Vice-Roi, comme on vient de le voir, l'occupait encore, et il était même fort inquiet, nous le répétons, sur le sort du maréchal et de son petit corps d'armée.

Ainsi renseigné par cet officier polonais et par ses propres éclaireurs, le prince Eugène, malgré l'épuisement de ses soldats, malgré le besoin de repos qu'il éprouvait pour lui-même, s'empressa d'aller au secours du maréchal Ney, qui fut ainsi sauvé comme par miracle.

Ce fait d'armes, dont n'a parlé aucun des historiens qui ont décrit les détails de cette retraite, unique dans les annales militaires, nous a été rapporté par une personne qui l'a entendu raconter par le prince Eugène,

---

[1] C'est d'après l'*Itinéraire manuscrit de Napoléon*, dressé par le baron Fain et conservé aux archives du Dépôt de la guerre, que nous précisons cette date.

lui-même, à Augsbourg, chez sa sœur, la reine Hortense.

Sans entrer dans les détails qui précèdent, M. Thiers parle ainsi de l'heureuse délivrance du maréchal Ney : « Le maréchal avait envoyé un Polonais porter à Orscha la nouvelle de sa miraculeuse retraite et demander du secours. On s'y achemina vers la seconde moitié du jour, et vers la nuit on finit par en approcher. Arrivé à une lieue de distance, on aperçut avec une sorte de saisissement indicible des colonnes de troupes. Étaient-ce des Français ? Etaient-ce des Russes ? Le maréchal, toujours confiant, et comptant sur l'avis qu'il avait fait parvenir à Orscha, n'hésita pas, s'avança, et entendit parler français : c'était le prince Eugène !.... on se jeta dans les bras les uns des autres, on s'embrassa avec effusion, et dans toute l'armée ce ne fut qu'un cri d'admiration pour l'héroïsme du maréchal Ney. »

M. le duc de Fezensac, témoin oculaire de cette scène émouvante, est plus précis encore : « A neuf heures du soir, dit-il [1], nous prîmes les armes et nous nous mîmes en marche dans le plus grand silence. Les postes de cosaques placés sur la route se replièrent à notre approche. La marche continua avec beaucoup d'ordre. A une lieue d'Orscha, l'avant-garde rencontra un poste avancé. On lui répondit en français. C'était une division

---

[1] *Souvenirs militaires*, p. 296 et 297.

du 4ᵉ corps qui venait à notre secours avec le Vice-Roi. Il faudrait avoir passé trois jours entre la vie et la mort pour juger de la joie que nous causa cette rencontre. Le Vice-Roi nous reçut avec une vive émotion. Il témoigna hautement au maréchal Ney l'admiration que lui causait sa conduite..... Après ce premier moment d'effusion, il fallut repartir pour Orscha, et le Vice-Roi voulut faire l'arrière-garde de l'illustre maréchal. »

D'après M. Thiers, le fait que nous venons de rapporter se serait passé vers la fin de la journée du 20, tandis que M. le général duc de Fezensac, qui était sur les lieux et qui commandait le 4ᵉ de ligne qui faisait partie du corps d'armée du maréchal Ney, constate que la rencontre du prince Eugène et du maréchal eut lieu pendant la nuit, ce qui concorde parfaitement avec le récit que nous venons de faire.

Réduits à une poignée de combattants pouvant tenir encore le fusil, nos soldats allaient passer par les plus cruelles, par les plus rudes épreuves. Il faut lire, dans l'*Histoire du Consulat et de l'Empire*, ces grandes pages de la retraite de Russie dans lesquelles on voit se dérouler, depuis Moscou jusqu'à Kowno, le lamentable tableau de cette héroïque armée, qui, chaque jour, d'étape en étape, laisse sous la neige ses morts et ses mourants exposés aux insultes de l'ennemi.

Jusqu'au dernier moment, le prince Eugène, ainsi que

le maréchal Ney, devinrent l'orgueil et l'exemple de tous leurs frères d'armes.

C'est dans la nuit du 27 au 28 novembre que le Vice-Roi franchit la Bérézina pour venir établir son bivac en arrière de la jeune garde, près d'un village brûlé.

Le 30 novembre, le prince Eugène fut appelé à commander l'avant-garde. Avec quelques escadrons encore à cheval, il ne cessa d'éclairer la marche des troupes qui le suivaient.

Arrivé à Smorgoni, l'Empereur prit la résolution de rentrer en France. Il voulait se trouver aux Tuileries avant que les malheurs qui l'avaient frappé, fussent connus à Paris. Il pensait que lorsque l'Europe saurait son désastre en même temps que son retour dans sa capitale, elle hésiterait à se soulever, et, dans tous les cas, elle le trouverait à la tête de forces considérables qui pourraient lui faire payer bien cher une joie d'un moment.

VI

Le 5 décembre dans la soirée, à Smorgoni où l'on était arrivé, Napoléon réunit le roi de Naples, le prince

Eugène, le major-général Berthier, ainsi que ses maréchaux, et leur fit part de sa détermination, en leur annonçant qu'avant deux mois il leur amènerait trois cent mille hommes de renfort. Puis il remit le commandement de l'armée à Murat, et, accompagné de quatre hommes sûrs, Caulaincourt, Duroc, Lobau et Lefebvre-Desnoëttes, il partit au milieu de la nuit, laissant ses lieutenants consternés.

« S'il n'y avait eu que danger de la vie, dit M. Thiers [1], Napoléon était assez bon soldat pour le courir sans hésiter, avec une armée compromise par sa faute ; mais être détrôné, et, qui pis est, prisonnier des Allemands, était une perspective devant laquelle il ne tint pas, et il prit à Smorgoni même la résolution de partir. Il lui fallut un remplaçant, et, après y avoir pensé, il n'en trouva qu'un seul qui eût assez de renommée, assez d'élévation de rang pour qu'on lui obéît : c'était le roi de Naples. *Eugène était plus sage, plus constant, il avait acquis, dans ces jours néfastes, la haute estime de tous les honnêtes gens de l'armée,* mais il était capable d'obéir à Murat, et Murat ne l'était pas de lui obéir à lui. »

Le prince Eugène éprouva la peine la plus vive en voyant Napoléon s'éloigner, car il n'avait aucune con-

---

[1] *Histoire du Consulat et de l'Empire*, t. XIV, p. 648 et 649.

fiance dans es talents militaires de Murat pour commander en chef les débris ramenés de Moscou.

Il crut devoir écrire à ce sujet, le 5 décembre 1812, la lettre suivante à l'Empereur : « Sire, il ne m'est pas permis de chercher à pénétrer les volontés de Votre Majesté ; mais si, comme il est probable, elle ne tarde pas à se rendre aux vœux de la France, et que son intention soit de me laisser à l'armée avec le roi de Naples, je prends la liberté de réclamer un nouveau témoignage de ses bontés pour moi..... Sire, j'ai dévoué ma vie au service de Votre Majesté ; il me serait pénible de n'être plus employé que pour la gloire d'un autre prince, surtout d'après les sentiments de cette personne à mon égard, sentiments que Votre Majesté connaît aussi bien que moi. J'ose donc lui demander un ordre pour retourner en Italie à l'époque qu'elle jugera le plus convenable. Dans le cas où Votre Majesté me laisserait à l'armée, j'y resterai tant qu'il lui plaira, et je n'en continuerai pas moins à la servir avec le même zèle et le même dévouement. »

Napoléon lui répondit de Smorgoni, le même jour : « Mon cher fils, faites votre devoir et reposez-vous sur moi. Je suis le même pour vous et sais bien ce qu'il vous faut. Ne doutez jamais de mes sentiments paternels. »

Lorsque, le 6 décembre, le départ de Napoléon fut connu dans l'armée, la stupéfaction fut grande. Mais

LE PRINCE EUGÈNE

les souffrances, les misères de chacun étaient telles que, bientôt, on ne songea plus qu'à s'acheminer vers Wilna, où l'on espérait trouver des vivres et un peu de repos.

Chaque jour, cependant, venait accroître les souffrances de cette marche. Le thermomètre était descendu à trente degrés Réaumur, et sous l'action de ce froid mortel, la vie abandonnait la plupart de nos pauvres soldats épuisés par la fatigue et les privations de toute nature. Les chevaux étaient presque tous morts; quant aux hommes, ils tombaient par centaines sur les chemins.

Le 9 décembre, à la pointe du jour, le prince Eugène entra à Wilna, cette terre promise, où chacun espérait trouver un terme à ses maux. Le Vice-Roi s'y trouvait à peine que les restes de la division Loison, formant l'arrière-garde, furent attaqués à l'entrée de la ville par les Russes.

C'est en vain que le prince Eugène et le maréchal Ney, se plaçant à la tête de cinq à six cents soldats, cherchent à soutenir le général Loison; c'est en vain que le vieux maréchal Lefebvre, courant dans les rues de Wilna, crie aux armes, et s'efforce de ramasser quelques hommes armés. Une nuée de cosaques s'abat sur les remparts, et le désordre est à son comble.

Le Vice-Roi, après avoir combattu en soldat, quitta Wilna le même jour, et arriva à Kowno, le 12 décembre.

A la suite d'un conseil de guerre tenu dans cette ville, il fut décidé que le maréchal Ney, qui semblait inébranlable au milieu de tous les désastres qui nous accablaient, défendrait Kowno avec le général Gérard, son digne émule, afin de donner le temps aux débris des divers corps de se replier. Le prince Eugène se chargea de conduire de Kœnigsberg sur Marienwerder ce qui restait du 4e corps.

Arrivé le 17 décembre à Gumbinnen, première ville sur la frontière de la Prusse, avec quatre ou cinq cents hommes encore en état de marcher, le Vice-Roi écrivit à sa femme : « Enfin, nous voici en Prusse, ma très-chère Auguste, et je t'expédie Fortis qui fera bonne diligence. Depuis Wilna nous nous sommes toujours retirés, et l'ennemi ne nous suivant qu'avec sa cavalerie et son artillerie, je ne pense pas qu'il se passe de longtemps aucun fait d'armes important. Nous nous retirons sur les places de la Vistule où notre armée se reposera, se reformera et se réorganisera. Il est probable que l'Empereur me fera passer en Italie, et c'est tout ce que je désire au monde. Fortis te dira tous ceux qui se portent bien et tous ceux qui sont malades. Il y en a beaucoup de ces derniers, mais j'ai eu jusqu'ici le bonheur de me trouver parmi les premiers. Il te contera comme il le pourra tous les combats que nous avons soutenus, toutes les marches que nous avons faites, toutes les fatigues que nous avons éprouvées; mais je te conterai bien mieux cela moi-même, et je ne désespère pas que ce puisse être encore cet hiver. »

En même temps le prince Eugène écrivait ces quelques lignes au baron Darnay : « J'expédie Fortis à Milan. Interrogez-le bien, mon cher Darnay, et s'il est franc vous saurez tout ce que nous avons souffert depuis deux mois. Le climat nous a détruits. Cette belle et grande armée n'est plus rien du tout. Nos pertes sont immenses. Le spectacle que nous avons sous les yeux est déchirant. Nos amis, nos camarades, meurent sur la grande route, de misère, de fatigue et de froid. L'ordonnateur Joubert est mort il y a trois jours. Les Italiens meurent comme des mouches. La garde royale n'a pas sauvé deux cents hommes. Heureux ceux qui reverront un jour leurs foyers ! C'est tout ce que j'ambitionne. Je ne veux plus de gloire ; elle coûte trop cher. »

En effet, l'effectif du 4e corps commandé par le prince Eugène lors du passage du Niémen, le 25 juin 1812, s'élevait à quarante-neuf mille deux cent quarante-huit officiers et soldats; au 31 décembre suivant, il ne lui restait plus que cent soixante-neuf hommes armés. Ces chiffres, que nous avons relevés sur les situations conservées aux archives du Dépôt de la guerre, sont de la plus rigoureuse exactitude.

Sans rien exagérer, on peut affirmer, d'après tous

les historiens de cette fatale campagne de 1812, que notre armée perdit en Russie trois cent mille hommes au moins, détruits par le feu, par la misère, et surtout par le froid.

Malgré son excessive répugnance de servir sous les ordres de Murat, le prince Eugène, homme de devoir avant tout, continua à se multiplier, à se refaire en un mot soldat et général tout à la fois, pour disputer aux Russes les nobles débris qu'il avait pour mission de protéger jusqu'à la fin, et de sauver s'il était possible.

L'année 1812 touchait à sa fin. Au milieu de toutes ces souffrances, à la suite de tant de désastres, le prince Eugène conservait toute son énergie, nous dirons même toute sa bonne humeur. « Plaisanterie à part, écrit-il à la Vice-Reine, attendez-vous à revoir plusieurs d'entre nous sans nez ou sans oreilles, et on ne pourra pas dire de bien des gens qu'ils s'en sont tirés avec un pied de nez. Les plus longs tombent les premiers. »

Arrivé à Marienwerder, lieu assigné pour la concentration des débris de ses troupes, le prince Eugène, retiré seul dans une pauvre chambre dénuée de tout, songe avec attendrissement qu'on touche au 1er jour de l'année, et que ses chers enfants ainsi que sa femme adorée sont bien loin de lui.

Sous cette impression, il lui écrit le 28 décembre 1812 : « J'ai reçu ta chère lettre, ma bonne Auguste, ainsi que les objets chauds, et j'en ferai la distribution. J'ai été bien heureux de savoir toute ma petite famille en bonne santé. Que tous ces jours-ci j'ai pensé à elle, et comme j'aime à croire que je leur aurai manqué au jour anniversaire de naissance de notre gros garçon, de celui d'Eugénie, le soir de Noël, si mémorable pour les cadeaux, ainsi que le jour de l'an où l'on s'embrassait de si bon cœur; enfin, la partie n'est que remise, et je me berce de l'idée que l'Empereur ne voudra pas me laisser inactif tout un hiver et avec si peu de monde. Car croirais-tu, ma chère amie, que de tout mon beau corps d'armée, il ne me reste pas deux mille hommes, dont la moitié encore sont blessés : *ceci est pour toi seule, je t'en conjure.* Adieu, ma très-chère Auguste, espérons que nous pourrons un jour oublier toutes nos peines dans les bras l'un de l'autre. »

VII

Le prince Eugène s'occupait sans relâche de réorganiser le 4ᵉ corps, lorsque Murat lui annonça brusquement qu'il allait quitter l'armée et qu'il lui en remettait le commandement en chef.

A la date du 17 janvier 1813, le Vice-Roi prit le commandement de l'armée, à Posen, et il écrivit aussitôt à l'Empereur, pour lui faire connaître cette détermination si inattendue de Murat : « Sire, j'ai l'honneur de prévenir Votre Majesté que le roi de Naples est parti ce matin à quatre heures. Nous avons inutilement fait, hier soir, le prince de Neufchâtel et moi, toutes les instances possibles pour le retenir. Me trouvant ici le seul lieutenant de l'Empereur, j'ai pris provisoirement le commandement jusqu'à ce que Votre Majesté ait bien voulu nommer un général en chef... »

Le même jour le prince Eugène écrivait à sa femme : « Ma chère Auguste, je m'empresse de t'adresser Provari pour t'annoncer une inconcevable nouvelle. Depuis mon départ de Marienwerder, le roi de Naples m'écrivit de le venir joindre en poste à Posen. A peine arrivé, j'apprends qu'il allait abandonner l'armée. Il est malade et il ne veut plus conserver le commandement ; il part même sans attendre aucune détermination de l'Empereur. Il a voulu me donner le commandement de l'armée, mais je n'ai pas voulu le recevoir de lui ; il a persisté à s'en aller, et alors j'ai pris provisoirement le commandement, tant difficile qu'il soit, pour donner une dernière preuve de mon dévouement à l'Empereur. Toutes les affaires ont été laissées ici en grande confusion, et je t'assure, ma bonne Auguste, que j'aurai une terrible besogne. Je n'ose pas espérer en sortir avec gloire, mais j'aurai eu du moins le courage de l'avoir entreprise, et j'aurai certes celui de ne pas l'abandonner...»

En apprenant le départ précipité de Murat, l'Empereur en fut vivement irrité; on a même affirmé qu'il aurait eu un instant l'intention de le faire arrêter. Il confirma néanmoins la nomination du prince Eugène. *Le Moniteur* annonça ce changement par un article ainsi conçu : « Le roi de Naples étant indisposé a dû « quitter le commandement de l'armée qu'il a remis « entre les mains du Vice-Roi. Ce dernier a plus « l'habitude d'une grande administration, et il a la « confiance entière de l'Empereur. »

En même temps que Napoléon faisait insérer au journal officiel ces lignes si flatteuses pour le prince Eugène, il lui écrivait aussi, le 22 janvier 1813, le billet suivant, qui témoigne une fois de plus de la confiance qu'avait l'Empereur dans les talents militaires de ce noble Prince : « Mon fils, prenez le commandement de la Grande-Armée. Je suis fâché de ne pas vous l'avoir laissé à mon départ; je me flatte que vous seriez revenu plus doucement et que je n'aurais pas éprouvé d'aussi immenses pertes. Le mal passé est sans remède....»

Le prince Eugène, d'après les recommandations de

l'Empereur, s'empressa de pourvoir de fortes garnisons les deux principales places de la Vistule, Thorn et Dantzig, et de faire refluer sur les places de l'Oder les débris des anciens corps, dont le ralliement avait d'abord été assigné sur la Vistule.

Bientôt tout prit autour de lui une face nouvelle : son zèle, son activité et sa prévoyance admirable firent disparaître la tiédeur et l'indifférence. Le courage et l'espérance vinrent ranimer et consoler tous les cœurs; les troupes montrèrent la plus grande confiance. Maréchaux, généraux et soldats se prêtaient avec empressement aux ordres du Vice-Roi. Les débris se rallièrent, l'ordre et la discipline se rétablirent, et l'armée prit, comme par enchantement, une consistance remarquable. L'ennemi s'en aperçut et devint très-circonspect dans ses desseins comme dans ses démarches.

Cette époque de la carrière militaire du prince Eugène est peut-être la plus glorieuse, car elle a été d'une utilité remarquable à la France et à l'Empereur. Il suffit de dire qu'après quatre mois de fatigues, de persévérance et de dévouement, le Vice-Roi était parvenu à réunir des forces assez respectables pour tenir tête aux armées russe et prussienne, et pour attendre, à l'aide de savantes manœuvres, l'arrivée de l'Empereur avec les nouveaux corps de troupes qu'il organisait sur le Mein et sur le Rhin.

La défection de la Prusse avait presque doublé les

forces de l'ennemi sur l'Oder et sur l'Elbe, ainsi que l'a constaté le général de Vaudoncourt, dans l'état sommaire suivant :

ARMÉE RUSSE.

Corps du général Wittgenstein, qui se trouvait devant Magdebourg..........................	17,000 h.
Corps du Bas-Elbe, commandé par le général Czerniszeff (non compris les Cosaques).............	10,000
Avant-garde du général Wintzingerode, qui marchait sur Dresde........................	13,000
Grande-Armée, encore cantonnée sur l'Oder.......	40,000
	80,000 h.

ARMÉE PRUSSIENNE.

Corps du général Yorck, sous les ordres de Wittgenstein.................................	
Corps du général Bulow, appuyé à celui de Wittgenstein.................................	75,000 h.
Corps du général Blücher, marchant sur Dresde..	
	155,000 h.

A ces forces, on peut ajouter :

Un corps de 50,000 hommes d'infanterie et 20,000 chevaux, y compris l'armée de Moldavie, qui était, dès le 6 mars, sur la Vistule et devait compléter l'armée russe................................	70,000 h.
Le corps prussien de Taventzien, qui était devant Stettin; celui de Schöler, devant Glogau, et celui de Thümen, devant Spandau, qui pouvaient être remplacés dans ces blocus par la landwehr, à peu près organisée	25,000
Le total des armées disponibles était donc de......	250,000 h.

L'armée que commandait le prince Vice-Roi, et qui était la seule disponible en ce moment pour la France, ne s'élevait pas à plus de cinquante mille hommes, et elle était organisée de la manière suivante :

2ᵉ *corps*. — Duc de Bellune. — Ce corps n'était composé que de 8 bataillons formés des cadres de l'armée de Russie..	5,000 h.
5ᵉ *corps*. — Général Lauriston. — Composé des divisions Maison, Puthod et Rochambeau.........	16,000
11ᵉ *corps*. — Général Grenier. — Composé des divisions Charpentier, Gérard et Fressinet............	18,000
Débris du 7ᵉ *corps*. — Formés des divisions Durutte et de la division saxonne Lecoq................	2,500
Division bavaroise du général de Rechberg........	2,000
Division de la garde impériale, commandée par le général Roguet......................................	2,400
Division Lagrange, du corps inférieur de l'Elbe (1).	6,000
	51,900 h.
Cavalerie du général de Latour-Maubourg. 1,800	
— — Sébastiani....... 1,000	2,800
Total...............................	54,700 h.

On ne peut compter dans cette armée les troupes des généraux Saint-Cyr et Morand, qui se retirèrent sur Brême, dès le moment où Tettenborn entra dans Hambourg. Quant aux autres corps, leurs débris réunis ne formaient pas douze cents hommes.

---

[1] Cette division faisait partie du 5ᵉ corps; elle en fut détachée sous les ordres du prince d'Eckmühl.

LE PRINCE EUGÈNE

Ainsi, c'est avec cinquante-quatre mille sept cents hommes que le prince Eugène allait faire face à l'armée coalisée, forte de deux cent cinquante mille hommes, jusqu'au moment où Napoléon viendrait le rejoindre avec la nouvelle armée qu'il réunissait.

Nous ne suivrons pas le Vice-Roi dans ses combinaisons militaires si savamment expliquées par M. Du Casse ; nous ne parlerons pas non plus d'une foule d'engagements partiels où la vaillance de nos soldats et de leur chef illustre ne cessait d'imposer à un ennemi six fois plus nombreux ; nous emprunterons seulement aux *Notices historiques* du baron Darnay le récit d'une rencontre dont le prince Eugène, avec sa modestie ordinaire, ne parle ni dans ses rapports officiels ni dans sa correspondance intime.

Le lendemain du combat de Moëckern, le prince Eugène étant en reconnaissance avec une forte escorte sur le terrain où l'on s'était battu la veille, fut assailli et chargé par un grand nombre de cosaques qui s'étaient tenus embusqués. Plusieurs chasseurs de son escorte furent tués à coups de lances, et, parmi eux, celui qui portait son volumineux portefeuille. Dans cette échauffourée, le colonel polonais Kliski, l'un de ses officiers d'ordonnance, se vit entouré par plusieurs cosaques ; le Vice-Roi, témoin du danger et de l'embarras du colonel, accourut à son secours, le délivra de ses assaillants sur lesquels il déchargea quelques coups de pistolet qui les mirent en fuite. D'un autre côté, les dragons de l'escorte du Prince reprenaient son portefeuille tout percé de coups de lances.

Le 20 avril 1813, la nouvelle Grande-Armée, formée avec une rapidité prodigieuse par l'Empereur, commençait à se rapprocher de celle du Vice-Roi sans attendre la formation complète de la cavalerie.

L'Empereur fit connaître à son fils adoptif qu'il concentrait ses forces entre Leipsig et la Saale. Aussitôt le prince Eugène se mit en marche pour se rapprocher de Leipsig, s'avançant avec prudence, de façon à déjouer toutes les attaques ou tous les obstacles qu'il pourrait rencontrer sur son chemin.

Le prince Eugène, de l'aveu même de M. Thiers, qui cependant se montre pour lui un juge plus que sévère [1], « *n'avait rien à se reprocher depuis qu'il avait pris le commandement, si ce n'est un peu trop de circonspection, et avait d'ailleurs rendu d'incontestables services.* »

L'éloge, comme on le voit, est tempéré par cette réflexion que le prince Eugène avait montré *trop de circonspection*.

Trop de circonspection dans une marche de retraite opérée par des soldats épuisés et poursuivis par une armée tout entière ! Mais la circonspection était ici, il

---

[1] Tome XV, p. 326.

nous semble, le premier devoir du chef dévoué qui avait reçu la périlleuse mission de sauver les débris de nos troupes.

Le roi Louis Bonaparte n'avait pas une plume aussi exercée que celle de M. Thiers, mais, plus équitable que notre grand historien, il a écrit dans le troisième volume de son ouvrage sur la Hollande, page 318 : « L'Empereur quitta l'armée et en laissa le commandement au roi de Naples, qui peu après l'abandonna au Vice-Roi d'Italie pour retourner à Naples, sacrifiant ainsi à l'intérêt partiel de son royaume et au sien propre, l'intérêt général des alliés de la France, et surtout de la gloire et de la conservation des débris précieux de cette illustre armée. » Plus loin, le roi Louis ajoute, page 321 : « Les restes de la Grande-Armée faisaient des prodiges de valeur sous les ordres du Vice-Roi, qui peut se vanter *d'avoir eu la commission la plus grande et la plus difficile à remplir, et de l'avoir faite avec autant de prudence et de gloire que de bonheur.* »

Le 25 avril 1813, Napoléon arriva avec sa garde à Erfurth, et, dès le 28 du même mois, le Vice-Roi fit attaquer par le 5ᵉ corps la tête du pont de Halle. L'action fut chaude ; cependant les Prussiens purent se maintenir toute la journée dans la ville sur la rive droite.

Une grande bataille était imminente. Ce fut dans les

champs de Lutzen, jadis illustrés par Gustave-Adolphe et par Charles III, que le prince de Wittgenstein, qui venait de recevoir le commandement en chef des troupes russo-prussiennes, attaqua l'armée française.

Le maréchal Ney, à la tête de nos conscrits qui voyaient pour la première fois le feu, entra à la suite des Russes et au cri de Vive l'Empereur dans Weissenfels.

Toute cette brave jeunesse, solide comme nos vieux soldats, tint ferme contre les charges répétées de la cavalerie ennemie. « Ces enfants, écrivit le maréchal à l'Empereur, après l'action, sont des héros. Je ferai avec eux ce que vous voudrez. »

De son côté, le prince Eugène avait mêlé ses avant-postes à ceux du maréchal Ney.

Napoléon, tout fier de la belle conduite de ses jeunes soldats, opéra sa jonction avec le prince Eugène et songea à marcher sur les coalisés en les poussant contre les montagnes de la Bohême.

Le 1er mai, dès le matin, les troupes du maréchal Ney s'avancèrent dans la vaste plaine de Lutzen. Le maréchal Bessières, qui commandait ordinairement la cavalerie de la garde, accompagnait Napoléon. S'étant porté un peu à droite afin d'observer un mouvement de l'ennemi, il fut atteint par un boulet en pleine poitrine et tomba mort sous le coup.

Napoléon aimait le maréchal Bessières, et en voyant

son fidèle lieutenant étendu inanimé sur un manteau, il s'écria : « La mort s'approche de nous ! » Puis, triste et la tête penchée, il s'éloigna pour conduire ses soldats à l'ennemi.

Le prince Eugène fut profondément affligé de la mort du maréchal Bessières, qui avait guidé ses premiers pas dans la carrière militaire, et qui lui avait servi de mentor, tant à l'armée qu'à Paris, où ils avaient longtemps habité ensemble.

Ce fut le 2 mai qu'eut lieu la bataille de Lutzen, à laquelle le prince Eugène prit une large part. Commencée à midi, elle se termina à huit heures du soir. Si nous avions eu de la cavalerie, l'ennemi eût certainement éprouvé un désastre complet. Les Russes et les Prussiens perdirent dans cette journée au moins vingt mille hommes. Nos pertes furent moindres, mais nous eûmes plus de seize mille hommes tués ou blessés.

Les coalisés, qui prétendaient avoir remporté la victoire, s'empressèrent cependant de marcher aussi vite que possible pour repasser l'Elster et mettre une certaine étendue de pays entre eux et les Français.

Après la bataille de Lutzen, le prince Eugène, qui n'avait pas cessé de diriger l'avant-garde, rencontra à Kodlitz, sur la Mule, l'arrière-garde des Prussiens postée le long de la rivière, dont les ponts étaient détruits. Il remonta un peu à droite et ne tarda pas à découvrir un passage qui lui permit de s'établir avec son artillerie sur une hauteur qui dominait la grande route de Dresde.

Là, le général russe Miloradowitch, qui, à la tête de forces nombreuses, était impatient de se signaler, comme il l'avait déjà fait tant de fois, essaya de tenir tête au prince Eugène; mais, attaqué par lui avec une vigueur inouïe, il fut forcé de se replier et de battre en retraite.

Cherchant à prendre sa revanche le lendemain dans une autre position, à Limbach, Miloradowitch ne fut pas plus heureux que la veille. Conduits comme les jours précédents par le prince Eugène en personne, nos soldats culbutèrent l'ennemi sur Wilsdruff et le contraignirent à gagner les faubourgs de Dresde.

Le 8 mai, le Vice-Roi entra à Dresde, où Napoléon ne tarda pas à le rejoindre. Après un combat acharné dans lequel l'artillerie du prince Eugène et celle de la garde firent merveille, les Russes, démoralisés, évacuèrent la ville qu'ils laissèrent en notre pouvoir. « Le prince Eugène, dit M. Du Casse [1], avait donc rempli avec autant de bonheur que de talent la mission difficile qui lui était échue en partage par le départ du roi de Naples, mission à laquelle il s'était dévoué pour le salut de l'armée; pour le service de la France et de l'Empereur. Il était parvenu, avec une dizaine de mille

---

[1] *Correspondance politique et militaire du prince Eugène*, . VIII, p. 212.

hommes désorganisés, à contenir les armées russes, puis ensuite à opérer en face d'un ennemi nombreux une retraite périlleuse, ne cédant le terrain que pied à pied. Enfin, après cinq mois de luttes incessantes, de combats glorieux, de manœuvres habiles, il avait pu organiser une armée assez forte pour remettre aux mains de l'Empereur près de quatre-vingt mille soldats aguerris. Il avait été assez heureux pour contribuer puissamment au succès d'une des dernières et belles victoires de l'Empire, et il allait se rendre en Italie pour continuer à servir la France et son père adoptif avec le zèle, le dévouement, l'intelligence qu'il avait toujours mis à remplir ses devoirs. Cette conduite n'est-elle pas digne de la reconnaissance de la patrie et de l'admiration des hommes honorables, à quelque parti qu'ils puissent appartenir? »

Le prince Eugène avait conquis, ainsi que le reconnaît M. Thiers « toute l'estime de Napoléon par une rare bravoure, un vif sentiment d'honneur, et une résignation exemplaire à supporter une situation affreuse pendant la retraite. » Après le départ de l'Empereur, le commandement était resté pour ainsi dire sans direction; mais, dès qu'il fut remis au prince Eugène, l'armée ne tarda pas à sentir l'impulsion donnée par une main ferme et habile.

VIII

Le Vice-Roi fut enfin appelé à rentrer en Italie pour la défendre contre la coalition, et opérer en même temps une diversion utile aux intérêts de la France.

Le 8 mai 1813, Napoléon, après lui avoir témoigné toute sa satisfaction, lui dit qu'il fallait partir tout de suite pour Milan, où il allait employer l'été à organiser une belle armée d'Italie.

Le 18 du même mois, le prince Eugène rentrait à Milan au milieu de la joie universelle que faisait naître sa présence dans toutes les classes de la population.

On voulut célébrer son retour par des fêtes, mais le prince Eugène crut convenable d'écarter toute démonstration publique lorsque tant de familles venaient d'être décimées par la fatale campagne de 1812.

Le bonheur de se voir réuni aux siens ne pouvait lui faire oublier la gravité des circonstances. Il s'appliqua sans relâche à créer une armée capable d'entrer en ligne dans le plus bref délai. Napoléon avait fait répandre le bruit, dans un intérêt politique, que l'armée d'Italie allait atteindre le chiffre de quatre-vingt mille combattants, tandis qu'elle ne dépassa jamais cinquante mille hommes. En effet, la plupart des bataillons destinés à composer l'effectif de la nouvelle armée ne comptaient pas plus de vingt individus de tous grades présents sous les armes. On conçoit, dès lors, quelles immenses difficultés s'opposaient à l'organisation des forces nouvelles.

La première mesure que prit le prince Eugène fut de centraliser la formation du corps d'observation de l'Adige, qui devint le point de départ de l'armée d'Italie de 1813.

A la suite de la bataille de Bautzen, nos succès, toujours croissants en Allemagne, avaient abouti à un armistice. Eugène en profita pour hâter et consolider la formation de son armée, prévoyant que les hostilités n'allaient pas tarder à recommencer. Aussi, pendant que la Vice-Reine recevait à Venise les hommages et les vœux des habitants, le prince Eugène visitait sans bruit les places fortes, les approvisionnait et se préparait à la guerre.

Bientôt, la présence du Vice-Roi devint nécessaire sur les frontières du royaume d'Italie. La rupture de l'armistice venait d'être dénoncée par les Russo-Prussiens, et dans les premiers jours d'août le prince Eugène se hâta de se rendre à Udine, où toute sa maison militaire ne tarda pas le rejoindre.

Après une suite d'engagements et de combats où le prince Eugène se maintint à la hauteur de la réputation qu'il avait acquise pendant les précédentes campagnes, il prit position sur la ligne de l'Isonzo.

Au moment même où le Vice-Roi arrêtait les dispositions nécessaires pour défendre vigoureusement tous les points menacés, il apprenait la défection de la Bavière.

Dès qu'il sut que le roi Maximilien, son beau-père, était, lui aussi, entré dans la coalition contre l'Empereur, il n'hésita pas un seul instant à sacrifier ses intérêts de famille au sentiment du devoir et de l'honneur.

Dans une lettre datée du 15 octobre 1813 qu'il écrivait au roi Maximilien, nous trouvons ce passage qui peint si bien la grandeur d'âme du prince Eugène : « Vous me connaissez assez pour être convaincu que, dans ces pénibles circonstances, je ne m'écarterai pas un seul instant de la ligne de l'honneur ni de mes devoirs. Je le sais, et c'est en me conduisant ainsi que je suis certain de trouver toujours en vous pour moi, pour votre chère Auguste, pour vos petits-fils, un père et un ami. »

Le même jour le Vice-Roi apprenait à sa femme la fatale nouvelle de la défection de la Bavière en lui envoyant copie de la lettre qu'il écrivait au roi Maximilien.

La princesse Auguste lui répondit immédiatement une lettre que nous croyons devoir reproduire, car elle est conçue dans les termes les plus dignes et les plus touchants. « C'en est donc fait, mon tendre Eugène, ta lettre du 15, que je reçois dans ce moment, m'apprend ce que je redoutais tant de savoir. Devoir renoncer à sa famille, à son pays sans doute, c'est cruel ; mais mon cœur souffrirait bien plus si tu te conduisais autrement que tu ne fais. Courage, mon ami ; nous ne méritons pas notre sort : notre tendresse, notre bonne conscience nous suffiront, et dans une simple cabane nous trouverons le bonheur que tant d'autres cherchent inutilement sur les trônes. Je te le répète, abandonnons tout, mais jamais la route de la vertu, et Dieu aura soin de nous, de nos pauvres enfants. Ta lettre à mon père m'a fait verser un torrent de larmes ; elle lui fendra le cœur. Je vais lui écrire, et ce sera la dernière lettre qu'il recevra de sa fille ; j'oublierai que je suis Bavaroise et ne penserai qu'à nos enfants et au meilleur et au plus aimé des époux. Tu me connais ; ainsi, sois tranquille, je supporterai tout tant que nos destinées seront unies. On peut nous prendre tout ce que nous possédons, mais jamais la tendresse que nous avons l'un pour l'autre. Tu as dû voir par mes dernières lettres que je m'attends à partir d'ici, et si j'avais osé, j'aurais déjà fait emballer les tableaux et ce que tu as de précieux à la Villa. Adieu ; pour l'amour de Dieu, ne t'afflige pas pour moi, je ne manquerai pas de courage et je t'aimerai toute la vie avec la plus vive tendresse. »

En présence de la défection de la Bavière et de l'attitude expectante du roi de Naples, le prince Eugène ordonna une nouvelle levée de quinze mille hommes, et il adressa de son quartier général de Gradisco une proclamation aux Italiens dont nous reproduisons la dernière partie.

« Italie ! Italie ! Que ce nom sacré, qui enfanta tant de prodiges, soit aujourd'hui notre cri de ralliement. Qu'à ce nom nos jeunes guerriers se lèvent, qu'ils accourent en foule pour former à la patrie un second rempart devant lequel l'ennemi n'osera pas même se présenter.

« Il est toujours invincible le brave qui combat pour la gloire et l'indépendance de son pays ! Que l'ennemi soit forcé de s'éloigner de notre territoire, et puissions-nous bientôt dire avec confiance à notre auguste Souverain : « Sire, nous étions dignes de recevoir de vous une patrie ; nous avons su la défendre ! »

La marche des Autrichiens sur le Tyrol rendait la position du prince Eugène sur l'Isonzo très-dangereuse. Un mouvement rétrograde devenait nécessaire, et le Prince songea à se retirer sur l'Adige.

Ce ne fut qu'après une série d'engagements acharnés, à la suite desquels les Autrichiens furent repoussés dans la vallée de la Brenta, que le Vice-Roi put s'établir sur l'Adige et prendre son quartier général à Vérone. Mais à peine arrivé dans cette ville, et au moment même où il se disposait à continuer l'inspection de ses positions, il reçut l'avis qu'un parlementaire ennemi était aux avant-postes. Le prince Eugène, qui était à cheval en ce moment, s'y rendit sur-le-champ. Là, il trouva un aide de camp du roi de Bavière, le prince de la Tour et Taxis qu'accompagnait le général Hiller. Après avoir remis au Vice-Roi une lettre par laquelle son beau-père l'engageait, au nom des souverains alliés, à se déclarer contre Napoléon, le prince Taxis et le général Hiller ajoutèrent toutes les promesses et toutes les considérations qu'ils crurent propres à ébranler un homme, soit en essayant de flatter son ambition, soit en lui parlant de l'avenir de ses enfants, de la position de sa femme, en un mot de tout ce qui était cher à son cœur.

On le voit, le don d'une couronne indépendante était le prix attaché à cette défection.

Que fait alors le prince Eugène ? « En recevant la communication de son beau-père et l'avis des dispositions formelles des souverains alliés, dit M. Du Casse [1], a-t-il un moment d'hésitation, d'incertitude ? Non, car le rapport de l'envoyé des alliés est positif, et les documents

[1] La relation de la mission du prince de la Tour et Taxis, envoyé par les souverains alliés auprès du prince Eugène, le 22 novembre 1813, les lettres du Vice-Roi au roi de Bavière, à l'Empereur, à la princesse Auguste et à la reine Hortense ont été publiées, d'abord en 1857, par M. Planat de la Faye, puis dans la *Correspondance politique et militaire du prince Eugène*, t. IX, p. 300 à 316.

authentiques ne peuvent laisser de doute sur la conduite du Vice-Roi. »

La princesse Auguste partageait les sentiments de son époux ; le roi de Bavière lui-même ne put s'empêcher de féliciter le prince Eugène de son refus, lui assurant qu'il aimerait et estimerait mieux son gendre simple particulier, mais ayant mérité l'estime des honnêtes gens, que le front ceint d'une couronne qu'aurait souillée une lâche trahison. Jamais, d'ailleurs, ce digne prince ne sut mettre en balance ses devoirs et son honneur avec ses intérêts. En refusant avec indignation cette couronne d'Italie qu'il était cependant si digne de porter, ses paroles nobles et touchantes arrachèrent des témoignages de regret et d'admiration au prince de la Tour et Taxis et même au général Hiller.

Le prince Eugène en rendit compte à l'Empereur, mais il le fit dans les termes simples et modestes que lui dictaient les sentiments qui l'animaient, et comme le fait un homme qui ne voit dans sa conduite que l'accomplissement d'un devoir.

Il écrivit ensuite à sa sœur bien-aimée, la reine Hortense, une lettre dans laquelle son âme s'épanche avec tout l'abandon de l'amitié fraternelle. Cette lettre, datée de Vérone, le 9 novembre 1813, suffirait à elle seule pour confondre les détracteurs de ce noble prince ; elle appartient désormais à l'histoire, et nous la reproduisons :

« Ma bonne sœur, depuis huit jours j'ai le projet de t'écrire, et, chaque jour, une nouvelle occupation vient me déranger. J'avais pourtant besoin de te mander ce qui m'est arrivé la semaine dernière. Un parlementaire autrichien demande avec instance, à nos avant-postes, de pouvoir me remettre lui-même des papiers très-importants. J'étais justement à cheval; je m'y rends, et je trouve un aide de camp du roi de Bavière qui avait été sous mes ordres pendant la campagne dernière. Il était chargé, de la part du Roi, de me faire les plus belles propositions pour moi et pour ma famille, et m'assurait d'avance que les souverains coalisés approuvaient que je m'entendisse avec le Roi pour m'assurer la couronne d'Italie. Il y avait aussi un grand assaisonnement d'estime, etc., etc.

« Tout cela eût été bien séduisant pour tout autre que pour moi. J'ai répondu à toutes ces propositions comme je le devais, et le jeune envoyé est parti, m'a-t-il dit, rempli d'admiration pour mon caractère. J'ai cru devoir rendre compte de tout à l'Empereur, en mettant, toutefois, de côté les compliments qui ne s'adressaient qu'à moi. J'aime à penser, ma bonne sœur, que tu aurais approuvé toute notre conversation si tu avais pu l'entendre. Ce qui, pour moi, est la plus belle récompense, c'est de voir que si ceux que je sers ne peuvent me refuser ni leur confiance, ni leur estime, ma conduite a pu gagner celle de mes ennemis.

« Adieu, ma bonne sœur, ton frère sera dans tous les temps digne de toi et de sa famille, et je ne saurais te dire assez combien je suis heureux des sentiments de ma femme, en cette circonstance. Elle a tout à fait suspendu ses relations directes avec sa famille depuis la déclaration de la Bavière contre la France, et elle s'est réellement conduite divinement pour l'Empereur.

« Je t'embrasse, ainsi que tes enfants [1], et je suis pour toujours ton bon frère et meilleur ami. »

En refusant la couronne que lui offraient les ennemis de son pays, le prince Eugène, nous le répétons, ne croyait faire, et ne faisait, en effet, que son devoir; mais à cette heure des lâches trahisons, la fidélité n'était pas un mérite vulgaire. Jamais on n'a vu repousser avec une aussi noble indignation une couronne, offerte par les ennemis de la France, il est vrai, mais depuis si longtemps promise par l'Empereur, qui alors regrettait sans doute de ne plus pouvoir la donner à son fils adoptif, si digne de la porter.

Sous l'impression des offres qui lui étaient faites par les souverains alliés, le prince Eugène adressa à la Vice-Reine une lettre qu'il terminait ainsi : « Dans quel

[1] La reine Hortense n'avait plus que deux enfants à cette époque. Son fils aîné était mort à La Haye, le 5 mai 1807, à l'âge de cinq ans. Son second fils succomba à Forli, le 17 mars 1831. Napoléon III est le seul survivant des trois enfants qu'eut la sœur du prince Eugène.

temps vivons-nous, et comme on dégrade l'éclat d'un trône en exigeant pour y monter, lâcheté, ingratitude et trahison ! Va, je ne serai jamais roi ! »

Napoléon écrivit au prince Eugène d'essayer, au moyen de la cession de Palma-Nova et d'Osopo, d'obtenir un armistice.

Il eut, à ce sujet, une entrevue avec le maréchal de Bellegarde, qui, en refusant l'armistice, renouvela au Vice-Roi les propositions qui déjà lui avaient été faites par le prince de Taxis et le général Hiller. Indigné de ces honteuses tentatives, le prince Eugène mit fin à cet entretien, en disant : « On ne veut donc que des traîtres !.... j'espère bien que je ne serai jamais roi, s'il faut l'être à ce prix. »

Après avoir repoussé l'ennemi de plusieurs marches dans la vallée de l'Adige, du côté de Roveredo, le Vice-Roi forma le projet de se porter sur lui par la route de Vicence. Le 15, eut lieu le combat de Caldiéro, dont le prince Eugène rend compte le même jour, en ces termes, au duc de Feltre, ministre de la guerre : « Mon attaque devait avoir lieu le 14, mais le mauvais temps l'a retardée jusqu'à aujourd'hui 15, que j'ai fait déboucher de Vérone une partie des troupes sur trois colonnes.... Nous avons trouvé l'ennemi occupant les hauteurs de Caldiéro, au nombre d'environ dix mille hommes. Il a été attaqué franchement, et malgré sa vive résistance, le village d'Ilasi, celui de Colognola et les mamelons de Caldiéro ont été successivement emportés aux cris de : *Vive l'Empereur !* L'ennemi, poursuivi dans la plaine, a été rejeté jusqu'au delà du torrent de l'Alpon, et dans le défilé notre artillerie lui a fait beaucoup de mal. Il a eu plus de 1,500 hommes tués ou blessés, et 900 prisonniers sont restés en notre pouvoir. Les généraux et les troupes se sont parfaitement conduits.... En attendant que les rapports des généraux me mettent à même de vous faire connaître les braves qui se sont distingués, je dois nommer le général de brigade Jeanin, le colonel Grobon, et le lieutenant Charbonnier, du 31ᵉ de chasseurs. Notre perte est modérée comparativement à celle de l'ennemi ; nous n'avons eu qu'environ 500 hommes hors de combat; malheureusement il s'y trouve au moins 30 officiers, parmi lesquels il y a déjà, à ma connaissance, 6 officiers supérieurs; mais la journée coûte certainement à l'ennemi de 2,200 à 2,400 hommes. »

Après ce combat, le Vice-Roi, ne voulant négliger aucun moyen pour conserver l'Italie à l'Empereur, organisa des bataillons de volontaires, et hâta la levée de l'armée de réserve.

S'attendant à voir, d'un jour à l'autre, Murat déserter la cause de la France, et craignant d'avoir deux armées sur les bras, celle des Autrichiens et celle des Napolitains, le prince Eugène crut devoir abandonner la ligne de l'Adige pour prendre celle du Mincio. Puis,

LE PRINCE EUGÈNE

lorsqu'il vit sa petite armée sur la rive droite du Mincio, sa gauche appuyée à Peschiera, sa droite à Mantoue, il résolut de faire repentir les Napolitains de leur félonie, car leur conduite à Bologne, à Ancône et à Rome indiquait assez clairement leur esprit d'hostilité.

Mais avant de se jeter sur ces traîtres, il fallait mettre le comte de Bellegarde, commandant en chef l'armée autrichienne, dans l'impuissance d'agir sur le Mincio. Pour atteindre ce but, une bataille devait être livrée. Le prince Eugène n'hésita pas et fixa son attaque pour la journée du 8 février.

Il repassa donc le Mincio à cette date.

Dès onze heures du matin, son avant-garde couvrait la plaine près de Roverbella et repoussa avec vigueur toutes les attaques de l'ennemi.

A quatre heures après midi, le village de Pozzolo fut enlevé avec un élan incroyable, malgré une vive résistance, et l'ennemi, qui avait commencé des préparatifs de ponts, fut forcé de les abandonner. La nuit surprit nos soldats sous les hauteurs de Valeggio et mit fin à cette lutte acharnée.

Dans cette glorieuse journée les Autrichiens perdirent cinq mille hommes tués ou blessés, et on leur fit deux mille cinq cents prisonniers.

Le lendemain de cette bataille, le prince Eugène en rendit compte en ces termes à l'Empereur : « Sire, je viens d'avoir le bonheur de remporter un avantage assez marqué sur l'ennemi au moment où il s'apprêtait à passer le Mincio. J'envoie à Votre Majesté mon aide de camp Tascher, qui aura l'honneur de lui rendre compte de tous les détails de cette affaire. Je regrette toutefois que les résultats n'en aient point été assez décisifs pour l'avenir. Si j'avais pu repousser les Autrichiens jusqu'au-delà de Vérone, mon projet aurait été de déboucher aussitôt par Borgo-Forte sur votre nouvel ennemi et de lui faire évacuer les départements qu'il a envahis. »

IX

Mais tandis que le Vice-Roi, avec une armée affaiblie par des combats journaliers et inférieure de plus des deux tiers aux armées réunies du comte de Bellegarde et du roi de Naples, arrêtait, au grand étonnement de la nation, ses adversaires sur le Mincio et sur le Pô ; tandis que, par ses talents et par son dévouement, il préservait ainsi la capitale du royaume de toute invasion, une coterie d'hommes mécontents se formait à Milan et cherchait à désaffectionner le peuple italien envers son bienfaiteur. L'Autriche, au moyen de ses agents, s'efforçait de corrompre l'esprit public et de le ramener à elle en créant des dangers imaginaires.

Le prince Eugène était exactement informé des réunions secrètes de cette coterie, des projets qui s'y méditaient, et bien que son noble cœur en souffrît, il allait prendre des mesures énergiques, mais bientôt inutiles, hélas, pour les combattre.

Sur ces entrefaites, le comte Louis de Tascher de la Pagerie rentra au quartier général du Vice-Roi après avoir rempli sa mission auprès de l'Empereur, à qui il avait fait connaître le résultat de la bataille du Mincio. Le prince Eugène recueillit avec le plus vif empressement les nouvelles que le jeune envoyé apportait de France ; il avait eu l'honneur de remettre ses dépêches à l'Empereur sur le champ de bataille de Montmirail. Napoléon était en ce moment très-satisfait des succès qu'il venait d'obtenir sur les armées alliées, et après avoir donné ses instructions au comte de Tascher de la Pagerie, il le quitta en lui disant : « Apprends à Eugène comment je traite mes ennemis ici, *et dis-lui qu'il tienne ferme en Italie.* »

Ces dernières paroles sont en tout point conformes aux intentions exprimées dans la lettre suivante, datée de Nangis, le 18 février 1814, que Napoléon adressa à son fils adoptif : « J'ai reçu votre lettre du 9 février. J'ai vu avec plaisir les avantages que vous avez obtenus ; s'ils avaient été un peu plus décisifs et que l'ennemi se fût plus compromis, nous aurions pu garder l'Italie. Tascher vous fera connaître l'état des choses ici ; j'ai détruit l'armée de Silesie, composée de Russes et de Prussiens ; j'ai commencé, hier, à battre Schwarzenberg ; j'ai, dans ces quatre jours, fait trente à quarante mille prisonniers, pris une vingtaine de généraux, cinq à six cents officiers, cent cinquante à deux cents pièces de canon, et une immense quantité de bagages. Je n'ai perdu presque personne. La cavalerie ennemie est à bas ; leurs chevaux sont morts de fatigue, ils sont beaucoup diminués ; d'ailleurs, ils se sont trop étendus. Il est donc possible, si la fortune continue à nous sourire, que l'ennemi soit rejeté en un grand désordre hors de nos frontières, *et que nous puissions alors conserver l'Italie.* »

Cette pensée de conserver l'Italie fut confirmée par l'ordre formel que porta au Vice-Roi le comte Tascher de la part de l'Empereur. Sa Majesté ne pouvait choisir un meilleur et plus fidèle interprète de ses volontés. Cousin germain de l'impératrice Joséphine, le comte Tascher de la Pagerie était sorti de l'école militaire de Fontainebleau pour entrer en qualité de sous-lieutenant dans le 4ᵉ de ligne. Ce fut le point de départ de sa carrière si bien remplie. Aide de camp en même temps que parent et ami du prince Eugène, il fit avec lui toutes les campagnes d'Italie et de Russie, et lui resta attaché jusqu'à sa mort.

LE PRINCE EUGÈNE

Le rapport remis par le comte Tascher au Vice-Roi[1] donne des éclaircissements très-curieux en même temps que très-complets sur l'objet de sa mission en 1814. Nous nous bornons à en reproduire quelques passages : « Le 16 février, écrit-il, je suis reparti à une heure de l'après-midi pour me rendre au quartier général impérial, que j'ai trouvé à Guignes. J'ai été aussitôt admis chez l'Empereur et accueilli on ne peut mieux par Sa Majesté, qui, d'abord, m'a demandé si en passant à Paris et dans les villes et villages sur ma route, j'avais répandu la nouvelle de la victoire du Vice-Roi. Sur ma réponse affirmative, Sa Majesté m'a dit : « C'est bien fait. » Puis, Elle m'a demandé : « Quels sont les résultats de la bataille du Mincio ? L'armée a-t-elle beaucoup perdu ? Pourquoi Eugène n'a-t-il pas continué à poursuivre à outrance l'armée du maréchal de Bellegarde ? Quel est l'esprit de l'armée d'Italie ? Les soldats italiens se battent-ils bien ? La population est-elle tranquille et animée de bons sentiments ? » Après avoir répondu à toutes ces questions et être entré dans les détails techniques des opérations militaires, le comte Tascher ajouta : « Mais la population est inquiète, agitée ; elle est tourmentée par les agents

---

[1] Un extrait de ce document a été publié, en 1857, par M. Planat de la Faye, et le rapport a été reproduit *in extenso* dans la *Correspondance politique et militaire du prince Eugène*, t. X, p. 104 et suivantes.

autrichiens qui trouvent, dans les nobles de Milan surtout, de puissants protecteurs. Une ou deux belles victoires de Votre Majesté remettront tout en ordre. » Napoléon le regarda en souriant et lui dit : « Ah ! tu crois ? » Il lui donna ensuite l'ordre d'aller se reposer et de rester à son quartier général, puis il ajouta : « Demain ou après-demain, nous aurons une belle affaire, et tu verras que les soldats de la Grande-Armée se battent aussi bien que ceux de l'armée d'Italie. »

Le 18 février 1814, après avoir mis l'armée ennemie en déroute complète, l'Empereur établit son quartier général à Nangis et fit appeler à son bivac le comte Tascher. En l'apercevant, il s'écria : « Eh ! bien, Tascher, tu vois que nous faisons aussi de la belle besogne ; demain tu verras encore une plus belle affaire, et tu en apporteras la nouvelle au Vice-Roi. Tu partiras tout de suite pour retourner en Italie ; tu ne t'arrêteras à Paris que quelques heures pour y voir ta femme sans communiquer avec qui que ce soit. Tu diras à Eugène que j'ai été vainqueur à Champaubert, à Montmirail, du meilleur des troupes de la coalition ; que Schwarzenberg m'a fait demander, cette nuit, par un de ses aides de camp, un armistice, mais que je n'en suis pas dupe, car c'est pour me leurrer et gagner du temps ; tu lui diras aussi que si les ordres qui ont été donnés dès hier au maréchal Victor, de se porter sur Melun et sur Montereau, avaient été ponctuellement exécutés, il en serait résulté la perte du corps bavarois et des Wurtembergeois, pris au dépourvu par ce mouvement, et qu'alors n'ayant plus devant lui que des Autrichiens, qui sont de médiocres soldats, il les aurait menés à coups de fouet de poste ; mais que rien de ce qui a été ordonné n'ayant été fait, il fallait recourir à de nouvelles chances. »

L'Empereur ajouta encore : « *Tu diras à Eugène que je lui donne l'ordre de garder l'Italie le plus longtemps possible* [1], et de s'y défendre ; qu'il ne s'occupe pas de l'armée napolitaine, composée de mauvais soldats, ni du roi de Naples qui est un fou et un ingrat. En cas qu'il soit obligé de céder du terrain, de ne laisser dans les places fortes qu'il sera forcé d'abandonner, que juste le nombre de soldats italiens nécessaires pour en faire le service, de ne perdre du terrain que pied à pied, en le défendant ; et qu'enfin, s'il était serré de trop près, de réunir tous ses moyens, de se retirer sous les murs de Milan, d'y livrer bataille. Que s'il est vaincu, d'opérer sa retraite sur les Alpes comme il le pourra, et de ne céder le terrain qu'à la dernière extrémité. Dis à Eugène que je suis content de lui ; qu'il témoigne ma satisfaction à l'armée d'Italie, et que sur toute la ligne il fasse tirer cent coups de canon en ré-

---

[1] Cet ordre infirme les assertions du maréchal Marmont et du général d'Anthouard relatives à des instructions que l'Empereur aurait données au Vice-Roi pour l'évacuation de l'Italie.

jouissance des victoires de Champaubert et de Montmirail. A Lyon, tu verras le préfet. Tu diras au maréchal Augereau qui y commande et a près de douze mille hommes de vieux soldats, y compris le 13e de cuirassiers et le 4e de hussards, d'y réunir les nouvelles levées, les gardes nationales, la gendarmerie, de marcher sur-le-champ, tête baissée, sur Mâcon et Châlon, sans s'occuper des mouvements de l'ennemi sur sa droite ; qu'il n'aura à combattre que le corps du prince de Hesse-Hombourg, composé de troupes des nouvelles levées des petits princes allemands, et commandé par des officiers de la noblesse allemande, sans expérience de la guerre ; qu'il doit les vaincre, et ne pas s'effrayer du nombre. A Turin, tu diras au prince Borghèse de contremander l'évacuation de la Toscane s'il en est encore temps, mais dans le cas contraire, d'arrêter les troupes dans leur mouvement, de défendre les différentes positions en avant de la ville de Gênes, de mettre cette ville dans un état imposant de défense, et de donner connaissance de ces dispositions au Vice-Roi. »

Après avoir reçu ces instructions importantes de l'Empereur, le comte Tascher, qui avait obtenu de Sa Majesté le grade de colonel, partit au moment où le canon grondait à Montereau.

A son passage à Paris, il vit en secret, malgré les ordres de l'Empereur, la reine Hortense qu'il trouva heureuse des succès de son frère, mais inquiète de l'avenir. Puis il se rendit à Lyon, où il arriva le 22 février avant huit heures du matin. Après avoir vu le comte de Bondy, préfet du Rhône, il se rendit chez le maréchal Augereau, qui, l'ayant d'abord écouté assez tranquillement, s'écria tout à coup en gesticulant et jurant : « As-tu des ordres écrits pour moi ? Pour qui me prend-on ? Suis-je donc un caporal que l'on fait marcher à la baguette ? Je sais ce que je dois faire ! » Blessé de cette apostrophe, le comte Tascher lui répondit : « Monsieur le maréchal, je n'ai pas d'ordre écrit pour vous de l'Empereur, comme vous paraissez le désirer ; mais comme cousin germain de l'impératrice Joséphine et colonel aide de camp de Son Altesse Impériale le prince Vice-Roi d'Italie, son fils, et ayant, j'ose le croire, sa confiance, j'ai pu recevoir aussi pour vous des ordres verbaux, comme j'en ai reçu également pour le prince Vice-Roi et pour le prince Borghèse, et vous les transmettre au nom de Sa Majesté. Vous en ferez ce que vous voudrez, car dès ce moment je regarde ma mission comme remplie. Je vais de ce pas informer M. le comte de Bondy de ce qui vient de se passer, et je repars pour l'Italie. »

Comme on le voit, le maréchal Augereau ne comprit pas ou ne voulut pas comprendre les instructions formelles que lui transmettait l'Empereur.

Quant au prince Eugène, il est manifeste, d'après

ce qui précède, qu'il avait reçu de l'Empereur, en dernier lieu, l'ordre formel de se défendre jusqu'à la fin et tant qu'il pourrait en Italie.

Dans cet état de choses, le prince Eugène reconnut que ce qu'il avait de mieux à faire, c'était de chercher à se maintenir dans ses positions sur le Mincio et de se concentrer de plus en plus, afin de pouvoir attendre avec moins de danger le résultat des efforts de Napoléon ou des négociations de sa diplomatie. En conséquence, il fit lui-même une reconnaissance générale sur toute sa ligne, et vint établir son quartier général à Mantoue.

Au milieu de ses graves préoccupations, le prince Eugène voyait sa femme très-avancée dans sa nouvelle grossesse. Effrayé de l'idée que la princesse serait obligée de partir dans les plus fâcheuses conditions, si l'armée venait à faire un mouvement rétrograde, il crut pouvoir demander au général en chef autrichien, le cas échéant, et s'il y avait danger pour la vie de la princesse, l'autorisation pour elle de rester à Milan et la libre faculté de le rejoindre après ses couches. Le maréchal de Bellegarde s'empressa d'assurer le prince Eugène que tout se passerait comme il le désirait à cet égard.

Cette démarche toute naturelle du Vice-Roi fut mal interprétée, à dessein, par certaines gens qui s'étaient donné pour mission auprès de l'Empereur de masquer leur propre trahison sous des apparences de dévouement et de fidélité à toute épreuve.

Napoléon, cédant un instant aux insinuations malveillantes qui lui étaient faites, écrivit au prince Eugène, le 19 février, de Surville, près Montereau, la lettre que voici : « Mon fils, il est nécessaire que la Vice-Reine se rende sans délai à Paris pour y faire ses couches ; mon intention étant que, dans aucun cas, elle ne reste dans le pays occupé par l'ennemi. Faites la donc partir sur-le-champ. Je vous ai expédié Tascher ; il vous fera connaître les événements qui ont eu lieu avant son départ. Depuis, j'ai battu Wittgenstein au combat de Nangis ; je lui ai fait quatre mille prisonniers russes et pris du canon et des drapeaux, et surtout j'ai enlevé à l'ennemi ses ponts de Montereau sans qu'il ait pu les brûler. »

Cette lettre était d'autant plus blessante pour le Vice-Roi, qu'au milieu de toutes les défections qui s'accumulaient autour de l'Empereur, il restait inébranlable dans l'accomplissement de ses devoirs en persistant à servir sa patrie et son souverain jusqu'à la dernière goutte de son sang.

Le 27 février 1814, le prince Eugène répondit en ces termes à Napoléon : « Sire, j'ai reçu ce matin les ordres de Votre Majesté, en date du 19, concernant le départ de la Vice-Reine de Milan. J'ai été profondément affligé de voir, par la forme de cet ordre, que Votre

Majesté s'était méprise sur mes véritables intentions en pensant que j'eusse jamais eu celle de laisser la Vice-Reine dans les lieux qu'avaient occupés les ennemis de Votre Majesté, à moins d'un obstacle physique. Je croyais, par toute ma conduite, avoir mérité que Votre Majesté ne mît plus mes sentiments en doute. La santé de ma femme a été très-mauvaise depuis trois mois ; les derniers événements, en redoublant ses inquiétudes, avaient encore aggravé son mal. Je vais lui communiquer les intentions de Votre Majesté, et dès que sa santé le lui permettra, elles seront remplies. Je le répète, Sire, elles ne pouvaient nous chagriner que par les motifs injustes qui vous les auraient suggérées et qui sont étrangers, j'ose le dire, à votre cœur paternel. »

Un voyage aussi long que celui de Milan à Paris était bien difficile à tenter pour la Vice-Reine, dans la situation où elle se trouvait. Elle se décida, de concert avec son mari, à se renfermer dans Mantoue. Cette décision mit fin à tous les bruits injurieux répandus par la calomnie.

Dans ses *Notices historiques*, le baron Darnay dit que « c'était un spectacle tout à fait attendrissant que ce noble dévouement d'une jeune et belle princesse qui venait courageusement se placer sous l'égide tutélaire de son illustre époux, au milieu d'une place forte prête à être attaquée, au bruit des armes, et en présence d'ennemis trois fois plus nombreux que l'armée du jeune et savant chef qui, après les avoir vaincus tour à tour, les tenait encore à une distance respectueuse de lui. »

X

Cependant, des bruits alarmants se répandaient à Milan et dans les provinces qui n'étaient point encore occupées par l'ennemi. On annonçait partout que Napoléon, vaincu, avait perdu sa capitale. Le service des courriers et des estafettes de Paris, et même de Lyon à Milan se trouvait tout à fait interrompu. Plus les bruits devenaient sinistres, plus l'esprit de rébellion se manifestait, à Milan, dans les coteries gagnées à l'Autriche.

Le général Pino, dont le nom exerçait une grande influence sur les Milanais, s'était associé à quelques nobles, mais toutes leurs menées étaient dévoilées au Vice-Roi qui songeait à prendre des mesures rigoureuses pour les faire cesser, lorsque la nouvelle de l'entrée des alliés à Paris lui parvint indirectement. C'était le 13 avril 1814.

Le même jour, la Vice-Reine avait mis au monde une jeune princesse dont la naissance ne fut saluée que par les salves d'artillerie qui annonçaient sur toute la ligne des Autrichiens la capitulation de Paris.

Le lendemain, le prince Eugène recevait du roi de Bavière, son beau-père, une lettre datée de Munich, le 11 avril 1814, de laquelle nous extrayons ce qui suit :
« Jusqu'ici je n'ai pu qu'approuver, mon cher ami, la loyauté de votre conduite ; je dis plus, elle m'a rendu fier d'avoir un tel fils. Actuellement que tout a changé de face, comme vous le verrez par l'imprimé ci-joint, vous pouvez quitter la partie sans vous déshonorer. Vous le devez à votre femme et à vos enfants. Un courrier, qui m'est arrivé cette nuit, m'a apporté la nouvelle que *Marmont a passé chez nous avec six mille hommes d'infanterie, deux mille chevaux et vingt pièces de canon...* »

Enfin, le 16 avril, les généraux Wartenberg et de Niepper vinrent en parlementaires auprès du Prince et lui annoncèrent les grands événements de France. Le premier de ces généraux était un aide de camp du roi de Bavière connu du prince Eugène. C'était pour ce dernier la triste garantie de la vérité des faits annoncés par ces deux officiers généraux.

Dans ces déplorables circonstances, le prince Eugène ne pouvait plus songer à lutter contre un ennemi qui l'enveloppait de toutes parts. La défection de Murat avait considérablement ajouté aux embarras de sa position. A cette époque, son armée, appauvrie par les garnisons qu'il avait dû laisser dans les diverses places menacées, était réduite à vingt-huit mille hommes, et il avait contre lui soixante-dix mille Autrichiens, vingt-cinq mille Napolitains, et huit à dix mille Anglais qui s'étaient emparés de Livourne.

Dans de telles circonstances, disons-nous, le prince Eugène n'avait d'autre parti à prendre que de faire une convention avec le maréchal de Bellegarde, et il s'y résigna.

Aux termes de cette convention, qui fut signée le 17 avril 1814, une suspension d'armes fut consentie, et les troupes françaises furent appelées à rentrer dans les limites de l'ancienne France, au delà des Alpes. Quant aux troupes italiennes commandées par le Vice-Roi, elles durent continuer à tenir la partie du royaume d'Italie non occupée par les troupes alliées.

Le même jour, le prince Eugène remit le commandement au général Grenier et fit ses adieux aux Français de son armée par la proclamation suivante :

« Soldats français, de longs malheurs ont pesé sur notre patrie. La France cherchant un remède à ses maux sous son antique égide, le sentiment de toutes ses souffrances s'efface déjà pour elle, dans l'espoir si nécessaire du repos après tant d'agitations. En apprenant la nouvelle de ces grands changements, votre premier regard s'est porté vers cette mère chérie qui vous rappelle dans son sein. Soldats français, vous allez reprendre le chemin de vos foyers. Il m'eût été bien doux de pouvoir vous y ramener. Dans d'autres circonstances je n'aurais cédé à personne le soin de conduire au terme du repos les braves qui ont suivi avec un dévouement si noble et si constant les sentiers de la gloire et de l'honneur. Mais il est d'autres devoirs qui m'ordonnent de me séparer de vous.

« Un peuple bon, généreux, fidèle, a des droits sur le restant de mon existence que je lui ai consacrée depuis dix ans. Aussi longtemps qu'il me sera permis de m'occuper de son bonheur, qui fut toujours l'occupation la plus chère de ma vie, je ne demande pour moi aucune autre destination.

« Soldats français, en restant encore auprès de ce peuple, soyez certain que je n'oublierai jamais la confiance que vous m'avez témoignée au milieu des dangers ainsi que dans les circonstances politiques les plus épineuses, et que mon attachement et ma reconnaissance vous suivront partout ainsi que l'amour et l'estime du peuple italien. »

Cette proclamation exprime les profonds regrets qu'éprouva le prince Eugène de ne pouvoir ramener dans la patrie commune les braves soldats qu'il avait si souvent conduits à la victoire ; elle faisait connaître aussi les tristes devoirs qui étaient imposés au Vice-

LE PRINCE EUGÈNE

Roi par la situation difficile dans laquelle les événements le plaçaient. « Mais quelques esprits dénigrants, dit M. Du Casse [1], ont cherché à tirer de cette proclamation la conclusion : que le prince Eugène était un ambitieux qui songeait à régner en Italie ; qu'il était d'accord avec les alliés ; que par conséquent il avait trahi l'Empereur et la France. Il est très-facile d'expliquer encore ici la conduite toujours droite, loyale et franche du Vice-Roi.

« Le 17 avril 1814, lorsque le Prince fit ses adieux à la partie française de son armée, partie qu'il rendait à la France en vertu de la convention du même jour, il lui restait à veiller sur la partie italienne de cette armée et sur les peuples confiés à son gouvernement depuis l'établissement du royaume. Il ne connaissait encore que la capitulation de Paris ; il ignorait le traité de Fontainebleau. Était-il libre vis-à-vis du peuple italien ? Avait-il le droit d'abandonner son mandat ? Il ne le pensa pas. Son poste était en Italie. Sentinelle fidèle et vigilante, il crut devoir rester à ce poste, tant qu'il ne serait pas relevé par l'Empereur de qui seul il tenait sa vice-royauté. Eugène n'était pas seulement lieutenant de Napoléon comme général, il l'était encore comme délégué du roi d'Italie. »

[1] *Correspondance politique et militaire du prince Eugène*, t. X, p. 169.

Tout ce que l'Italie comptait d'honnête et de loyal eût désiré voir nommer le prince Eugène roi de ce pays, ou conserver tout au moins sa vice-royauté. Mais une faction puissante qui appartenait à l'Autriche, aidée de quelques dignitaires du royaume, songeait depuis deux ans à faire tourner les événements au profit de cette puissance.

La catastrophe de 1812 avait produit en Italie une sensation douloureuse et pénible ; cependant, le général de Vaudoncourt assure que « bien loin de faire naître aux citoyens le désir de bouleverser l'État, par une révolution, elle inspira à tous le sentiment de se rallier unanimement autour du gouvernement, et de le soutenir en lui fournissant les moyens de se défendre. »

Mais laissons parler un écrivain italien, le sénateur comte Armaroli, dont les opinions doivent avoir un grand crédit, en raison du rang qu'il occupait [1]. « Les Italiens furent encore stimulés par l'espérance de voir cesser, à la paix générale, l'état provisoire d'un gouvernement par procuration et par l'organe d'un Vice-Roi, et de voir passer la couronne indépendante sur la tête du prince Eugène. Il n'y a pas de doute qu'à cette époque (1813), le prince Eugène ne réunît

---

[1] *Sulla Revoluzione di Milano*. Paris, 1814, chez Barrois aîné, libraire-éditeur.

l'amour et le désir des sujets. Il n'y a pas de doute qu'il ne fût considéré comme administrateur habile et zélé ; comme un homme d'État consommé ; comme un général d'armée valeureux et prudent, élevé à une grande école. A ces sentiments se joignait encore la respectueuse affection que s'était conciliée la princesse Auguste, son épouse, à qui tous portaient le tribut de leurs hommages, soit pour sa piété et ses vertus, soit pour ses grâces et son amabilité, soit pour les bienfaits qu'elle répandait, à pleines mains, sur les indigents qui la considéraient comme leur mère et leur providence. »

Ce vœu, en effet, était alors devenu public, car personne ne s'en cachait. L'armée elle-même ne balança pas à s'exprimer, et, peu de jours après la conclusion de la convention du 17 avril 1814, relative à l'évacuation de l'Italie par les troupes françaises, les généraux Fontanelli et Bertoletti furent chargés par elle de le présenter aux puissances coalisées ; mais l'Autriche, qui se préparait déjà à faire tourner à son profit la chute du royaume d'Italie, fit écarter la candidature du prince Eugène.

Le Sénat italien devait se réunir le 20 avril pour délibérer sur les dispositions à prendre en vue d'assurer l'intégrité et l'indépendance du royaume. C'est ce jour-là que choisirent les factieux pour renverser le gouvernement du prince Eugène.

La salle du Sénat fut envahie par des forcenés qui mirent en pièces tableaux, portraits, livres et registres. Puis, en sortant du Sénat, cette bande furieuse pénétra dans l'hôtel du comte Prina, ministre des finances, et l'assassina après s'être livrée au pillage et aux actes les plus blâmables.

Le résultat de ces scènes déplorables fut une anarchie complète. Dans l'enquête qui fut faite à la suite de ces tristes événements, il demeura prouvé que le ministre Prina, dont la probité était parfaite, avait été tué par des gens bien mis et décorés.

En même temps que le prince Eugène apprenait à Mantoue ce qui venait de se passer à Milan, il eut officiellement connaissance du traité de Fontainebleau par lequel Napoléon renonçait, pour lui et ses successeurs, à la couronne d'Italie. Il lui fut en même temps notifié que le royaume d'Italie devait être occupé au nom des coalisés par l'armée autrichienne.

La mission du prince Eugène se trouvait ainsi terminée, puisque le sort de l'Italie paraissait déjà fixé par les puissances alliées.

Une seconde convention fut donc conclue entre lui et le maréchal de Bellegarde, le 24 avril 1814, pour remettre aux troupes autrichiennes toutes les places de guerre, forteresses et forts du royaume d'Italie qui n'étaient pas encore occupées par les forces de la coalition. Il fut stipulé que les troupes italiennes con-

LE PRINCE EUGÈNE

serveraient leur organisation actuelle jusqu'au moment où les puissances alliées auraient décidé de leur sort.

Le 26 avril, le prince Eugène adressa au peuple italien une proclamation aussi digne que touchante, qui fut en même temps ses adieux à la vie politique, et dont voici la dernière partie :

« Peuple du royaume, en quelque lieu que la providence me place, le cours de mes affections ne peut plus changer. Depuis longtemps le premier objet de mes vœux ne pouvait plus être que votre félicité. Italiens ! Soyez donc heureux ! Vous pouvez me devenir étrangers, mais indifférents, jamais... Partout, il faudra que pour jouir sans mélange du souvenir du temps que j'aurai vécu parmi vous, j'écarte de moi le souvenir des circonstances où je vous aurai quittés.

« Et vous, brave armée italienne, soldats dont j'emporte à jamais gravés dans mon cœur tous les traits, toutes les blessures, tous les services !... ces blessures reçues sous mes yeux !... ces services dont je vous ai procuré les justes récompenses !... Peut-être ne me verrez-vous plus à votre tête et dans vos rangs ; peut-être n'entendrai-je plus vos acclamations ! mais si jamais la patrie vous rappelle aux armes, j'en suis sûr, braves soldats, vous aimerez encore au fort du danger à vous rappeler le nom d'Eugène. »

Le Vice-Roi ne se sépara de ses compagnons d'armes qu'après avoir reçu d'eux les marques publiques de leur respectueux attachement, de leur profonde estime. Les chefs de l'armée qui allait rentrer en France, signèrent une adresse qui était l'expression sincère et unanime des sentiments de toutes les troupes pour le prince Eugène. Cette adresse se terminait par ces mots : « L'armée d'Italie se glorifiera toujours de son chef. Avoir servi sous Votre Altesse Impériale est devenu un titre d'honneur. »

Le général d'Anthouard qui, plus tard, et nous dirons pourquoi, chercha à ternir la réputation, le caractère du Prince dont il avait été longtemps le premier aide de camp, ne se contenta pas de signer cette adresse avec les autres généraux; dans une lettre datée du 18 avril 1814, il lui disait :

« *Je crois que Votre Altesse Impériale jouira en* « *paix de l'estime qu'elle a commandée et de la con-* « *duite superbe qu'elle n'a cessé de tenir, et qui sera* « *dans tous les temps un modèle aux souverains, aux* « *grands et aux particuliers.*

« *Votre Altesse Impériale trouvera naturel que je* « *me glorifie dans tous les temps d'avoir été son aide* « *de camp. Je la prie d'oublier les mécontentements* « *que je puis parfois lui avoir donnés, et de ne se* « *rappeler que le désir que j'avais de la bien* « *servir.* »

Tout commentaire serait superflu après une pareille citation. L'opinion publique a déjà, du reste, fait depuis longtemps, justice de la calomnie, et malgré les attaques dont il a été l'objet, le nom du prince Eugène est resté pur de toutes souillures.

Il était honnête et pur, en effet, le Prince qui quittait le royaume d'Italie laissant dans les caisses du trésor 2,700,000 francs de ses économies personnelles qu'il avait avancés, quelques mois auparavant, pour les besoins de l'armée.

De plus, les six palais impériaux d'Italie dans lesquels le prince Eugène avait placé des tableaux, des objets d'art de l'argenterie, etc., pour une valeur de plusieurs millions, furent également trouvés absolument intacts et ornés de toutes les richesses que le Vice-Roi y avait accumulées.

La maison entière du Vice-Roi, fidèle à son exemple, fit preuve du même désintéressement.

Après dix années de vice-royauté, les événements extraordinaires dont l'Europe fut le théâtre mirent un terme à la vie politique du prince Eugène au moment où il était dans toute la force de l'âge. Sous son gouvernement, l'Italie se transforma. L'administration, les finances, les arts, l'industrie, l'agriculture, le commerce, tout avait été créé ou perfectionné par lui, et tout y avait pris un rapide essor. L'armée, portée à soixante mille hommes, fut complétement organisée, et la création des écoles militaires fut pour elle une pépinière de bons officiers. Les travaux immenses des fortifications de Venise, de Mantoue et de Palma-Nova furent étudiés et exécutés par ses ordres. On lui doit encore l'organisation sur une base uniforme de l'ordre judiciaire. L'administration fut établie et régularisée avec tant d'ordre et d'économie que, malgré les charges qui pesaient sur le royaume, les ressources du trésor augmentaient chaque année. Les Universités de Padoue, de Bologne et de Pavie lui doivent leur rétablissement. Il fit ouvrir des lycées dans tous les départements, ainsi que les colléges des demoiselles de Milan et de Vérone. Il fonda le muséum de peinture de Milan qui, dès 1810, présageait la renaissance des beaux siècles de l'Italie. Il fit tracer et exécuter la superbe route du Simplon, creuser le canal de Milan à Pavie, et terminer la magnifique façade de la cathédrale de Milan, qui était commencée depuis des siècles. Il abolit aussi la mendicité en créant des établissements de charité.

Par tous ces bienfaits, le Vice-Roi s'était acquis des titres à la reconnaissance de l'Italie; aussi, partout, sur la route qu'ils suivirent pour se rendre à leur destination, le prince Eugène et sa noble femme furent acclamés par les populations, et c'est au milieu des témoignages de la plus ardente sympathie qu'ils entrèrent à Munich, terme de leur voyage.

CHAPITRE V.

I. Arrivée du prince Eugène à Paris. Accueil flatteur qu'il reçoit de Louis XVIII. Mort de l'impératrice Joséphine. Départ du prince Eugène pour le congrès de Vienne. Son intimité avec l'empereur Alexandre. Débarquement de Napoléon à Cannes. — II. Le congrès se sépare après avoir rendu au prince Eugène ses dotations. Le Prince se retire en Bavière. Le rang qu'il doit occuper à la cour est réglé par le Roi, qui lui confère aussi le titre de duc de Leuchtenberg. Le prince Eugène intervient auprès de l'empereur Alexandre pour faire adoucir le sort de Napoléon à Sainte-Hélène. Mort de Napoléon. Propositions faites au prince Eugène de la part du duc d'Orléans. — III. Vie privée du prince Eugène de 1815 à 1824. Il fait hâter, de concert avec la reine Hortense, la construction du monument funéraire consacré à la mémoire de l'impératrice Joséphine. Codicille du testament de Napoléon. — IV. Le prince Eugène est frappé d'une attaque d'apoplexie. Mariage de la princesse Joséphine avec le prince royal de Suède. Convalescence du prince Eugène. Il se rend en Thurgovie, auprès de la reine Hortense. — V. Mort du prince Eugène. Le deuil est général en Bavière. Regrets exprimés par Louis XVIII. Douleur de la reine Hortense. La population entière de Munich assiste aux funérailles du prince Eugène. D'après les intentions du Prince, le baron Darnay forme les archives de la maison ducale de Leuchtenberg. — VI. Tombeau du prince Eugène à Munich. Il est visité par tous les Français qui passent dans cette ville. Description du monument. Inscription qu'il porte.

I

Le Vice-Roi avait trouvé, à son arrivée à Munich, des lettres de l'impératrice Joséphine qui l'invitaient à se rendre à Paris pour veiller lui-même à la réalisation de la promesse qui lui avait été faite, par le traité de Fontainebleau, d'un établissement approprié à son rang et à la haute position qu'il occupait depuis 1805.

Il partit donc pour la France.

En arrivant à Paris, quelques jours avant la fin prématurée de son excellente mère, le prince Eugène fut rendre ses devoirs à Louis XVIII. « Lorsqu'il se présenta à la cour, dit M. Du Casse [1], on eut la maladresse de l'annoncer au Roi sous le nom de *marquis de Beauharnais*. Louis XVIII, se levant brusquement de son fauteuil et allant à sa rencontre, lui tendit affectueusement la main ; puis, se retournant avec un mouvement de mauvaise humeur bien marqué vers la personne qui avait introduit le Vice-Roi : « *Dites Son
« Altesse le prince Eugène, monsieur, s'écria-t-il, et
« ajoutez : grand connétable de France, si tel est son
« bon plaisir.* »

---

[1] *Correspondance politique militaire du prince Eugène*, t. X, p. 254 et 255.

Sans contester l'authenticité de cette anecdote, que garantit d'ailleurs M. Du Casse, nous constatons qu'elle témoigne de la sympathie qu'inspirait le Vice-Roi à la cour de France, où il avait été accueilli avec les plus grands égards; mais, si Louis XVIII lui avait donné des marques de son estime, il ne pouvait être question, toutefois, de modifier ce que le traité de Fontainebleau avait réglé, c'est-à-dire un établissement hors de France, le seul que le prince Eugène pût accepter dans les circonstances politiques où il se trouvait placé.

L'empereur Alexandre, qui avait conçu pour l'impératrice Joséphine et pour ses enfants les sentiments les plus affectueux, exprima le désir de visiter le château de Saint-Leu. L'impératrice Joséphine, la reine Hortense et le prince Eugène l'y reçurent le 14 mai 1814. Le tzar y vint sans cérémonie. Les seuls invités furent le duc de Vicence et la maréchale Ney.

On fit une promenade en char-à-bancs. Au retour, l'impératrice Joséphine se trouva fatiguée et rentra dans ses appartements.

A partir de ce jour-là, la mère du prince Eugène eut le pressentiment que sa fin devait être prochaine. Elle faisait tous ses efforts pour cacher à ses enfants ses souffrances morales; mais la chute de Napoléon l'avait frappée au cœur.

Le 29 mai, jour de la Pentecôte, elle expirait à la

suite d'une angine. Aucune expression ne saurait peindre la douleur de la reine Hortense et du prince Eugène.

Nous avons fait, dans une autre étude[1], un récit détaillé et authentique des derniers instants de l'impératrice Joséphine ; nous ne le reproduirons donc pas ici. Nous nous bornerons à dire que la Malmaison était la seule propriété laissée par la succession de l'Impératrice. C'était par le fait une charge pour ses héritiers bien plus qu'un revenu. Elle fut abandonnée au prince Eugène, qui eut ainsi à acquitter des dettes considérables.

Le domaine de Navarre, qui avait été érigé en duché par Napoléon, en faveur de l'impératrice Joséphine, était un majorat qui retournait également au prince Eugène, moins les bois environnants, dont la jouissance revint à l'État.

Le frère et la sœur se partagèrent les pensions à conserver. En outre, et afin de pouvoir distribuer des gratifications à la maison de l'Impératrice, qui se trouvait dissoute, la reine Hortense et le prince Eugène donnèrent chacun 100,000 francs qu'ils furent forcés d'emprunter, parce que depuis plusieurs mois ils ne recevaient plus rien du Trésor. Le prince Eugène se vit dans la nécessité d'engager les bijoux qui lui reve-

[1] *La Reine Hortense*, p. 325 à 350.

naient de sa mère, afin de se procurer cette somme en même temps que celle dont il avait besoin pour se rendre à Vienne, où il allait réclamer ses biens d'Italie qui avaient été mis sous le séquestre.

Arrivé à Munich, après avoir fait un court séjour aux eaux de Bade, où la duchesse de Saint-Leu [1] avait été le rejoindre, le prince Eugène prit ses dispositions pour se rendre au congrès de Vienne. Il partit le 25 septembre 1814, passant par Saltzbourg, afin de revoir Léoben, Bruck et le Sommering, qui avaient été pour lui, en 1809, le théâtre de glorieuses actions.

Le Prince arriva à Vienne le 29 septembre. Déjà la plupart des souverains et des ministres appelés au congrès se trouvaient réunis dans cette ville. Reçu dès le lendemain de son arrivée par l'empereur d'Autriche, qui lui fit l'accueil le plus cordial, le prince Eugène crut apercevoir dans le cours de ses visites un peu de froideur de la part de plusieurs grands personnages; mais ayant au plus haut degré le sentiment de sa dignité personnelle, il se retira à l'écart. Quelques jours après, l'empereur Alexandre arrivait à Vienne et allait, de sa personne, rendre visite au Vice-Roi. Aussitôt le prince Eugène devint l'objet des prévenances et des égards d'une infinité de grands personnages.

[1] Titre que porta la reine Hortense après la chute de l'Empire.

Cette faveur subite dont il était l'objet ne fit que s'accroître lorsqu'on vit la plus franche intimité s'établir entre le tzar et lui.

En dehors des courtisans qui gravitent toujours dans le cercle où la faveur a élu domicile, l'opinion publique était tout entière pour le prince Eugène, non à cause de l'intimité dont il se trouvait l'objet de la part d'un puissant souverain, mais pour son caractère aussi noble que loyal.

Tout à coup, au milieu des travaux et des fêtes du congrès, une nouvelle inattendue vint jeter la panique parmi les souverains alliés et leurs ministres : Napoléon avait quitté l'île d'Elbe et venait de débarquer en France.

Le jour où cette nouvelle fut apportée à Vienne, il y avait bal et comédie dans les appartements particuliers de l'impératrice d'Autriche ; les esprits restèrent stupéfaits et confondus ; tous les yeux cherchaient le prince Eugène, qui n'assistait pas à cette soirée. Quelques esprits malveillants donnèrent une interprétation douteuse à l'absence du Prince, qui n'apprit le retour de l'Empereur de l'île d'Elbe que vers minuit.

Le 20 mars 1815, la reine Hortense écrivait à son frère : « Mon cher Eugène, un enthousiasme dont tu n'as aucune idée, ramène l'Empereur en France. Je viens de le voir; il m'a reçue très-froidement. Je pense qu'il désapprouve mon séjour ici. Il m'a dit qu'il comptait sur toi et qu'il t'avait écrit de Lyon. Mon Dieu ! pourvu que nous n'ayons pas la guerre! Elle ne viendra pas, je l'espère, de l'empereur de Russie; il la désapprouvait tellement! Ah! parle-lui pour la paix, use de ton influence près de lui : c'est un besoin pour l'humanité! J'espère que je vais bientôt te revoir. J'ai été obligée de me cacher pendant douze jours, parce qu'on avait fait courir mille bruits sur moi. Adieu, je suis morte de fatigue. »

Cette lettre devint, au congrès de Vienne, une arme dont on voulut se servir pour démontrer la participation active de la Reine et de son frère aux événements politiques de 1815. Elle devait être remise au Prince par l'un de ses serviteurs qui, étant venu voir sa famille en France, retournait à Munich. Il fut arrêté à son passage à Stuttgard.

Mais voici, du reste, le fait tel que nous le trouvons raconté par le baron Darnay : « S. A. I. et R. madame la Vice-Reine avait accordé la permission à l'un de ses piqueurs, Français, d'aller en France voir sa famille. A l'expiration de son congé, ce piqueur pensa à revenir à Munich. Il alla, par respect comme par devoir, prendre les ordres de Madame la duchesse de Saint-Leu. Ce serviteur se mit en route avec un simple passe-port de retour. Arrivé à Stuttgard, la police, qui avait eu l'ordre de surveiller tous les voyageurs, interrogea ce piqueur; il avoua ingénûment qu'il était porteur de lettres pour le prince Eugène, son maître. La police wurtembergeoise crut voir dans ce simple serviteur un messager extraordinaire, et il fut conduit sous bonne escorte de Stuttgard à Vienne. On fit grand bruit, au congrès, de l'arrivée de ce prétendu courrier. Les dépêches dont il était porteur, y furent lues à haute voix et dans leur entier. Elles étaient au nombre de cinq ou six. La première était de madame la duchesse de Saint-Leu ; la seconde de M. de La Valette, qui s'épanchait sur l'arrivée de Napoléon. Deux autres lettres m'étaient adressées particulièrement : l'une par mon frère qui témoignait quelques inquiétudes et parlait de stupeur dans Paris ; l'autre, du chevalier Soulanges, qui éclatait d'enthousiasme ; chacun disait les sensations qu'il avait éprouvées ; mais il n'y avait pas un mot dans toutes ces lettres qui pût, même avec la plus méchante interprétation, faire présumer que Son Altesse Impériale et Royale, ou qui que ce fût de sa maison, eût eu connaissance du retour de Napoléon. Ces lettres donnaient à penser, au contraire, que ce retour inopiné devait surprendre étrangement le Vice-Roi. Aussi, toute insinuation perfide, toute calomnie, tombèrent à plat à la lecture réfléchie des dites lettres. La honte resta à ceux qui les avaient interprétées avec tant de malveillance. »

Quoi qu'il en soit, à la lecture de ces lettres, quelques ministres s'écrièrent que le prince Eugène était le complice du retour de Napoléon.

Le lendemain, l'empereur Alexandre envoya au prince Eugène toutes les lettres décachetées dont le congrès avait gardé copie, et il le prévint en même temps qu'il se voyait obligé de cesser toutes communications avec lui. Le bruit se répandit aussitôt que le Vice-Roi allait être envoyé dans une des forteresses de la Hongrie ou de la Transylvanie.

Le prince Eugène s'empressa de parcourir toutes les lettres qui lui étaient adressées ainsi qu'au baron Darnay. Il n'y trouva pas un mot qui fût de nature à justifier les inductions calomnieuses dirigées contre lui. Il se hâta de se rendre auprès de l'empereur Alexandre, qui, après avoir relu froidement ces lettres, reconnut qu'en effet elles ne contenaient rien de semblable à ce que l'on avait cru y voir au congrès. Le tzar embrassa aussitôt le Prince et lui promit de lui faire rendre bonne et prompte justice.

Le prince Eugène était si peu mêlé aux événements qui s'accomplissaient alors en France, que, le 9 mars 1815, il écrivait à la Vice-Reine : « Ma bonne Auguste, conçois-tu rien de plus extraordinaire que ce qui vient d'arriver ? L'empereur Napoléon est parvenu à quitter l'île d'Elbe. Les uns disent qu'il va en France, d'autres qu'il va rejoindre le roi de Naples.. ...... On ne manquera pas de mettre en avant mon ancien attachement, mes bons services à son égard. Personne ne réfléchira que tant que mon devoir a été de le servir, je l'ai fait fidèlement, et que si l'on m'impose aujourd'hui de nouveaux devoirs, je saurai les remplir également avec fidélité, excepté de servir contre la France. »

II

Le 25 mars 1815, le congrès de Vienne rendit au prince Eugène la jouissance de ses dotations et biens personnels, et lui assigna le château de Bayreuth pour résidence.

Ce château se trouvait alors dans un tel état de dégradation et de nudité qu'il était tout à fait inhabitable. Le prince Eugène et sa femme durent donc rester à Munich pendant les cent jours.

Bientôt, la bataille de Waterloo, puis la seconde abdication de l'Empereur, vinrent jeter le deuil dans l'âme du prince Eugène, qui adressa à l'empereur Alexandre, le 5 juillet 1815, une lettre de laquelle nous extrayons ce qui suit [1] : « Votre Majesté connaît mon attache-

[1] *Correspondance politique et militaire du prince Eugène*, t. X, p. 267.

ment pour ma patrie. Elle devinera aisément tout ce que je souffre en voyant la France menacée des plus grands malheurs ; un revers inouï l'offre maintenant presque sans défense aux coups d'une haine que ses longs succès avaient excitée, et que trois années de désastres sans exemple paraissent n'avoir pu désarmer. Vous aviez seul modéré, l'année dernière, cette soif de vengeance qu'éprouvaient quelques-uns des ennemis de la France. Un nouvel abîme vient de s'ouvrir sous elle, et c'est encore votre main toute-puissante qui seule peut le fermer. Daignez, Sire, écouter les vœux qui vous seront adressés. En épargnant à ma patrie tous les maux d'une guerre étrangère, veuillez bien prévoir et éloigner aussi les malheurs plus terribles encore auxquels les dissensions intérieures pourraient la livrer. Tout ce que Votre Majesté fera pour les Français, elle le fera, j'ose l'en assurer, pour les hommes les plus dignes peut-être de l'admirer et de l'aimer. .
. . . . »

Inquiète de voir le prince Eugène possesseur de biens en Lombardie, et blessée des souvenirs qui restaient attachés à son nom en Italie, la cour de Vienne acheta tous les biens qui appartenaient au Vice-Roi dans ces provinces.

L'empereur d'Autriche reconnut, en même temps, la légitimité d'une créance de 2,700,000 francs dont le Vice-Roi avait fait l'avance de ses propres deniers au département de la guerre pour les besoins de l'armée italienne. Mais nous devons ajouter, pour être véridique, que cette créance ne fut jamais liquidée.

D'un autre côté, le prince Eugène, en renonçant à la possession territoriale de cinquante mille âmes dans le royaume de Naples, avait droit, d'après les engagements pris le 4 juin 1815 entre les cabinets de Russie, de Prusse et d'Autriche, à une indemnité pécuniaire qui fut fixée à 5,000,000 de francs payables en plusieurs années, au lieu de 12,000,000 qui avaient été promis au début de ces négociations.

Quant aux biens personnels que le prince Eugène possédait dans les États du Pape, il put en reprendre la libre possession.

Enfin, le roi Maximilien, son beau-père, lui laissa la faculté de choisir dans ses États la résidence qui lui conviendrait le mieux parmi les anciennes principautés qui faisaient partie de sa monarchie. Le prince Eugène désigna la principauté d'Eichstaëdt, qui offrait une grande étendue de chasse.

Une fois ce choix arrêté, le roi Maximilien donna l'ordre de procéder à l'estimation des biens et bâtiments d'Eichstaëdt, en prenant pour base un revenu de cinq pour cent.

Après avoir fait ainsi régler les intérêts du prince Eugène et de sa famille, le roi Maximilien conféra à son gendre le titre du duc de Leuchtenberg et lui concéda la propriété d'un régiment de chasseurs bavarois. Il l'éleva ensuite à la dignité de premier pair du royaume de Bavière, et lui donna une place particulière et marquée dans la Chambre, après les princes de la couronne.

Bien qu'établi d'une manière définitive en Bavière, le prince Eugène n'en avait pas moins conservé un attachement profond pour la France et l'amour le plus respectueux, le plus filial pour le captif de Sainte-Hélène.

En 1818, ayant appris par le comte de Las Cases les indignes traitements que le gouvernement anglais faisait subir à Napoléon, le prince Eugène écrivit en ces termes à l'empereur Alexandre : « Sire, les journaux de divers pays rapportent que l'empereur Napoléon est privé des moyens de satisfaire aux premiers besoins de la vie, et que sa santé souffre des privations qui lui sont imposées. Ces rigueurs, si elles sont vraies, ne peuvent être dans l'intention des souverains, et ne sont pas, j'en suis sûr, dans celles de Votre Majesté. Dans le doute inquiétant où je suis placé, Sire, c'est pour moi un devoir d'appeler sur le sort de celui qui fut l'époux de ma mère, qui fut mon guide dans la carrière des armes et de l'administration, et qui me combla de bontés, l'attention et l'intérêt de Votre Majesté. Sans doute, il est loin de moi d'oser rien demander qui puisse compromettre le repos de l'Europe ; mais il est sans doute des moyens de concilier les intérêts de l'Europe avec les intérêts de l'humanité, et ces moyens, Votre Majesté les trouvera facilement dans son esprit et dans son cœur....... »

Ces belles paroles peuvent se passer de commentaire.

Napoléon avait fait demander au prince Eugène, par le comte de Las Cases, mille louis par mois pour ses besoins et ceux de ses compagnons d'infortune à Sainte-Hélène. Cette somme fut mise immédiatement à la disposition de M. de Las Cases par le prince Eugène, qui avait conservé entre ses mains un dépôt de 800,000 fr. à lui fait en 1814, au nom de l'Empereur, par M. le comte de Lavalette [1].

Il n'en fallut pas davantage pour signaler aux gouvernements de France et d'Angleterre le prince

[1] Le baron Darnay affirme qu'en 1814, au moment où le prince Eugène se disposait à quitter Paris pour aller rejoindre sa famille, en Bavière, il reçut de M. le comte de La Valette la confidence que l'Empereur lui avait donné en dépôt une somme de 1,600,000 francs qui l'embarrassait beaucoup. Il pria le prince Eugène de vouloir bien l'aider à supporter ce lourd fardeau en recevant de ses mains 800,000 francs, moitié de ladite somme, au même titre de dépôt. Le prince Eugène consentit à se charger de cet argent et l'emporta en Allemagne. Il paraît qu'à son retour de l'île d'Elbe, Napoléon réclama au comte de la Valette les 1,600,000 francs qu'il lui avait confiés. Ce dernier apprit à l'Empereur qu'il en avait remis la moitié au prince Eugène, à titre de dépôt, comme le reçu du fils adoptif de Napoléon l'indiquait. Ce à quoi l'Empereur répondit qu'il ne pouvait être en de meilleures mains.

Eugène comme soudoyant un foyer de conspirations à Munich en faveur de Napoléon.

Mais, fort de sa conscience, le prince Eugène continua à exécuter ses conventions avec le comte de Las Cases, et lorsqu'il vit que le dépôt de 800,000 francs touchait à sa fin, il pria ce dernier de faire connaître à tous les membres de la famille de Napoléon le besoin et l'urgence d'assigner un fonds nécessaire pour la continuation des mille louis par mois, s'obligeant, tant pour lui que pour sa sœur, à fournir, à l'avance, sa contribution dans une proportion égale à celle de chaque membre de la famille.

La mort, qui allait mettre un terme aux souffrances de Napoléon, devait laisser sans suite ces nobles propositions.

Ce fut vers les premiers jours de juillet 1821 que le prince Eugène apprit cette triste nouvelle. Le Prince en doutait encore, bien que les dernières lettres qu'il eût reçues de Sainte-Hélène la lui fissent pressentir. Mais, le 8 du même mois, elle lui fut confirmée par plusieurs dépêches de Londres et de Paris; puis, quelques jours plus tard, il put lire dans le *Moniteur universel* du 7 juillet 1821, les lignes suivantes :

« On a reçu par voie extraordinaire les journaux anglais du 4 courant.

« La mort de *Buonaparte* y est officiellement an« noncée.

LE PRINCE EUGÈNE

« Voici dans quels termes *le Courrier* donne cette
« nouvelle :

« Buonaparte n'est plus : il est mort le samedi
« 5 mai, à six heures du soir, d'une maladie de lan-
« gueur qui le retenait au lit depuis plus de quarante
« jours. Il a demandé qu'après sa mort son corps fut
« ouvert, afin de reconnaître si sa maladie n'était pas
« la même que celle qui aurait terminé les jours de
« son père, c'est-à-dire un cancer dans l'estomac.
« L'ouverture du cadavre a prouvé qu'il ne s'était pas
« trompé dans ses conjectures. Il a conservé sa con-
« naissance jusqu'au dernier jour, et il est mort sans
« douleur. »

Le Moniteur publie ensuite l'extrait d'une lettre écrite de Sainte-Hélène, à la date du 7 mai, dans laquelle se trouvent quelques détails sur les derniers moments de l'homme de génie qui venait de quitter ce monde.

Puis, le journal officiel annonce que le gouvernement anglais a immédiatement communiqué cet événement à tous les ambassadeurs qui ont sur-le-champ expédié des courriers à leurs cours respectives.

Ainsi, c'est le 5 mai 1821, à six heures du soir, loin du pays qu'il illustra, à deux mille lieues de ce continent européen qu'il avait rempli du prestige de son nom, que mourut, après six années d'une odieuse captivité, le plus grand homme des temps modernes.

LE PRINCE EUGÈNE

C'est à Sainte-Hélène que ce géant des batailles se coucha pour ne plus se relever. Chose étrange ! Dans sa jeunesse, Napoléon avait rédigé un cours de géographie, et après avoir écrit tout ce qui concernait les cinq parties du monde, il était arrivé à *Sainte-Hélène*. Il avait même tracé le nom de cette île sur son manuscrit, et il s'était arrêté là, ne pouvant sans doute, par suite des événements qui se succédèrent alors avec tant de rapidité, achever son travail [1].

Or, cette île de Sainte-Hélène, où, trente ans plus tard, Napoléon le Grand devait rendre le dernier soupir, ne présente à l'extérieur qu'une masse de rochers noirâtres s'élevant de 50 à 500 mètres au-dessus de l'Atlantique. L'intérieur de l'île a l'aspect le plus triste, et *le Mémorial de Sainte-Hélène* donne la description suivante de l'habitation où expira l'Empereur.

« Longwood, où habitait Napoléon, dit M. de Las Cases, est une vaste plaine située sur le sommet d'une montagne du côté de l'île qui est exposé au vent, à près de 500 mètres au-dessus du niveau de la mer. Elle contient un grand nombre de gommiers, tous à peu près de la même taille, et penchés du même côté, à cause des vents alisés qui soufflent continuellement du sud-est, ce qui leur donne un aspect monotone et triste. Il n'y a d'autre eau que celle que l'on y amène

---

[1] Nous avons recueilli ce fait dans les manuscrits des archives du Dépôt de la guerre.

de la distance d'à peu près trois milles. Aucune ombre continue. Exposé au vent du sud-est, constamment chargé d'humidité, Longwood est, par sa situation élevée, ou enveloppé de brouillard, ou inondé de pluie pendant la plus grande partie de l'année. »

Peu de temps après la mort de Napoléon, le ministère anglais, espérant peut-être faire oublier l'homme extraordinaire dont il avait abrégé les jours par une captivité inique et un traitement indigne d'une grande nation, donna l'ordre de faire disparaître tout ce qui pouvait rappeler son souvenir. On installa un moulin à blé dans une partie de la maison ; on saccagea la pièce dans laquelle Napoléon avait rendu le dernier soupir, et, de cette relique, on fit une mauvaise grange ; les autres pièces furent converties en écuries. Quant aux jardins qui l'entouraient, on en avait fait un parc à bestiaux.

Depuis que Napoléon III a relevé le trône fondé par le chef de sa dynastie, il a fait racheter Longwood et rétablir cette habitation dans l'état où elle se trouvait lorsqu'elle avait pour hôte l'illustre captif dont les restes reposent aujourd'hui sur les bords de la Seine.

A Sainte-Hélène, le tombeau de Napoléon était grand comme lui, et tous les bâtiments du monde le saluaient en passant devant cette île.

Peu de temps après la mort de Napoléon 1er, lord Kinnaird, qui avait à Paris de fréquentes relations avec le duc d'Orléans, informa de sa part le prince Eugène que, d'après l'état des choses en France, une crise plus ou moins rapprochée était inévitable ; qu'en prévision de cette éventualité, et pour le cas où il serait appelé au pouvoir, le duc d'Orléans autoriserait la rentrée en France de la famille Bonaparte en lui faisant restituer tous ses biens. Mais en transmettant cette communication au prince Eugène de la part du duc d'Orléans, lord Kinnaird était chargé de lui demander de prendre un engagement analogue pour l'éventualité contraire, c'est-à-dire d'autoriser la famille d'Orléans à rester en France et à y conserver ses biens, si la nation replaçait à sa tête l'héritier du nom glorieux de Napoléon.

Le prince Eugène répondit que dans le cas où il serait appelé à se mêler des affaires de la France, ce ne pourrait être que comme représentant du roi de Rome, qui, à ses yeux, était le chef de la famille Bonaparte.

Les événements prévus par le duc d'Orléans n'arrivèrent qu'en 1830, et le prince Eugène était mort depuis six ans ; mais ces pourparlers, répétés à la reine Hortense par son frère à l'époque où ils eurent lieu, avaient fait naître chez elle un espoir que le gouvernement de Juillet détruisit.

Nous avons décrit dans un autre livre [1], le récit du voyage que la reine Hortense fit en France en 1831, et

---

[1] *La Reine Hortense*, p. 293 à 315.

nous avons fait connaître les procédés indignes dont elle fut l'objet, à cette époque, de la part du ministère que présidait Casimir Périer.

III

Le prince Eugène, voué entièrement à l'éducation de sa nombreuse et charmante famille, avait fait construire à Munich, près de Ludwigs-Strasse, un palais contenant appartements de réception et appartements particuliers, bibliothèque, théâtre, galerie de tableaux dans laquelle se trouvaient un grand nombre d'objets d'art d'un rare mérite et d'une valeur inappréciable. Cette collection de peinture et de sculpture était d'autant plus précieuse que Girodet, Gérard, Hersent, Joseph et Carle Vernet, David, Richard, Granet, Canova, Algarde, Chaudet, Bosio, y tenaient un rang fort distingué au milieu des chefs-d'œuvre de Giorgion, Dominiquin, Guide, Guerchin, Rubens, Van Dyck, Murillo, Vélasquez, Ruysdaël, Ostade, Téniers, Rembrandt, Berghem, qui y représentaient et y personnifiaient les plus célèbres écoles.

C'est dans la frise de la salle à manger qu'était placée la belle marche triomphale d'Alexandre le Grand, par Thorwaldsen.

On remarquait aussi, dans ce palais, un vaste salon que le prince Eugène désignait sous le nom de *Cabinet des Souvenirs*, et dans lequel se trouvaient réunis tous les objets ayant appartenu à l'empereur Napoléon, quelques-uns de ceux qu'il avait emportés à Sainte-Hélène, ses uniformes, ses armes, une partie de celles que possédaient les frères de l'Empereur, et enfin la belle tente de Murad-Bey, que le Prince avait rapportée d'Égypte.

Attenant au palais se trouvaient d'immenses dépendances, des communs et des écuries pour quarante chevaux.

Il y avait souvent réception chez le Prince; les dîners d'apparat étaient de trente à quarante couverts; il donnait des bals, des concerts; il faisait jouer la comédie, et, dans l'intimité, il prenait un rôle dont il s'acquittait aussi bien que, jadis, à la Malmaison.

Les invitations étaient faites au nom du Prince et de la princesse Auguste, par le général Triaire, leur grand-maréchal de cour.

La maison d'Eugène de Beauharnais, devenu, comme nous l'avons dit, duc de Leuchtenberg, était montée sur un pied princier, quoique tenue avec une sage économie. Elle se composait, d'abord du maréchal de cour ; puis d'aides de camp, parmi lesquels on remarquait le comte Louis de Tascher de la Pagerie, cousin du prince Eugène, qu'il n'avait pas quitté depuis 1807 ; du colonel Bataille, du commandant Méjean. Le baron Darnay, ancien chef de cabinet du vice-roi d'Italie, et M. Hénin, son trésorier, avaient conservé auprès du prince Eugène leurs anciennes fonctions. Le comte Méjean était gouverneur des jeunes princes. Enfin, la princesse Auguste avait des dames d'honneur et une lectrice.

C'est dans cette demeure que le prince Eugène mourut, ainsi que la princesse Auguste.

Vendu après le décès du duc Max, second fils du prince Eugène, ce palais fut racheté plus tard par le roi Louis de Bavière. Il est habité maintenant par le prince Luitpold, oncle du roi actuel ; mais il n'a plus, tant s'en faut, l'aspect aussi grandiose qu'à l'époque où il fut construit. Il se trouvait, alors, en dehors de la ville, entouré de belles plantations au milieu desquelles son style de genre italien se détachait gracieusement.

Actuellement, il est perdu parmi une foule de maisons construites par suite de l'accroissement de la population et de l'agrandissement de la ville de Munich. Une place publique n'a pas même été ménagée devant ce monument désormais historique.

Le prince Eugène était également propriétaire de

plusieurs châteaux, notamment de celui d'Eichstaëdt, et, plus près de Munich, à deux lieues environ de cette ville, de celui d'Ismanning, qui avait appartenu aux anciens évêques de Freising, et possédait les plus belles chasses du pays.

L'ordre et l'économie que le prince Eugène apportait dans l'administration de sa fortune lui permettaient de l'accroître chaque année, et d'assurer ainsi l'avenir de ses enfants.

Quant aux tableaux et objets d'art dont se composait la galerie du prince Eugène, ils ont été partagés après la mort de la princesse Auguste par ses enfants, et transportés, soit en Suède, soit en Russie, soit en Portugal, mais très-peu de ces chefs-d'œuvre sont revenus en France.

Si l'état politique du prince Eugène le plaçait, à la cour et dans la société, immédiatement après les princes de la couronne, il prenait le même rang dans l'estime et l'affection du peuple bavarois.

En 1821, le prince Eugène chargea le baron Darnay d'une mission en France.

Le premier objet de cette mission était de faire hâter, de concert avec la reine Hortense, la construction du monument funéraire consacré à la mémoire de l'impératrice Joséphine, dans l'église de Rueil. Les plans de ce mausolée, dessinés par l'architecte Berthaud, et exécutés plus tard par MM. Gilet et Dubuc, avaient été arrêtés depuis six ans, et cependant les travaux n'étaient pas encore commencés.

En second lieu, le Prince avait à répondre à des prétentions excessives soulevées par les exécuteurs testamentaires de Napoléon à propos du payement des intérêts résultant, d'après eux, du dépôt de 800,000 fr. dont nous avons déjà parlé.

Les réclamations faites à ce sujet par le comte de Montholon, et poursuivies par lui longtemps après la mort du prince Eugène, n'avaient rien de fondé.

On ne pouvait, en effet, demander à un dépositaire, les intérêts d'une somme à lui confiée à titre de dépôt, quand on avait déjà tiré sur ce dépositaire de façon à absorber le montant du dépôt.

Un autre article important des instructions données par le prince Eugène au baron Darnay s'appliquait aux dispositions d'un codicille de l'empereur Napoléon, dont voici la terreur :

« Ce 24 avril 1821, Longwood.

« Ceci est mon codicille ou acte de ma dernière
« volonté :

« Sur la liquidation de ma liste civile d'Italie, tels qu'argent, bijoux, argenterie, linge, meubles, écuries, dont le Vice-Roi est dépositaire, et qui m'appartenaient, je dispose de 2,000,000 que je lègue à mes plus fidèles serviteurs. J'espère que mon fils Eugène-Napoléon les acquittera fidèlement. Il ne peut oublier les 40,000,000, que je lui ai donnés, soit en Italie, soit par le partage de la succession de sa mère. »

En dictant ce codicille, Napoléon supposait, à tort, que le prince Eugène avait conservé en sa possession le mobilier, l'argenterie, le linge et les tableaux qui faisaient l'ornement des six palais appartenant à la couronne d'Italie, et qu'on pouvait évaluer à quelques millions. Napoléon avait pensé aussi que le prince Eugène avait hérité de l'impératrice Joséphine du majorat de Navarre, qui devait être, dans l'origine, d'un million de rente.

Il fut aisé de prouver aux exécuteurs testamentaires de Napoléon que le prince Eugène, en quittant le royaume d'Italie, avait laissé dans les six palais de la couronne, le riche mobilier qui les garnissait, ainsi que l'argenterie, les tableaux et les bijoux ; nous l'avons d'ailleurs déjà constaté à la fin du 4e chapitre. Quant au majorat de Navarre, il était nul à cause du défaut de formalités qui devaient asseoir, dans un temps fort éloigné, la base de sa valeur et de ses revenus.

Soumise à l'appréciation des jurisconsultes les plus éclairés du barreau de Paris, la question ne laissa aucun doute, et il fut démontré jusqu'à l'évidence que le codicille de Napoléon ne pouvait recevoir aucune suite.

En 1822, une grande joie était réservée au prince Eugène. La main de la princesse Joséphine, sa fille aînée, fut demandée par le prince royal de Suède et de Norvége. Arrivé à Eichstaëdt, le prince Oscar fut charmé des grâces nobles et décentes de la princesse Joséphine. Le mariage fut arrêté, et il fut convenu qu'une réunion aurait lieu au château d'Arenenberg, résidence de la reine Hortense. De charmantes fêtes y furent données à cette occasion, et les habitants du pays vinrent en foule saluer les hôtes illustres d'Arenenberg.

Plusieurs journées se passèrent ainsi dans ce délicieux séjour. Quelques semaines après, les fiançailles se célébraient à Eichstaëdt, et, la cérémonie achevée, le prince Oscar rentrait en Suède, attendant avec impatience l'époque de son mariage avec la princesse Joséphine.

IV

Lorsque tout se préparait pour ce jour si désiré, le prince Eugène fut frappé d'une attaque d'apoplexie, le 30 mars 1823, dans la chapelle de la résidence royale, aux côtés mêmes du Roi, son beau-père. Déjà, un mois auparavant, il avait éprouvé un léger accident de même nature, qu'une simple saignée avait fait disparaître. Cette fois, le mal se représentait dans des circonstances beaucoup plus alarmantes. Conduit à son palais, le duc de Leuchtenberg reçut les soins les plus éclairés. Des saignées consécutives semblèrent arrêter tout d'abord les progrès de la maladie, et l'espérance rentra dans tous les cœurs.

Les églises de Munich étaient remplies de fidèles qui priaient pour la conservation des jours de l'auguste malade. Sa famille éplorée s'associait à ces prières.

Un mieux sensible ne tarda pas à se laisser apercevoir dans l'état du Prince, et dès le mois de mai 1823, c'est à peine si sa parole et sa mémoire trahissaient une légère altération. On voyait seulement sur ses traits une grande pâleur, occasionnée par de nombreuses saignées et par l'application de remèdes des plus énergiques.

C'est sous ces consolants auspices que se préparait le mariage de la princesse Joséphine. Le comte Gustave de Loëwenhielm, ambassadeur de Suède à Paris, était arrivé à Munich pour représenter le roi de Suède à la célébration religieuse. Le prince Charles de Bavière avait accepté la procuration du prince royal de Suède et de Norvége à l'effet d'épouser en son nom la princesse Joséphine, sa nièce [1]. La cérémonie eut lieu le 22 mai 1823 [2], dans le palais même du prince Eugène, qui, à peine convalescent, put y assister.

Le lendemain, la princesse Joséphine se mit en route pour la Suède, accompagnée de M. le comte de Tascher, aide de camp du prince Eugène, commissaire désigné pour la remise de la Princesse, de M. le comte Méjean, adjoint à M. le comte de Tascher, eu égard à l'état de maladie de ce dernier, de madame la baronne Wurmbs, grande-maîtresse de madame la duchesse de Leuchtenberg, et de madame Mieg, sa gouvernante.

Témoin oculaire du départ pour la Suède de la jeune Princesse, la baron Darnay dit dans ses *Notices* : « La séparation fut douloureuse de part et d'autre; elle me rappela la sortie, en 1806, de S. A. R. madame la princesse Auguste du palais du Roi son père, en partant pour Milan. Les mêmes sanglots se faisaient entendre dans le palais. Tous les vœux et les hommages environnaient la jeune Princesse royale.

« Le roi et la reine de Bavière se trouvaient alors à Wurtzbourg où ils reçurent la princesse Joséphine, leur petite-fille. Après avoir passé vingt-quatre heures

---

[1] Le prince Charles de Bavière, second fils du roi Maximilien, était l'ami le plus dévoué, le plus intime du prince Eugène, et il devint plus tard l'exécuteur testamentaire de ses dernières volontés.

[2] La cérémonie officielle eut lieu à Stockholm, le 19 juin 1823.

au sein de la famille royale et avoir reçu la bénédiction paternelle, la princesse Joséphine continua sa route pour la Suède avec son cortége. Elle rendit compte à ses augustes parents des bontés dont elle avait été comblée au palais de Wurtzbourg par le Roi, la Reine, par le Prince et la Princesse royale, et se montra heureuse et fière d'avoir habité l'appartement occupé autrefois par l'empereur Napoléon et par le roi de Suède, son beau-père, à leur passage à Wurtzbourg.

« Cependant, la convalescence du duc de Leuchtenberg commençait à se fortifier. On pensa à aller respirer l'air de la campagne à Ismanning. Toute la cour s'y rendit. J'eus l'honneur d'être du nombre de ses officiers. Après quelques jours de résidence à Ismanning, Son Altesse Royale se trouva assez bien pour donner quelque attention à ses affaires de France. Chaque matin, Son Altesse Royale venait à son cabinet, et j'avais l'honneur de lui soumettre mes rapports et mon travail. Un jour que j'entretenais Son Altesse Royale des vives alarmes que sa maladie avait causées à tous ses parents et amis, *j'osai lui parler de leurs touchants regrets, dans le cas où elle aurait succombé, de ne point trouver dans les archives ducales des notes ou des mémoires de sa main sur ses brillantes campagnes et sur son administration en Italie durant sa Vice-Royauté. Son Altesse Royale eut la bonté de goûter cette observation et voulût bien me dire :* « *Nous y travaillerons ensemble pendant votre séjour auprès de moi.* » En effet, le prince Eugène se mit en train de me dicter quelques chapitres ; mais les nombreuses saignées faites et les autres remèdes violents employés, avaient tellement affaibli son système nerveux qu'il ne pouvait plus se livrer à aucune occupation sérieuse et suivie. Il fallut renoncer à un travail aussi précieux. Alors, le médecin crut devoir conseiller à Son Altesse Royale l'usage des eaux de Marienbad. »

Avant de quitter Munich, le prince Eugène manifesta l'intention de venir habiter, quelque temps après son retour des eaux de Marienbad, le château d'*Eugensberg*, qu'il avait fait construire en Thurgovie, et tout près d'Arenenberg.

L'emploi des eaux de Marienbad ayant été favorable, le prince Eugène put donner suite à ce projet, et il devint à Eugensberg l'objet des soins les plus assidus, les plus touchants de la part de sa sœur Hortense, et de sa cousine, la grande-duchesse Stéphanie de Bade.

Mais bientôt, si le jugement du Prince était aussi sain que lucide, les forces physiques redevinrent inertes et presque apathiques. Sa gaieté, son activité semblaient s'éteindre peu à peu et faire place à une mélancolie involontaire.

V

Rentré à Munich à la fin d'août 1823, le prince Eugène se plaignit de vertiges à la suite d'une longue chasse au sanglier, exercice pour lequel il avait conservé une grande prédilection. On eut recours de nouveau aux saignées qui produisirent quelque soulagement.

Mais, aux approches de Noël, le prince Eugène éprouva, tout à coup, un affaiblissement subit des organes de la vue et de l'ouïe, principalement du côté gauche. Le bras et la jambe, du même côté, s'engourdirent également, et la parole devint embarrassée. Cet accident, qui avait tous les symptômes de la paralysie, causa de vives alarmes à sa famille. Les médecins ordonnèrent une nouvelle saignée. Depuis lors, l'affaissement alla toujours croissant malgré quelques intervalles de mieux.

Des consultations furent demandées aux docteurs Larrey et Dupuytren, qui tiraient les plus sinistres présages des rapports qui leur avaient été faits sur l'état du Prince par le baron Darnay, alors en mission à Paris.

Le deuil était général à Munich; l'affliction de la

famille royale et de la population fut sans bornes, quand, dans la nuit du 21 février 1824, le prince Eugène expira.

Lorsque cette triste nouvelle parvint en France, Louis XVIII s'écria : « *J'en suis bien peiné ; le prince Eugène était un honnête homme et un homme de bien.* »

La France tout entière fut touchée de l'opinion manifestée par le Roi envers un Prince chez lequel elle avait reconnu les plus nobles et les plus hautes qualités, et dont elle déplorait la fin prématurée.

La reine Hortense fut cruellement frappée par la perte de son frère bien-aimé. Elle renonça entièrement, depuis lors, à sa résidence d'Augsbourg, et Arenenberg devint désormais sa retraite de prédilection.

Nous trouvons, dans les fragments de ses *Mémoires inédits*, le passage suivant, écrit au sujet de la mort du prince Eugène : « J'eus la douleur de perdre le frère le plus parfait et le plus tendrement aimé. Il était dans la force de l'âge et de la santé. Déjà, dès l'année précédente, les symptômes de la crise terrible qui nous l'enleva plus tard, nous avaient fait sentir toutes les angoisses d'une séparation éternelle. Présente à sa maladie, combien mon courage avait été mis à une terrible épreuve, quand je l'avais vu mourant, abandonné des médecins ; quand, seule, j'avais été chargée de lui faire faire ses dernières dispositions, et que j'avais encouragé à lui donner des remèdes qui le sauvèrent et nous le rendirent pour quelques mois encore ! Quel temps heureux que ces quinze jours que nous passâmes ensuite en famille sur les bords du lac de Constance ! Comme un malheur qu'on vient d'éviter, ajoute de jouissances à la vie ! Comme elle s'embellit de tout ce que le ciel nous laisse de bienfaits ! Je puis dire qu'alors je sentais vivement le bonheur qui me restait ; toute autre infortune avait disparu. J'avais craint de perdre mon frère, mon ami, mon soutien, et je le conservais, et il m'était rendu ! Remplie de sécurité, je partis pour l'Italie, et c'est là que je reçus l'affreuse nouvelle qu'il était retombé malade, et que, traité de la même manière (par la saignée, qui, une première fois, lui avait été si contraire), doucement il sembla s'endormir..... Il n'existait plus !..... »

La population entière de Munich suivit avec un pieux recueillement le cercueil du Prince bien-aimé. Mais laissons parler encore, en terminant, le baron Darnay, dont nous avons été heureux, dans le cours de cette étude, de reproduire fréquemment les notes empreintes du plus pur dévouement et de la plus parfaite vérité.

« L'auguste et infortunée maison ducale de Leuchtenberg était dans la consternation et dans l'abattement..... Le Roi, la Reine et le prince Charles de Bavière, profondément affligés, confondaient leur douleur et leurs larmes avec celles de l'inconsolable veuve et de ses enfants. Le deuil était général à Munich et dans tout le royaume. Ce sentiment s'était manifesté avec une expansion touchante aux funérailles de l'illustre défunt, dont le roi Maximilien avait ordonné personnellement la pompe, voulant qu'elle fût la même que pour son propre fils. Les intentions généreuses du Roi avaient été exactement remplies..... La noblesse, la population entière de Munich et des environs avaient suivi avec un pieux recueillement les nobles dépouilles du prince Eugène. Jamais, en pareille solennité, on n'avait entendu tant de sanglots et montré tant de douleur et de regrets. Ces touchants hommages, si justement dus à un prince doué des plus rares qualités et des plus solides vertus, firent dire au roi Maximilien qu'il ne demandait à Dieu, après sa mort, qu'un même tribut d'amour et de regrets de la part de ses peuples. Mon cœur était attendri et flatté par ces intéressants récits; mais le physique ne put supporter un aussi grand revers. Je fus frappé d'un accident de goutte qui me retenait à la chambre, lorsque je reçus de S. A. R. le prince Charles de Bavière l'obligeant avis que feu son bien-aimé beau-frère, le duc de Leuchtenberg, l'avait désigné, dans ses dernières dispositions, pour son exécuteur testamentaire, et qu'à ce titre, il m'invitait à me rendre sans délai à Munich, pour y remplir un devoir qui m'était prescrit par l'article 12 du testament de Son Altesse Royale.

« Le prince Charles daignait m'annoncer que cet article me chargeait, seul et à l'exclusion de tous autres, de la lecture, de l'examen, séparation et classement de tous les papiers quelconques qui se trouvaient dans le cabinet ou dans les portefeuilles, et de former des archives pour la succession ducale avec ceux de ces papiers que je trouverais convenable de garder et conserver.

« Touché comme je devais l'être du précieux souvenir de l'illustre défunt et des marques de sa grande confiance, je n'écoutai que mon vif empressement d'y répondre, et je me mis en route le 18 mars. En passant à Augsbourg, je trouvai à la poste une dépêche du maréchal de la maison ducale, qui m'invitait, au nom de S. A. R. madame la Duchesse, à descendre au palais.

« Je n'essayerai point de décrire ici les sentiments divers qui m'oppressèrent à mon arrivée dans ce palais. Huit mois auparavant, j'y avais vu S. A. R. le duc de Leuchtenberg en pleine convalescence, promettant à sa famille et à ses serviteurs, ivres de joie, une longue vie. Hélas ! tout était bien changé : l'excellent père, l'époux bien-aimé, le meilleur et le plus chéri des princes avait succombé ! Ce n'était plus, autour de moi, que deuil et morne silence.

« Mon premier devoir, ainsi que mon respectueux empressement, me conduisirent spontanément auprès de madame la duchesse de Leuchtenberg. Ma présence fut pour Son Altesse Royale, comme pour moi-même, un nouveau sujet de tribulations et de déchirements. Afin de faire quelque distraction à tant de chagrins, j'osai complimenter Son Altesse Royale sur la haute confiance que l'illustre défunt lui avait à si juste titre déférée, en l'instituant tutrice absolue de ses chers enfants. Madame la Duchesse sentait vivement toute l'importance des devoirs de ce titre; sa tendresse maternelle en était heureuse et fière. Déjà son esprit était tout préoccupé des intérêts de ses chers enfants : plus tard on saura les services éminents que Son Altesse Royale aura rendus comme tutrice absolue à la mémoire de son bien-aimé mari et à la fortune de ses enfants. En me séparant de Son Altesse Royale, j'allai déposer mes hommages et mes respects aux pieds du roi et du prince Charles de Bavière.

« Le vénérable roi Maximilien, qui connaissait mon respectueux dévouement pour le prince Eugène, voulut bien m'ouvrir ses bras et confondre ses larmes royales avec celles d'un simple officier ducal. Sa Majesté daigna me dire ses touchants regrets, ceux de toute la population bavaroise, et semblait heureuse qu'on eût pleuré avec elle le Prince qu'elle appelait son Eugène. Dans son effusion bienveillante, Sa Majesté eut l'extrême bonté de me donner à lire une lettre qu'elle venait de recevoir de Rome, du prince royal héréditaire. Son Altesse Royale exprimait au Roi son père, dans les termes les plus touchants et les plus généreux, ses douloureux regrets sur la fin prématurée de son bien-aimé beau-frère. Son Altesse Royale y déclarait, avec une franchise noble, que le Roi perdait dans le prince Eugène un bon et excellent fils ; lui, prince royal, un ami sûr dont il avait appris à connaître la belle âme, et la Bavière un conseiller éclairé, sage et précieux.

« Du cabinet du Roi, je me rendis aux appartements de S. A. R. le prince Charles de Bavière. L'approche et la vue du Prince fut pour moi une nouvelle scène d'attendrissement et de larmes. Son Altesse Royale, ami de cœur du prince Eugène depuis son arrivée à Munich (environ dix ans), témoin consolateur des derniers moments de son bien-aimé beau-frère, le pleurait à chaudes larmes. Après avoir payé mutuellement ce tribut à une mémoire aussi chère, le prince Charles, en sa qualité d'exécuteur testamentaire, voulut bien me donner ses instructions et pouvoirs à l'effet de commencer la tâche honorable qui m'était déléguée par l'article 12 du testament de feu Monseigneur. Je me mis en conséquence à l'œuvre dès le 27 mars. Enfermé seul pendant six semaines dans le cabinet de Son Altesse Royale, je me livrai sans réserve comme sans relâche à la lecture, au tri et au classement de tous les papiers épars de côté et d'autre ou placés dans les portefeuilles, cartons et armoires. En parcourant ces nombreux papiers, j'étais flatté et heureux d'y trouver à chaque instant d'éclatants témoignages d'attachement et de haute considération de la part des plus grands monarques et de personnages du mérite le plus élevé.

« Le prince Eugène, par sa conduite loyale et franche dans toutes les positions de sa vie, par son illustration guerrière et administrative, par l'aménité de son caractère, et par la solidité de ses principes, avait conquis tous les suffrages, et excité au plus haut degré l'estime et l'admiration de tous les gens de bien. Ces honorables sentiments sont tracés en termes expressifs dans les dépêches de l'empereur Alexandre pendant la vie du prince Eugène, et après sa mort, dans celles du roi Maximilien et plusieurs autres souverains ; enfin, dans la volumineuse correspondance de l'empereur Napoléon, pendant les dix années de la vice-royauté.

« Après avoir recueilli, classé et réuni en un corps d'archives tous ces précieux documents, je fermai le procès-verbal de mes opérations. Un sentiment secret me dit alors que, dans tout le cours de mon travail, j'avais fidèlement interprété et exactement suivi les intentions de l'auguste testateur. Je trouvais également dans ma conscience, comme dans mon dévouement pour sa vertueuse épouse et pour ses chers enfants, l'assurance que je n'étais point indigne d'une aussi honorable mission, et que je l'avais remplie en bon et loyal serviteur.

« Je déposai dans les mains du prince Charles, exécuteur testamentaire, et dans celles de madame la Duchesse, la minute de mon procès-verbal, et je repartis pour Paris, comblé des bontés et des marques de satisfaction de Leurs Altesses Royales. »

VI

Nous ajouterons que le simple récit que nous venons de faire de la vie du prince Eugène, en nous inspirant de ses propres écrits ou des documents laissés par lui à ses plus fidèles amis, est la meilleure preuve que cet excellent Prince a justifié par tous ses actes la devise chevaleresque qu'il avait adoptée.

Tous les Français qui ont visité Munich, depuis la mort du prince Eugène, n'ont jamais manqué d'aller s'incliner devant le tombeau qui renferme ses cendres.

Ce monument, en marbre blanc, est placé dans l'église Saint-Michel (ancienne église des Jésuites), où fut enterré le prince Eugène. Il a été exécuté par

Thorwaldsen, célèbre sculpteur danois, à qui l'on doit l'organisation du musée de Copenhague.

Ici cependant, nous le constatons avec regret, Thorwaldsen ne fut pas heureusement inspiré, non-seulement pour la composition du monument, mais encore pour la statue, et surtout pour la ressemblance de son sujet, qui laisse beaucoup à désirer. Il y avait alors, et il existe encore aujourd'hui quelques bons bustes du prince Eugène, ainsi que de nombreux portraits, et plusieurs miniatures parfaitement réussies, notamment celle que possède M. le duc de Tascher de la Pagerie, premier chambellan de S. M. l'impératrice Eugénie; mais nulle part les traits de ce noble Prince ne sont aussi ressemblants que sur la médaille dont les coins sont conservés à l'hôtel des monnaies de Paris. Cette médaille, gravée par Gayrard, fait partie de la collection des grands dignitaires du premier Empire.

Thorwaldsen a représenté le prince Eugène en costume romain; il tient à la main droite une couronne de chêne, et il porte la main gauche vers son cœur.

D'un côté est la statue de l'Histoire écrivant les hauts faits du Prince-soldat; de l'autre sont les deux Génies de la vie et de la mort. Prises séparément, les figures de cette composition sont bien rendues; leur exécution ne laisse rien à désirer; mais l'ensemble du monument est lourd, décousu et n'a rien de saisissant.

LE PRINCE EUGÈNE

La statue du Prince manque de style, et l'on doit regretter que Thorwaldsen n'ait pas été mieux inspiré. Sur le socle est gravée l'inscription suivante :

Hic placide ossa cubant
Eugenii Napoleonis,
regis Italiæ quondam vices gerentis.
Nat. Lut. Parisior. D. III *sept.* MDCCLXXXI.
Def. monachii DXXI *febr.* MDCCCXXIV.
Monumentum posuit vidua mœrens
Augusta Amelia
Maximil. Jos. Bav. regis filia.

Enfin ce monument est surmonté d'une croix, et sur le fronton est gravée, en français, la belle devise d'Eugène de Beauharnais :

HONNEUR ET FIDÉLITÉ !

CHAPITRE VI.

I. Imputations calomnieuses du maréchal Marmont contre la mémoire du prince Eugène. Portrait de Marmont. Ce maréchal signe la capitulation de Paris.—II. Motifs qu'il donne à l'Empereur pour justifier sa conduite. Son corps d'armée fait défection. Les troupes, indignées, se mutinent et chassent leurs généraux. Marmont cherche à les maintenir. Blâmé par l'histoire contemporaine, Marmont essaye de se justifier et il ose attaquer la loyauté du prince Eugène en invoquant l'opinion du général d'Anthouard. Ces perfidies posthumes sont victorieusement réfutées par MM. Tascher de la Pagerie, Planat de la Faye, Rapetti et Du Casse. — III. Le général d'Anthouard. Cause de son mécontentement contre le prince Eugène. Lettre de la princesse Auguste à ce sujet.—IV. Le général Pelet agit de concert avec le général d'Anthouard. Moyens employés par le général Pelet pour satisfaire son ressentiment. — V. Résumé de la défection de Marmont. Ses cendres sont ramenées en France. — VI. Les enfants du prince Eugène intentent un procès à l'éditeur des Œuvres posthumes de Marmont. — VII. Hommage public rendu à la mémoire du prince Eugène par la population parisienne. Inauguration du boulevart du Prince-Eugène. Érection de sa statue.

I

Nous venons de faire le récit de cette vie honnête et pure, de cette existence toute d'abnégation et de dévouement ; nous avons fait connaître ce caractère droit et loyal qui a valu au prince Eugène d'unanimes sympathies, ainsi que l'estime générale, même celle des ennemis qu'il a combattus.

Il s'est cependant trouvé un maréchal de France qui a osé diriger les imputations les plus graves contre ce noble Prince ; mais de toutes les calomnies entassées dans les *Mémoires du maréchal Marmont, duc de Raguse*, celle qui a le plus vivement impressionné l'opinion publique, c'est, sans contredit, le reproche adressé au prince Eugène d'avoir trahi l'Empereur et la France en 1814.

Disons tout de suite que cette odieuse calomnie, inventée par le triste héros d'Essonne, n'est pas restée un seul jour debout.

Prompte justice a été faite de l'imprudente agression de Marmont, qui a cherché, mais en vain, à ternir l'une des mémoires les plus pures, les plus honorées de la grande époque impériale.

On avait pensé tout d'abord, lorsque parurent les *Mémoires posthumes de Marmont*, que l'homme si vivement attaqué par l'histoire contemporaine avait voulu se justifier ; mais loin de là, son dessein était plus hardi. Le duc de Raguse a eu surtout pour but de se glorifier, de se grandir en reléguant dans l'ombre tout ce qui pouvait faire crouler les matériaux élevés par lui pour s'ériger un piédestal.

LE PRINCE EUGÈNE

Tant d'audace ne pouvait rester impunie. La famille, les amis du prince Eugène ont répondu, au nom du pays tout entier, à ces accusations.

Des débats éloquents ont retenti devant le tribunal de première instance de la Seine, en 1857 ; ils ont été suivis d'un jugement qui a frappé le calomniateur jusque dans sa tombe [1].

Des écrits remarquables ont été publiés de toutes parts, en France, à l'étranger. Ces écrits sont venus mettre à néant les assertions mensongères du maréchal de France qui, placé dans un poste de confiance à Essonne, a livré à l'ennemi, en 1814, l'avant-garde de notre armée.

Au nombre de ces écrits, il en est deux surtout qui ont fait une profonde sensation. Nous voulons parler de ceux qui ont été publiés par MM. de Tascher de la Pagerie et Planat de la Faye.

M. le comte Louis de Tascher de la Pagerie, ancien aide de camp du prince Eugène, son parent et l'un de ses plus fidèles amis, a résumé tous les faits de la manière la plus lumineuse [2]. Les calomnies du maréchal Marmont se fondaient sur deux sortes de falsifications : des antidates et des suppositions de documents. Tout cela

---

[1] Voir, à la fin du volume, le jugement rendu par le tribunal civil de la Seine, le 24 juillet 1857.

[2] *Réfutation des Mémoires du duc de Raguse*, typographie Panckoucke, quai Voltaire, 13. — 1857.

est tombé devant le fier et simple récit de M. le général de Tascher de la Pagerie, qui appuie de l'autorité de son nom, de son noble caractère, une discussion des plus animées et des plus vigoureuses.

M. Planat de la Faye, ancien officier d'ordonnance de l'empereur Napoléon 1er, s'est borné à composer son ouvrage d'un certain nombre de lettres inédites accompagnées de notes explicatives [1]. Armé de documents irrécusables, il laisse parler cette correspondance victorieuse par sa sincérité et par ses dates.

Toute l'histoire de 1814, comme l'a dit avec raison M. Rapetti, l'historien vengeur [2], s'éclaire par un côté, à cette évocation de la correspondance restée jusqu'ici inconnue, du prince Eugène, de la princesse Auguste, du roi de Bavière, de Napoléon.

Un grand nombre de lettres ont aussi été adressées au *Moniteur universel* et à d'autres journaux, en 1857, postérieurement à la publication des *Mémoires du maréchal Marmont*, notamment par les généraux de Flahault, de Grouchy, du Taillis, Carbonnel, de Lauriston, par MM. Ternaux-Compans, Laurent (de l'Ardèche), et bien d'autres encore dont les noms nous échappent, à

---

[1] *Réponse au maréchal Marmont*, librairie Nouvelle, boulevart des Italiens, 15.— 1857.

[2] *La Défection de Marmont en 1814*. Un vol. in-8º, chez Poulet-Malassis et de Broise, libraires-éditeurs, rue de Buci, 4. — 1858.

l'effet de relever les erreurs, les assertions mensongères et les calomnies posthumes du duc de Raguse.

C'est dans ces divers documents et dans l'*Histoire du Consulat et de l'Empire*, que nous avons puisé la substance de ce que nous allons dire sous une forme sommaire et accessible aux classes populaires en vue desquelles notre livre est écrit.

Mais montrons d'abord à nos lecteurs le maréchal Marmont à Essonne sous les traits que l'Histoire, cette cour suprême de justice, a pris soin de tracer elle-même.

En confiant cette position au duc de Raguse, l'Empereur avait dit : « Essonne, c'est là que viendront « s'adresser toutes les intrigues, toutes les trahisons. « Aussi y ai-je placé Marmont, mon enfant élevé sous « ma tente. »

Au moment où Napoléon 1er partait de Saint-Dizier et se mettait à la tête de ses soldats pour marcher au secours de Paris, un Conseil de régence se réunissait au palais des Tuileries. C'est en vain que M. Boulay de la Meurthe, président du conseil d'État, adjure l'impératrice Marie-Louise de prendre son enfant dans ses bras et de se rendre avec lui à l'Hôtel-de-Ville : le départ de Paris est la seule réponse, la seule mesure adoptée.

La reine Hortense, à son tour, s'oppose à ce départ avec une admirable énergie. Le petit roi de Rome, lui aussi, veut rester aux Tuileries ; il se cramponne aux meubles, il lutte, il appelle son père ! On l'entraîne ; mais il se débat jusqu'au moment où, malgré ses larmes et ses cris, on le porte dans une voiture.

La Régente, le roi de Rome, et presque toutes les personnes qui composaient le gouvernement, quittèrent Paris dans la matinée du 29 mars 1814 et se dirigèrent sur Blois.

La défense de Paris fut confiée au maréchal Marmont, duc de Raguse, et au maréchal Mortier, duc de Trévise. Le corps du premier couvrait Paris depuis Charenton jusqu'à La Villette exclusivement. Le corps du second tenait la ligne depuis La Villette inclusivement jusqu'à Saint-Ouen. La garde nationale, sous le commandement du maréchal Moncey, duc de Conégliano, et quelques troupes de ligne défendaient les barrières de Paris.

Nos forces ne s'élevaient pas, en tout, à vingt-cinq mille hommes, tandis que l'ennemi nous attaquait avec plus de quatre-vingt mille hommes soutenus par une autre armée, plus nombreuse encore, qui arrivait à marches forcées.

Marmont, dont la conduite n'avait pas, jusque-là, laissé supposer qu'il méditât une trahison, semblait impatient, troublé.

Dans la soirée du 30 mars 1814, après la bataille, on voit accourir chez le duc de Raguse des personnages de tous rangs, de toutes les opinions, poussés, les uns par l'inquiétude, les autres par la curiosité, cherchant partout un gouvernement qu'on ne trouvait plus nulle part, prêts à suivre la direction du vent.

Ces gens de toute espèce sont réunis dans le *salon vert* de l'hôtel Marmont [1].

Vers sept heures, le maréchal y apparaît. Il est presque méconnaissable : son visage est noirci par la poudre, sa barbe a huit jours, son uniforme est déchiré par les balles, le manteau qui le recouvre est en lambeaux. Marmont venait de signer l'armistice auquel on donna le nom de capitulation de Paris.

II

Avant de quitter Paris avec le 6ᵉ corps d'armée, comme le portait la capitulation, Marmont fit dire à

[1] Rue Paradis-Poissonnière, nº 51. Passé plus tard entre les mains de M. Aguado, banquier espagnol, qui l'a vendu en 1843 à M. Jacques Lefebvre, député, cet hôtel appartient maintenant à Mᵐᵉ Legentil, veuve de l'ancien président du tribunal de commerce de Paris.

l'Empereur que s'il voulait rentrer de force dans cette ville, il devait s'attendre à la voir tout entière se soulever contre lui. Ce mensonge avait pour but de faire croire à l'Empereur que la capitulation de Paris avait été un acte de haute nécessité.

Puis, le 5 avril 1814, le 6ᵉ corps, conduit par ses généraux, quitte Essonne sans se douter qu'il fait défection et qu'il laisse ainsi l'Empereur et la France à la discrétion des souverains étrangers. Les troupes, confiantes, s'étaient mises en marche ; mais il était quatre heures du matin, et les ténèbres ne permettaient pas de reconnaître le chemin suivi.

D'après le traité conclu entre Marmont et le prince de Schwartzenberg, des corps de l'armée alliée s'étaient échelonnés sur la route que devaient parcourir nos soldats.

Dès que le jour parut, il n'y eut qu'un cri dans notre brave armée. On était entouré d'ennemis, et l'on ne songea plus qu'à tomber sur eux. Mais les généraux, complices de Marmont, restent sourds à cet élan patriotique. A Versailles, l'exaspération était telle que le maire de cette ville dut s'interposer, et afin d'empêcher nos valeureux soldats de se livrer à un acte de désespoir, il obtint qu'on plaçât les troupes étrangères hors de leur vue.

Averti de ce qui se passait, Marmont accourut en toute hâte de Paris. Il se présenta aux soldats, montra ses blessures, et, avec une voix attendrie, il leur dit, en leur donnant sa parole de maréchal de France, qu'il n'avait rien signé que pour la conservation de leur honneur.

Ces braves gens, qui n'étaient pas accoutumés à douter de la parole d'un maréchal, se laissèrent persuader. Au lieu de se diriger sur Fontainebleau, ils marchèrent vers Mantes, sous la direction du colonel Ordener, qu'ils avaient désigné pour les commander après avoir chassé leurs généraux.

Le soir de cette triste journée, Marmont revint chez M. de Talleyrand [1], où il fut fêté et complimenté, ainsi qu'il le dit lui-même dans ses *Mémoires*. Il fut le héros de la journée, ou plutôt « *le héros de la trahison !* » comme l'a écrit avec raison M. Rapetti [2].

A propos de cette défection, M. Thiers a dit : « Cet acte malheureux [3], Marmont a prétendu depuis « n'en avoir qu'une part, et il est vrai qu'après en « avoir voulu et accompli lui-même le commence-« ment, il s'arrêta, effrayé de ce qu'il avait fait ! Ses « généraux divisionnaires, égarés par une fausse ter-« reur, reprirent l'acte interrompu et l'achevèrent

---

[1] Rue Saint-Florentin, n° 2. C'est dans l'hôtel du prince de Talleyrand que demeura l'empereur Alexandre, en 1814, pendant son séjour à Paris.
[2] *La Défection de Marmont en 1814*, p. 187.
[3] *Histoire du Consulat et de l'Empire*, t. XVII. p. 747.

« pour leur compte ; mais Marmont, venant s'en ap-
« proprier la fin par sa conduite à Versailles, consentit
« à l'assumer tout entier sur sa tête et à en porter le
« fardeau aux yeux de la postérité. »

C'est cependant ce même Marmont qui a osé écrire les lignes suivantes [1] :

« L'Empereur avait donné l'ordre au prince Eugène
« d'évacuer l'Italie après avoir fait un armistice ou bien
« trompé les Autrichiens et fait sauter toutes les places,
« excepté Mantoue, Alexandrie et Gênes ; j'ai eu dans le
« temps quelques doutes sur la vérité de ces disposi-
« tions, mais elles m'ont été certifiées et garanties depuis
« par l'officier porteur des ordres et des instructions,
« le lieutenant général d'Anthouard, premier aide de
« camp du Vice-Roi. Il est entré avec moi dans des dé-
« tails circonstanciés dont je vais rendre compte. Les
« ordres de mouvements pour opérer sur les Alpes ont
« été apportés à Eugène par le général d'Anthouard à
« la fin de 1813. Le général d'Anthouard m'a raconté
« depuis que, se trouvant quelque temps après la Res-
« tauration à Munich et travaillant avec le Prince dans
« son cabinet à mettre en ordre ses papiers, il retrouva
« l'ordre écrit qu'il lui avait porté pour exécuter le
« mouvement dont je viens de parler. Il le lui montra

---

[1] *Mémoires du maréchal Marmont, duc de Raguse*, t. VI, p. 23 et suivantes.

« et lui dit : « Croyez-vous, Monseigneur, qu'il soit
« bien de conserver ce papier ? — Non, répondit Eu-
« gène, — et il le jeta au feu...... »

...... « Les armées française et autrichienne, ajoute
« plus loin le duc de Raguse, étaient sur l'Adige. Eu-
« gène avait l'ordre de négocier un armistice en cédant
« les places de Palma-Nova et d'Osopo; de faire partir
« la Vice-Reine pour Gênes ou Marseille; de former les
« garnisons de Mantoue, Alexandrie et Gênes, avec des
« troupes italiennes; de faire sauter les autres places
« simultanément, de rentrer en France avec l'armée, à
« marches forcées, après avoir tout préparé pour exé-
« cuter ce mouvement avec célérité. Il aurait amené
« avec lui trente-cinq mille hommes d'infanterie, cent
« pièces de canon attelées de trois mille chevaux. Après
« avoir passé le Mont-Cenis, dont il aurait détruit la
« route, il aurait rallié quelques milliers d'hommes en
« Savoie, et le corps d'Augereau fort de quinze mille
« hommes. Ses forces se seraient élevées à plus de
« cinquante-cinq mille hommes. Ensuite, après avoir
« battu et chassé devant lui le corps de Bübna, il se
« serait porté en Franche-Comté et en Alsace. En
« tirant des garnisons du Doubs, du Rhin et de la Mo-
« selle un supplément de troupes, son armée aurait été
« forte de quatre-vingt mille hommes et placée sur la
« ligne d'opérations de l'ennemi avec l'appui de nos
« meilleures places.

« Il est démontré, continue le duc de Raguse, que
« jamais ni contre-ordre ni modifications aux premiers
« ordres n'ont été envoyés au Vice-Roi, qui éluda les
« ordres de l'Empereur. Eugène fit cause à part. Il
« intrigua dans ses seuls intérêts. Il s'abandonna à
« l'étrange idée qu'il pouvait, comme roi d'Italie, sur-
« vivre à l'Empire. Il a été, après la cause dominante,
« placée avant tout dans le caractère de Napoléon, la
« cause la plus efficace de la catastrophe, et cependant,
« la justice des hommes est si singulière qu'on s'est
« obstiné à le représenter comme le héros de la fidé-
« lité!.... La désobéissance du prince Eugène aux ordres
« formels de Napoléon a eu de si funestes conséquences,
« des conséquences si directes, et ses amis ont si habi-
« lement déguisé la vérité, que l'historien sincère et
« véridique doit tenir à bien constater les faits tels
« qu'ils se sont passés. »

Il est impossible d'accumuler plus d'accusations mensongères en aussi peu de mots.

Un nom a été prononcé par Marmont : celui du général d'Anthouard. Voyons tout de suite la valeur de ce témoignage :

« Je déclare, dit le comte Tascher de la Pagerie [1],
« que jamais le général d'Anthouard n'est venu trou-
« ver en Bavière le prince Eugène. La visite d'un an-

---

[1] *Réfutation des Mémoires du duc de Raguse*, p. 5.

« cien camarade à Munich, et, mieux encore, son séjour
« auprès du Prince avec une position de confiance, ne
« me seraient pas restés inconnus. De plus, j'affirme
« que la mission du général d'Anthouard à Paris est
« du mois de novembre 1813; il a reçu, le 20 de ce
« même mois, à onze heures du matin, les ordres et
« les instructions de l'Empereur pour le Vice-Roi. Ces
« instructions, qui se trouvent à Saint-Pétersbourg,
« dans les archives de la famille du prince Eugène, et
« ont été publiées par la *Gazette d'Augsbourg*, prescri-
« vaient au Vice-Roi de défendre énergiquement l'Italie
« et non de l'abandonner. En décembre et janvier, le
« général d'Anthouard était à son poste et à l'armée,
« où, vers la fin de l'Empire, il commandait l'artillerie,
« ayant quitté les fonctions d'aide de camp du Prince[1]. »

Cette déclaration formelle de M. le comte Tascher de la Pagerie est confirmée par M. Du Casse, à qui nous empruntons le passage suivant : « Le duc de Raguse, dit-il,
« accuse sottement, catégoriquement le prince Eugène
« d'avoir trahi[2]. Il raconte même une petite anecdote
« en vertu de laquelle l'ancien premier aide de camp

---

[1] Cette mutation est indiquée dans les situations officielles qui se trouvent aux archives du Dépôt de la guerre, rue de l'Université, n° 71, où l'on peut les consulter les mercredis et samedis, sur l'autorisation du général directeur.

[2] *Correspondance politique et militaire du prince Eugène*, t. X, p. 407.

« du Vice-Roi serait venu à Munich sous la Restaura-
« tion, aurait travaillé avec le Prince, aurait retrouvé
« l'ordre porté par lui pour le mouvement sur la France
« et l'aurait montré à Eugène qui l'aurait jeté au feu.
« Tout cela est bien inventé; mais, ô miracle ! Voilà que
« le chef de la police de Munich déclare formellement
« ce que déclarèrent les anciens serviteurs du Vice-
« Roi, qui n'ont pas quitté le prince Eugène : *c'est que*
« *d'Anthouard n'est jamais venu à Munich depuis*
« *1814*. Miracle plus grand encore ! Le fameux papier
« brûlé par Eugène se retrouve dans les archives du-
« cales : l'ordre qu'il contient est, non pas une injonc-
« tion d'évacuer, mais une injonction de défendre
« l'Italie. »

Nous ajouterons que l'original même de ce document a été communiqué à M. Planat de la Faye par S. A. I. la grande-duchesse Marie de Russie.

Cette lettre de Napoléon, qui est en chiffres et datée du 17 janvier 1814, subordonne l'évacuation de l'Italie à la conduite éventuelle de l'armée napolitaine.

Le duc de Raguse prétend dans ses *Mémoires* que nul contre-ordre ne fut donné au Vice-Roi pour son mouvement sur Lyon, après les victoires de Napoléon sur Blücher. Rien de plus naturel, en effet. Ce mouvement du prince Eugène, d'après les termes précis de la lettre du 17 janvier 1814, ne devait avoir lieu que dans le cas d'une marche offensive du roi de Naples.

Bien plus, le comte Tascher de la Pagerie, qui était arrivé au quartier général de Napoléon, rejoignit le Vice-Roi en lui portant pour instruction formelle, comme nous l'avons dit déjà, en donnant à ce sujet les détails les plus complets, de ten iren Italie [1].

Cela est tellement positif que, le 27 février, le prince Eugène écrivait de Volta ce qui suit au duc de Feltre, ministre de la guerre : « Au moment où j'ai reçu la « lettre que vous m'avez écrite le 17 de ce mois, mon « aide de camp, le comte Tascher, que j'avais dépêché « auprès de l'Empereur, m'a rapporté de nouveaux « ordres de Sa Majesté, absolument contraires à l'idée « de l'évacuation de l'Italie. Je m'empresse de vous en « prévenir pour votre règle. »

Ainsi, la calomnie du duc de Raguse est manifeste. Elle s'était étayée sur des notes du général d'Anthouard corrigées par le général Pelet, et retrouvées plus tard aux archives du Dépôt de la guerre par M. Planat de la Faye, qui déclare avoir eu ces notes sous les yeux, et vu le manuscrit qui porte en marge : « *Fait et donné par le général d'Anthouard.* »

M. Planat de la Faye ajoute : « La qualité de l'auteur, ancien aide de camp du Vice-Roi, jointe à l'absence vraiment inconcevable de documents officiels au Dépôt

---

[1] Se reporter aux pages 303 et 304 de ce volume.

de la guerre, pouvait prêter à ce manuscrit, tout informe qu'il est, une certaine importance [1]. »

Les notes en question ont ensuite été communiquées à M. Du Casse, à l'époque où il a publié la *Correspondance politique et militaire du prince Eugène*, et nous les avons nous-même compulsées avant de terminer ce volume.

Ce sont ces mêmes notes, ainsi modifiées par le général Pelet, qui furent insérées, en 1827, dans le *Spectateur militaire*.

Le maréchal Marmont n'avait pu oublier l'affaire des mines d'Idria [2], ni ce mot du prince Eugène à l'Empereur, après Wagram : « Je souhaite, Sire, que Votre « Majesté n'ait jamais à se reprocher d'avoir nommé « Marmont maréchal de France. »

Il y avait enfin une lettre en date de Milan, le 22 mai 1808, lettre qui a été citée par M. Dufaure dans le procès de 1857, et dont le souvenir pesait sans doute au duc de Raguse.

---

[1] *Réponse au maréchal Marmont*, p. XXII.

[2] Nous avons relaté, aux pages 119, 120 et 121, les détails de cette affaire, dans laquelle Marmont, on se le rappelle, s'était indûment approprié une somme de 325,000 francs. Le 21 août 1806, Napoléon écrivit de Saint-Cloud au prince Eugène pour lui donner l'ordre de faire reverser cette somme au trésor par Marmont. L'Empereur terminait ainsi sa lettre : « Il est hon- « teux qu'un général fasse des profits à l'ennemi, mais surtout « lorsque les troupes manquent de solde. »

LE PRINCE EUGÈNE

« Sa Majesté m'ordonne, lui écrivait à cette date le prince Eugène [1], de vous demander des renseignements détaillés sur ce que sont devenus les fonds que vous avez détournés de la solde des troupes italiennes et de la marine. La régularité qui existe dans les finances, tant en France qu'en Italie, ne permet pas que des sommes soient ainsi détournées de leur destination sans l'ordre du ministre. L'Empereur, me prescrivant de lui faire un rapport à ce sujet, je désire que vous me mettiez à même de remplir les ordres de Sa Majesté. »

Rappelant le récit que lui a fait le général d'Anthouard, Marmont cherche par tous les moyens l'occasion d'assouvir sa rancune contre le prince Eugène, et il fait intervenir ce général, qui joue dans cette circonstance un rôle indigne d'un ancien aide de camp du Vice-Roi.

---

[1] *La Défection de Marmont en 1814*, par M. Rapetti, p. 280.

III

Comblé des bontés du prince Eugène, le général d'Anthouard l'a cependant poursuivi sans relâche de son ressentiment [1].

La lettre suivante que la princesse Auguste a adressée à M. Planat de la Faye, le 19 avril 1839 [2], dévoile les causes qui ont porté l'ancien aide de camp du prince Eugène à agir d'une manière aussi déloyale.

« Je suis bien touchée, lui disait cette noble Princesse, de la peine que vous vous donnez, de l'intérêt que vous prenez à une chose qui me tient tant à cœur, et de ce que vous voulez tâcher de déjouer les menées sourdes du général d'Anthouard.

« L'acharnement de cet homme contre la mémoire du prince Eugène, auquel il doit tout, est incroyable.

---

[1] Les généraux de l'armée d'Italie, au moment de rentrer en France, signèrent une adresse qui était, nous l'avons déjà dit, l'expression unanime de leurs sentiments pour le prince Eugène. Le général d'Anthouard, non content d'avoir signé cette adresse, crut devoir écrire directement au Vice-Roi la lettre que nous avons reproduite à la page 318 de ce volume.

[2] *Réponse au maréchal Marmont*, par M. Planat de la Faye, p. xxxv et xxxvi.

LE PRINCE EUGÈNE

— 381 —

Il s'est conduit avec tant d'ingratitude à Mantoue [1], que je crois que c'est pour se réhabiliter lui-même et pour donner un motif plausible à sa conduite qu'il veut noircir la mémoire du Vice-Roi.

« J'ai parlé au comte Méjean père, mais il n'était plus à Mantoue pendant les derniers temps, et il ne sait aucun détail sur ce qui s'y est passé avec d'Anthouard. Il dit seulement qu'il avait une ambition démesurée et voulait devenir ministre de la guerre en Italie, mais ne fut pas nommé. Puis il a fait la cour à la comtesse de Sandizell, ma dame du palais. Il profita d'une absence du Vice-Roi pour me demander une audience. J'étais si assurée qu'il venait solliciter la permission d'épouser Sophie (j'ignorais alors qu'il était déjà marié), que je le reçus avec empressement, et je ne fus pas peu étonnée lorsqu'il commença par me dire des horreurs de la baronne de Wurmbs. Je lui répondis comme il le méritait, ce qui parut l'étonner, car il avait probablement espéré, à cause de ma grande jeunesse, que je me laisserais intimider et qu'on ferait de moi ce qu'on voudrait.

« Quand le Vice-Roi revint, je lui racontai tout, et sur-le-champ il fit défendre au général d'Anthouard de

[1] Lors de la chute de l'Empire, le général d'Anthouard fut le seul des aides de camp français du Vice-Roi qui rentra à Paris. Ses anciens collègues demandèrent à rester attachés à leur bienfaiteur et à partager son sort.

paraître pendant un mois dans mon salon, ce qui le piqua au vif et l'humilia, et je crois que c'est cette humiliation qu'il ne nous pardonnera jamais.

« Voici donc les motifs qui sont, je crois, cause de cette haine :

« 1° L'espèce d'exil de mon salon ;

« 2° Le désappointement de n'avoir pas été fait ministre de la guerre ;

« 3° Sa conduite indigne à Mantoue au moment de nos malheurs ;

« 4° Le refus que fit le Prince de lui donner la pension, et un capital de 60,000 francs qu'il demandait pour rétablir sa fortune qu'il avait dérangée par ses fausses spéculations..... »

Il fallait, en vérité, que le général d'Anthouard fît bien peu de cas de sa dignité personnelle pour réclamer au prince Eugène, qu'il avait volontairement quitté, d'abord la pension de 6,000 francs que le Vice-Roi avait accordée aux aides de camp qui lui étaient restés fidèles, et ensuite le don d'une somme de 60,000 francs.

Aussi lorsqu'il vit avec quel dédain mérité ses demandes avaient été accueillies, son ressentiment ne connut plus de bornes, et la note calomnieuse et mensongère qu'il fit insérer au *Spectateur militaire*, en 1827, ne fut que la conséquence de son désappointement pécuniaire.

IV

On pourrait également s'étonner que le général Pelet, devenu plus tard directeur du Dépôt de la guerre, ait cru devoir concourir à la rédaction de cette note, qu'un sentiment de pudeur l'a cependant porté à atténuer, comme le prouvent les corrections qu'il a faites de sa propre main sur le manuscrit conservé aux archives du Dépôt de la guerre, où il a été compulsé par MM. Planat de la Faye et Du Casse [1], ainsi que nous l'avons dit plus haut.

Nous avons déjà indiqué l'origine de l'animosité du général Pelet contre le prince Eugène [2] ; nous n'y reviendrons donc pas. Nous ajouterons seulement que cette animosité s'est fait jour encore dans d'autres circonstances ; mais nous nous bornerons à n'en citer qu'un seul exemple.

Ainsi, les *Notices historiques* du baron Darnay n'ont été imprimées qu'à vingt-cinq exemplaires destinés aux seuls membres de la famille de Beauharnais. Il

---

[1] *Réponse au maréchal Marmont*, p. XXXII.—*Correspondance politique et militaire du prince Eugène*, t. X, p. 386.

[2] Se reporter aux pages 149 et 150 de ce volume.

existe cependant un de ces exemplaires à la bibliothèque du Dépôt de la guerre; il y fut placé à l'époque où le général Pelet se trouvait à la tête de cette direction. La date de l'inscription de ce volume sur le *Catalogue manuscrit du Dépôt de la guerre* [1] le démontrerait surabondamment, à défaut d'autres preuves que nous croyons inutile de rapporter ici.

Or, en consultant cet exemplaire, nous avons constaté avec peine qu'il est précédé de feuillets manuscrits ayant pour objet de critiquer ce travail consciencieux ; reliés avec les *Notices*, ces feuillets semblent former l'introduction du volume.

Il est regrettable, inconvenant même, que des critiques manuscrites, blessantes pour le caractère du prince Eugène, pour la mémoire de l'oncle du Souverain qui règne sur la France, soient conservées en tête d'un volume qui, chaque jour, peut être communiqué aux écrivains militaires appelés par leurs travaux à faire des recherches à la bibliothèque de cet établissement.

[1] Ce catalogue a été imprimé postérieurement, et les *Notices historiques* du baron Darnay y figurent au 1er volume, p. 407, A. II, g. 213.

V

Nous avons voulu appuyer nos affirmations de documents incontestables, et, pour atteindre ce but, nous avons recherché la vérité partout où nous avons cru la découvrir. Nous restons donc convaincu que le ressentiment du maréchal Marmont et des généraux d'Anthouard et Pelet contre le prince Eugène, a pris sa source dans les faits que nous venons de signaler.

La fin de l'Empire et les Cent-Jours ont vu bien des palinodies, bien des revirements brusques d'opinion ; il y a dans cette époque saisissante des pages peu connues, négligées de nos historiens, et qui sont cependant de nature à produire de réels étonnements.

Ainsi, en recherchant aux archives du Dépôt de la guerre les documents d'après lesquels nous avons fait une partie de ce travail, nous avons éprouvé plus d'un serrement de cœur à la lecture de certaines pièces, qui sont là comme pour perpétuer le souvenir des lâches trahisons dont furent témoins les années 1814 et 1815.

A côté de rapports affirmant la défection des uns, la trahison des autres, se trouvent des correspondances confidentielles constatant d'une manière authentique, irréfragable, que des généraux comblés par l'Empereur, à qui ils devaient grades, décorations, titres, honneurs, rang et fortune, ont fait preuve de la plus noire ingratitude. Mais nous avons détourné les yeux avec tristesse, pour concentrer nos recherches sur les documents ayant trait au sujet que nous traitons.

Revenons donc à la défection du duc de Raguse, défection qui forme un si étrange contraste avec la noble et loyale conduite que le prince Eugène tenait alors en Italie.

Commencé le 30 mars au soir, dans son propre hôtel, consigné dans une convention secrète que Marmont remit, le 4 avril suivant, au prince de Schwartzenberg, lequel s'était transporté, à cet effet, au château de Petit-Bourg, cet acte, condamné par l'histoire, fut consommé le 5 du même mois, car c'est ce jour-là, à quatre heures du matin, que le corps du duc de Raguse passa à l'ennemi, moins une division, celle que commandait par intérim le général de brigade Lucotte, à qui l'ordre de marcher avait paru suspect.

D'un autre côté, deux braves officiers, le capitaine Magnien et l'adjudant-major Combe, des divisions Souham et Bordesoulle, voyant que le 6e corps faisait défection, et, ne voulant pas passer avec lui à l'ennemi, se rendirent à travers champs à Fontainebleau pour faire connaître ce mouvement à l'état-major-général. En apprenant ce qui se passait, l'Empereur refusa tout d'abord d'y ajouter foi ; il ne pouvait croire à une pareille trahison, et il voulut voir lui-même ces deux officiers qu'il questionna longuement. Leurs réponses furent si nettes, leurs explications si précises, que le doute n'était plus possible. Napoléon félicita le capitaine Magnien et l'adjudant-major Combe sur les sentiments patriotiques dont ils étaient animés, et il les attacha à son état-major [1].

Après avoir exprimé l'indignation que lui causait cette félonie, l'Empereur ne se dissimula pas un seul instant la position que lui faisait la défection du 6ᵉ corps, et il comprit que son règne était fini.

Napoléon parla ensuite de Marmont avec chagrin, mais sans amertume. « Je l'avais traité, dit-il [2], comme « mon enfant ; j'avais eu souvent à le défendre contre

[1] L'Empereur recommanda d'une manière toute spéciale le capitaine Magnien au général Belliard. Quant à l'adjudant-major Combe, il fut nommé capitaine dans la garde impériale et il suivit l'Empereur à l'île d'Elbe. Promu chef de bataillon pendant les Cent-Jours, il combattit vaillamment à Waterloo. Exilé sous la Restauration, il ne fut réintégré dans l'armée qu'après 1830 et devint promptement colonel. On sait par quel acte de vigueur il s'empara d'Ancône. Il s'illustra ensuite en Afrique, où il fut tué à la tête de son régiment en montant à l'assaut de Constantine. Le premier nom français que le maréchal Valée donna à l'une des rues de cette ville fut celui du colonel Combe, et, en 1838, une loi accorda une pension nationale à la veuve de ce valeureux soldat.

[2] *Histoire du Consulat et de l'Empire*, t. VII, p. 751.

« ses collègues qui n'appréciaient pas ce qu'il a d'es-
« prit, et, ne le jugeant que par ce qu'il est sur le
« champ de bataille, ne faisaient aucun cas de ses ta-
« lents militaires. Je l'ai créé maréchal et duc, par goût
« pour sa personne, par condescendance pour des sou-
« venirs d'enfance, et je dois dire que je comptais sur
« lui. Il est le seul homme peut-être dont je n'aie pas
« soupçonné l'abandon : mais la vanité, la faiblesse,
« l'ambition l'ont perdu. Le malheureux ne sait pas ce
« qui l'attend; son nom sera flétri. »

Jamais, en effet, la réprobation ne fut plus cruellement attachée à la mémoire d'un homme. Et c'est ce même homme qui a osé suspecter la loyauté du prince Eugène, alors qu'à Sainte-Hélène, au moment où l'Empereur dictait ses suprêmes confidences, le comte de Las Cases transcrivait ce qui suit [1] :

« En 1814, lors des désastres de la France, le prince
« Eugène fut l'objet de beaucoup de séductions et d'un
« grand nombre de propositions fort brillantes; un
« général autrichien lui offrit la couronne d'Italie, au
« nom des alliés, s'il voulait se joindre à eux. Cette
« offre lui vint de plus haut encore, et à diverses
« reprises......... Dans ces circonstances comme dans
« tant d'autres, ce prince fut inébranlable dans une
« ligne de devoir et d'honneur qui le rend immortel.

[1] *Mémorial de Sainte-Hélène*, édition Barba, t. 1er, p. 40.

« *Honneur et fidélité !* fut sa constante réponse, et la
« postérité en fera sa devise. »

Ainsi, le jugement de Napoléon Ier lui-même, vient se joindre à tous les documents qui confirment ce fait, que le prince Eugène repoussa avec indignation l'offre de la couronne d'Italie, plutôt que de monter sur le trône au prix d'une trahison.

En présence de pareils témoignages, que reste-t-il des calomnies de Marmont ?

Et cependant, quand Napoléon III, par un sentiment que tout le monde comprit alors, autorisa, en 1852, la rentrée en France des cendres du duc de Raguse [1], il s'est trouvé quelques Français, et parmi eux un général qui siége aujourd'hui au Sénat, pour faire l'éloge du défectionnaire de 1814, du calomniateur d'Eugène de Beauharnais. C'est à Châtillon-sur-Seine, où furent ramenés les restes mortels de Marmont, que, le 6 mai 1852, le général Delarue prononça un discours qu'il termina ainsi : « *Et c'est après de si beaux faits que*
« *la calomnie, dans son aveuglement, a essayé de ter-*
« *nir une si belle vie ! mais la postérité lui rendra*
« *justice* [2]. »

---

[1] On sait qu'après les journées des 27, 28 et 29 juillet 1830, Marmont alla habiter à l'étranger. Il mourut à Venise le 3 mars 1852.

[2] Voir le *Moniteur de l'armée* du 16 mai 1852, et la *Défection de Marmont en 1814*, par M. Rapetti, p. III.

En présence d'une opinion aussi complaisante, on est heureux d'avoir à apprécier l'une de ces existences pures et dévouées comme celle du prince Eugène, et qui défient toutes les calomnies.

VI

Ce noble prince avait laissé six enfants : deux fils et quatre filles.

L'aîné des fils, le prince Auguste-Charles-Eugène-Napoléon de Beauharnais, duc de Leuchtenberg, né le 9 décembre 1810, épousa, le 26 janvier 1835, Dona Maria da Gloria, reine de Portugal, et mourut le 28 mars suivant, deux mois à peine après son mariage.

Le plus jeune, Maximilien-Joseph-Auguste-Eugène-Napoléon, prince d'Eichstaëdt, né le 2 octobre 1817, épousa, le 2 (14) juillet 1839, la grande-duchesse Marie de Russie, fille aînée de l'empereur Nicolas, et mourut le 20 octobre (1er novembre) 1852 [1].

---

[1] Le duc de Leuchtenberg, fils aîné de la grande-duchesse Marie et petit-fils du prince Eugène, a été nommé président de la commission russe à Paris pour l'Exposition universelle de 1867.

LE PRINCE EUGÈNE

Les quatre filles du prince Eugène sont :

1° Joséphine-Maximilienne-Eugénie-Napoléone, princesse de Bologne, née le 14 mars 1807, mariée le 19 juin 1823 à Oscar Ier, roi de Suède, et veuve depuis le 8 juillet 1859 ;

2° La princesse Eugénie, née le 23 décembre 1808, mariée le 22 mai 1826 à Frédéric, prince régnant de Hohenzollern-Héchingen, et décédée le 1er septembre 1847 ;

3° La princesse Amélie-Auguste-Eugénie-Napoléone, née le 31 juillet 1812, mariée le 17 octobre 1829 à Don Pedro, empereur du Brésil, et veuve depuis le 24 septembre 1834. Cette princesse habite actuellement le Portugal, et depuis la mort de Don Pédro, elle porte le titre de duchesse de Bragance ;

4° La princesse Théodolinde-Louise-Eugénie-Auguste-Napoléone, née le 13 avril 1814, mariée le 8 février 1841 au comte Guillaume de Wurtemberg, et décédée le 1er avril 1857.

La princesse Théodolinde de Wurtemberg avait connu avant ses sœurs la publication des *Mémoires du duc de Raguse*, et elle avait pris l'initiative des poursuites que réclamait l'honneur de leur père offensé[1]. La mort l'empêcha d'accomplir cette tâche jusqu'au bout, et le procès intenté contre M. Perrotin, éditeur

---

[1] Voir la *Gazette des Tribunaux* des 18 et 25 juin, 3, 18 et 25 juillet 1857.

de ces *Mémoires posthumes*, fut poursuivi, en 1857, par les soins de S. M. la reine de Suède et par S. M. l'impératrice douairière du Brésil.

« Accusé et accusateur ne sont plus, écrivait le
« 27 février 1857 S. M. la reine de Suède. Le noble
« caractère du Vice-Roi, sa modération, nous font un
« devoir de ne le défendre qu'avec des armes dignes
« de la mémoire défendue, et par les faits, et par
« toutes les preuves qu'on pourra se procurer. Mais
« n'élevons pas sa conduite en injuriant celle d'autrui ;
« il dédaignerait un pareil piédestal. »

Ce beau et digne langage servit de règle à M. Dufaure, l'éloquent avocat de la famille de Beauharnais. « Les princesses, filles du prince Eugène, dit-il, lorsqu'il prit la parole en leur nom, n'apportent aucun sentiment de colère ni de vengeance dans l'action qu'elles ont intentée contre M. Perrotin ; elles viennent remplir simplement et sans passion un devoir impérieux et sacré. Dieu a voulu qu'elles dussent le jour à un père si noble et si grand que, même assises sur des trônes, elles acceptent toujours comme leur premier honneur d'être les filles d'Eugène de Beauharnais. De quelques titres que la fortune les ait parées, il n'en est pas qui soit aussi glorieux que le nom de leur père, et, lorsqu'il est attaqué, c'est leur plus cher patrimoine, c'est leur bien le plus précieux que l'on attaque et qu'elles viennent défendre, et elles ne

peuvent avoir d'autre désir que celui de l'arracher aux
atteintes de la calomnie et de lui faire rendre un hommage qui lui est légitimement dû. »

VII

Cet hommage public, c'est la population si intelligente, si patriotique de Paris, qui s'est chargée de le donner à la mémoire du prince Eugène, le jour où S. M. l'empereur Napoléon III a inauguré le boulevart qui porte le nom glorieux du fils adoptif de Napoléon Ier.

Que de splendeurs sont accumulées dans cette nouvelle et magnifique voie que l'édilité parisienne, sur l'initiative de M. le sénateur baron Haussmann, préfet de la Seine, a nommée *boulevart du Prince-Eugène*, aux applaudissements de toute la population.

En faisant de l'inauguration de ce boulevart une fête nationale, l'Empereur a voulu rendre un éclatant hommage à la mémoire du prince Eugène, de ce noble cœur auquel les liens du sang l'unissent si étroitement ; il a tenu à honorer cet enfant de Paris, dont le nom est resté si cher à la France entière.

C'est le 7 décembre 1862 que S. M. Napoléon III a inauguré le boulevart du Prince-Eugène.

La garde nationale, la garde impériale et les troupes composant le premier corps d'armée, réunies sous le commandement supérieur de S. Exc. le maréchal Magnan, prirent part à cette cérémonie et formèrent la haie des deux côtés du nouveau boulevard, depuis la place du Château-d'Eau, où se trouve la caserne du Prince-Eugène, jusqu'à la barrière du Trône.

A une heure, l'Empereur partit à cheval du palais des Tuileries, ayant à sa droite S. A. I. le prince Napoléon et à sa gauche S. A. le prince Joachim Murat. Sa Majesté était accompagnée d'un nombreux état-major, dans lequel on remarquait les maréchaux Vaillant, Baraguey-d'Hilliers, Regnaud de Saint-Jean-d'Angély, Canrobert, de Mac-Mahon, duc de Magenta, les généraux Rolin, Roguet, Fleury, Lebœuf, Frossard, le prince de la Moskowa, et toute la maison militaire de l'Empereur.

Sa Majesté l'Impératrice était en voiture, accompagnée de la princesse d'Essling, grande-maîtresse de sa maison.

Sur la place du Château-d'Eau, à l'entrée du boulevart du Prince-Eugène, l'Empereur fut reçu par S. Exc. le maréchal Magnan, commandant en chef des troupes réunies, par le général marquis de Lawœstine, commandant les gardes nationales de la Seine, et par M. Boittelle, préfet de police. A ce moment, le triple *velum* semé d'abeilles d'or, qui masquait l'entrée de cette voie splendide, fut écarté pour livrer passage au cortége impérial.

L'Empereur parcourut toute l'étendue du boulevart en passant devant le front des troupes, et s'arrêta sur la place du Trône, en face de la tente élevée pour cette cérémonie. Là se trouvaient réunis tous les ministres, et le corps municipal ayant à sa tête M. le sénateur baron Haussmann, préfet de la Seine.

Deux élégantes estrades, élevées sur la place du Trône, dans la partie la plus rapprochée du boulevart, avaient reçu les enfants des écoles de l'arrondissement; une autre estrade était réservée aux jeunes orphelines de la maison Eugène-Napoléon. Plus de dix mille personnes se trouvaient sur la place même, et une foule innombrable, composée d'habitants et d'ouvriers du quartier, encombrait tous les abords. C'était un spectacle vraiment imposant.

L'arrivée de Sa Majesté fut saluée par des acclamations unanimes, par des cris enthousiastes de *vive l'Empereur!* Sa Majesté mit pied à terre, ainsi que les maréchaux et les officiers de sa maison.

A ce moment, une nouvelle explosion d'enthousiasme accueillit l'arrivée de l'Impératrice.

Leurs Majestés prirent place sous la tente impériale, et le préfet de la Seine prononça alors un discours dans lequel il énuméra les immenses travaux exécutés dans la capitale depuis l'avénement de Napoléon III. Après avoir rappelé que l'administration municipale s'était appliquée à rendre le nouveau boulevart digne de porter le nom du prince Eugène et de recevoir la statue que l'Empereur avait permis d'ériger à l'illustre Vice-Roi d'Italie, M. le baron Haussmann ajouta :

« Modèle d'honneur, de fidélité, de désintéresse-
« ment, le prince Eugène est le chevalier sans re-
« proche de la grande épopée impériale. Sa mémoire
« est particulièrement chère à la population parisienne,
« dont le patriotisme est si ardent, qui a fourni à nos
« armées tant d'héroïques soldats, et qui se connaît
« en vertus civiques non moins qu'en courage mili-
« taire. »

L'Empereur répondit à ce discours en félicitant le préfet de la Seine et le conseil municipal de Paris de la persévérance qu'ils avaient apportée dans la transformation de la capitale. Sa Majesté rappela aussi que sa constante préoccupation est de rechercher les moyens de remédier au ralentissement du travail, d'amener l'aisance parmi les classes laborieuses, de songer surtout à la question d'alimentation publique, afin de faire arriver au sein de la capitale les denrées

LE PRINCE EUGÈNE

— 397 —

en abondance et au plus bas prix possible. L'Empereur termina ainsi son discours :

« Occupons-nous de tout ce qui peut à la fois amé-
« liorer la condition matérielle du peuple et élever
« son moral. Plaçons toujours devant ses yeux un
« noble but à atteindre et l'exemple de ceux qui ont
« conquis la fortune par le travail, l'estime par la
« probité et la gloire par le courage. »

Après ce discours, que la nombreuse assemblée accueillit par de fréquents applaudissements, l'Empereur daigna remettre de sa main les insignes de grand'croix de la Légion d'honneur à M. le baron Haussmann, comme témoignage de sa haute satisfaction pour l'intelligente activité apportée par lui dans la transformation de la capitale, de cette ville de Paris, qui est actuellement sans égale dans le monde entier [1].

La statue du prince Eugène, dont l'Empereur avait autorisé l'érection en face de la mairie du XIe arrondissement, dite *Mairie du prince Eugène*, ne fut terminée que vers la fin de l'année suivante.

Élevée sur un piédestal en granit de Corse d'un

---

[1] L'inauguration du boulevard du Prince-Eugène complétait le percement des grandes voies exécutées depuis dix ans sur tous les points de Paris. Dans notre *Étude sur Napoléon III*, nous avons fait l'historique des magnifiques et gigantesques travaux entrepris dans la capitale sous l'énergique impulsion de M. le baron Haussmann.

LE PRINCE EUGÈNE

style simple et monumental composé par M. Baltard, architecte de la ville de Paris, la statue colossale du prince Eugène a été fondue en bronze par M. Thiébault, sur le modèle sculpté par M. Dumont, statuaire, membre de l'Institut.

L'ensemble de la statue nous a paru laisser à désirer ; ce bronze est un peu lourd. Ajoutons cependant que la pose et la physionomie sont bien rendues. Le prince Eugène est debout, tête nue, et en uniforme d'officier-général avec bottes à l'écuyère. Un manteau est jeté sur ses épaules ; la main gauche est appuyée sur la garde de son sabre, et il tient dans la main droite un papier qu'il paraît froisser : c'est la lettre par laquelle on lui propose la couronne d'Italie, à la condition d'abandonner la cause de l'Empereur[1].

Les inscriptions suivantes ornent les quatre faces du piédestal, de forme carrée, mais échancré aux angles.

Du côté de la face principale, on lit :

Au Prince Eugène-Napoléon.

Au-dessous sont sculptées les armes de la ville de Paris, et la légende :

Fluctuat nec mergitur.

---

[1] Cette lettre, dont nous avons déjà parlé à la page 291, fut remise au prince Eugène par le prince de La Tour et Taxis, aide de camp du roi de Bavière, et désigné par les souverains alliés pour aller remplir cette mission auprès du Vice-Roi d'Italie.

LE PRINCE EUGÈNE

Du côté nord, est un aigle aux ailes éployées, tenant dans ses serres une couronne de laurier ; au-dessous sont les noms des batailles de :

Borodino, Mohilow, Viasma, Krasnoë, Ostrowno, Lutzen.

Du côté sud, également sous l'aigle impérial, on lit encore des noms de bataille :

Suez, Raab, Jaffa, Tyrol, Marengo, Wagram[1].

Enfin, le côté de l'ouest, celui qui fait face à la mairie du XI° arrondissement, ce côté, disons-nous, est tout entier couvert par le texte littéral de la belle lettre que le prince Eugène écrivait, le 20 avril 1814, à l'empereur Alexandre, et que les ouvriers du faubourg Saint-Antoine, après l'avoir lue, commentent toujours avec une admiration marquée. En voici les termes :

« *Ni la perspective du duché de Gênes, ni celle du
« royaume d'Italie ne me porteraient à la trahison.*
« *J'aime mieux redevenir soldat que d'être souve-
« rain avili.*

« *L'Empereur, dites-vous, a eu des torts envers
« moi. Je les ai oubliés; je ne me souviens que de ses
« bienfaits.*

[1] Nous regrettons de ne pas voir figurer parmi ces victoires, la bataille du Mincio, cette dernière et suprême lutte, gagnée par le prince Eugène le 8 février 1814.

« *Je lui dois tout, mon rang, mes titres, ma for-*
« *tune, et, ce que je préfère à tout cela, je lui dois ce*
« *que votre indulgence veut bien appeler ma gloire.*
« *Je le servirai tant qu'il vivra ; ma personne est à*
« *lui comme mon cœur. Puisse mon épée se briser*
« *entre mes mains, si elle était jamais infidèle à*
« *l'Empereur et à la France !* »

On ne saurait contester, après ces nobles paroles, que le prince Eugène fut l'un des hommes les plus honnêtes qui aient illustré son siècle. Il fut aussi du petit nombre de ceux qui, au faîte des grandeurs, surent conserver la simplicité de la vie privée et cette générosité qui n'est pas toujours l'attribut d'un rang élevé.

L'éclat de sa puissance ne l'avait pas ébloui ; les revers n'abattirent point son courage.

En descendant les marches d'un trône sur lequel Napoléon, son père adoptif, l'avait placé, il emporta avec lui l'amour, l'estime et les regrets des peuples qu'il avait administrés, des soldats qu'il avait commandés.

En descendant au tombeau, il y fut accompagné par la douleur de tous ceux qui avaient su apprécier en lui le mérite de l'homme d'État juste et éclairé, du général habile et heureux, du prince éminent qui, sous la pourpre comme dans la vie privée, avait fait preuve des plus grandes vertus et des qualités les plus aimables.

Il est en effet resté pur et sans tache au milieu des

plus terribles catastrophes, calme et immuable dans les plus grandes infortunes, le Prince qui avait écrit :

« Il n'y a qu'un chemin dans la vie : c'est celui de « l'honneur. Hors de là, ce n'est plus que honte « et regrets. »

La lettre burinée sur le piédestal qui porte sa statue prouve que le prince Eugène ne s'est jamais écarté de la voie qu'il s'était tracée.

L'opinion publique, si positive, si vraie dans ses appréciations, dans ses arrêts, a justement dépeint le prince Eugène en le nommant :

Le Bayard de son siècle.

Par les acclamations enthousiastes qu'elle a fait entendre lors de l'inauguration de la statue de ce Prince-soldat, la population parisienne a mis le sceau de son suffrage à cette belle devise qu'il avait lui-même adoptée :

HONNEUR ET FIDÉLITÉ !

LE PRINCE EUGÈNE

— 402 —

Note de la page 365.

TRIBUNAL CIVIL DE LA SEINE

(1re Chambre).

PRÉSIDENCE DE M. BENOÎT-CHAMPY.

Audience du 24 juillet 1857.

MÉMOIRES DU MARÉCHAL MARMONT, DUC DE RAGUSE. — LES HÉRITIERS DU PRINCE EUGÈNE CONTRE PERROTIN, ÉDITEUR. — DEMANDE EN INSERTION DE DOCUMENTS RECTIFICATIFS. — JUGEMENT [1].

L'article 1382 du Code Napoléon est applicable à l'auteur ou à l'éditeur d'un ouvrage historique, lorsque cet ouvrage renferme des faits controuvés témérairement avancés.

A la différence des lois spéciales sur la presse, l'article 1382 du Code Napoléon ne soumet pas seulement le demandeur à l'obligation d'établir le préjudice, mais aussi à constater la fausseté du fait allégué.

L'honneur des familles autorise les héritiers de la per-

[1] Voir la *Gazette des Tribunaux* du samedi 25 juillet 1857.

sonne *victime de ces assertions erronées, à établir judiciairement la fausseté des accusations dont elle a été l'objet.*

Le tribunal a rendu, à l'ouverture de l'audience du vendredi 24 juillet 1857, son jugement dans cette affaire, qui depuis un mois préoccupait si vivement l'opinion publique.

Voici les termes de cette décision :

« Le tribunal donne acte de la reprise d'instance de S. A. le duc de Wurtemberg, au nom de ses enfants mineurs;

« Reçoit S. M. la reine de Suède et de Norvége et S. M. l'impératrice du Brésil parties intervenantes;

« Et, statuant au fond :

« Attendu que, dans différents passages du tome VI des *Mémoires du maréchal Marmont, duc de Raguse*, il est énoncé que le prince Eugène de Beauharnais avait, en 1813, reçu de l'empereur Napoléon l'ordre d'évacuer l'Italie et d'amener ses troupes en France; qu'il aurait désobéi dans un but d'ambition personnelle, et contribué ainsi plus qu'aucun autre à la catastrophe de 1814;

« Attendu que l'inexactitude de cette assertion est démontrée jusqu'à l'évidence par les pièces soumises au tribunal, telles qu'elles ont été recueillies par les soins du sieur Planat de la Faye, pièces dont l'authenticité ne saurait être contestée;

« Qu'elles établissent que si la correspondance de l'empereur Napoléon a prévu le cas où le prince Eugène devrait se retirer sur les Alpes, jamais il n'a été donné l'ordre d'évacuer l'Italie et de ramener les troupes en France;

« Que les instructions et les ordres de l'Empereur ont été religieusement suivis et exécutés par le Prince qui, loin de sacrifier les intérêts de la France à son ambition personnelle, repoussa toutes les avances qui avaient pour objet de séparer sa cause de celle de sa patrie; que l'Empereur a reconnu lui-même la fidélité du Prince jusque dans les derniers jours de la lutte, et qu'ainsi toute la conduite du prince Eugène a donné la preuve constante de sa loyauté et de son dévouement;

« Attendu que l'honneur des pères étant le plus précieux patrimoine des familles, on ne saurait dénier aux enfants du prince Eugène le droit d'établir judiciairement la fausseté des accusations dont il a été l'objet;

« Attendu que c'est à tort que Perrotin a prétendu que l'action formée contre lui ne reposait sur aucune base légale;

« Qu'en effet les lois spéciales qui ont pour objet de régler les peines applicables au délit de diffamation et d'injures commis par la voie de la presse n'ont point enlevé aux parties diffamées ou à leurs représentants l'action civile résultant du principe général consacré par l'article 1382 du Code Napoléon, qui oblige l'auteur de la faute à réparer le préjudice qu'il a causé;

« Que cet article, à la différence des lois sur la presse, ne soumet pas seulement le demandeur à établir le préjudice résultant de la diffamation, qu'il oblige, en outre, à constater la fausseté du fait allégué, ce qui constitue la faute sans laquelle il n'y aurait pas d'action; mais que, par cette condition elle-même, la poursuite, loin de nuire aux intérêts de l'histoire, lui fournit les moyens d'établir la vérité sans laquelle l'histoire ne mérite plus son nom;

« Que c'est dans l'intérêt de la vérité qu'on reconnait à l'histoire le droit de formuler librement son appréciation sur les hommes et sur les événements; mais que les franchises et les immunités de l'histoire ne sauraient faire perdre de vue cet objet principal, et qu'elles ne peuvent autoriser l'écrivain à avancer témérairement des faits controuvés et en contradiction avec les témoignages les plus graves, et à baser sur ces assertions inexactes des jugements qui portent atteinte à la considération des personnes auxquelles ces faits sont imputés ;

« Attendu qu'il est constant que, dans les passages reproduits dans ses *Mémoires*, le duc de Raguse s'est écarté du respect dû à la vérité ;

« Attendu que Perrotin, en éditant les *Mémoires* du maréchal, s'est rendu responsable de la faute de leur auteur ;

« Attendu, quant à la réparation, que la seule qui soit demandée est la manifestation de la vérité; que Perrotin lui-même a apprécié la modération de la demande et la gravité des preuves produites, puisqu'il en a déjà publié une partie dans la suite de l'ouvrage; mais que d'une part cette insertion a été incomplète; que, d'autre part, ce n'est que dans le neuvième volume qu'il a placé la rectification des inexactitudes contenues dans le sixième volume; qu'enfin Perrotin, ayant annoncé que cette rectification n'était due qu'à sa propre volonté, les enfants du prince Eugène de Beauharnais ont accompli leur devoir en portant leur protestation devant les tribunaux, afin qu'elle fût aussi publique que la réparation.

« Par ces motifs :

« Ordonne que Perrotin sera tenu d'insérer dans tous les exemplaires étant à sa disposition du sixième volume des *Mémoires du duc de Raguse*, ainsi que dans toutes les autres éditions de cet ouvrage qui seraient ultérieurement publiées, les trente-trois documents recueillis par Planat de la Faye, sans autre retranchement que celui de la partie de la phrase du deuxième alinéa de la lettre du roi de Bavière, du 11 avril 1814[1], où il est dit : « Marmont est passé chez « nous ; » cette phrase devant être remplacée par des points.

« Dit que cette insertion sera précédée de la notice ci-après :

« En exécution d'un jugement du tribunal civil de la « Seine en date du 24 juillet 1857, nous insérons les docu-« ments produits par la famille du prince Eugène de Beau-« harnais, parce qu'ils sont de nature à rectifier les alléga-« tions émanées du duc de Raguse, sur la conduite du Prince « dans les années 1813 et 1814. »

« Sinon et faute par Perrotin d'exécuter le présent jugement dans le mois de ce jour, autorise les demandeurs à faire saisir tous les exemplaires qui ne porteraient pas les rectifications et insertions ordonnées.

« Et condamne Perrotin aux dépens. »

---

[1] Voir cette lettre au chapitre IV, § X, p. 310.

TABLE DES MATIÈRES.

Introduction 1

CHAPITRE PREMIER.

I. Naissance d'Eugène de Beauharnais. Ses premières années. Il est placé au collège d'Harcourt. Le général Hoche le prend comme officier d'ordonnance. Il réclame l'épée de son père au général Bonaparte. Eugène est nommé sous-lieutenant et part pour l'Italie. — II. Après le traité de Campo-Formio, Eugène de Beauharnais est envoyé en mission aux îles Ioniennes. Un sabre d'honneur lui est offert à Corfou. En rentrant en France, il prend une part brillante à la défense de la légation française à Rome. Le général Duphot est tué pendant cette affaire. — III. Désigné pour faire partie de l'expédition d'Égypte, Eugène de Beauharnais assiste à la prise de Malte, et enlève un drapeau à l'ennemi. Débarqué en Égypte, il est présent à toutes les affaires. Au retour de Suez, il est nommé lieutenant. Il rentre en France avec le général Bonaparte. — IV. Le 18 brumaire. Installation des consuls aux Tuileries. Création de la garde consulaire. Eugène de Beauharnais y est admis comme capitaine. Campagne d'Italie. Marengo. — V. Le premier consul rentre en France. Eugène de Beauharnais est chargé d'escorter jusqu'à Paris les drapeaux pris à Marengo. Il est nommé chef d'escadron. On lui confie la garde des barrières de Paris lors de la découverte de la conspiration de Pichegru. — VI. Proclamation de l'Empire. Eugène de Beauharnais est nommé colonel général des chasseurs à cheval de la garde impériale. Il est créé prince français et archi-chancelier d'État. Formation du royaume d'Italie, et élévation du prince Eugène à la vice-royauté 5

LE PRINCE EUGÈNE

CHAPITRE II.

I. Gouvernement de l'Italie. Administration. Législation. Finances. Sourde opposition faite au Vice-Roi. Il surmonte toutes les difficultés. — II. Guerre contre l'Autriche. Reddition d'Ulm. Austerlitz. Dispositions prises par le prince Eugène pour la défense de l'Italie. Sa générosité envers le prince de Rohan. — III. Paix de Presbourg. Mariage du prince Eugène avec la princesse Auguste-Amélie de Bavière. Napoléon adopte le prince Eugène et lui donne les noms de Napoléon-Eugène de France. — IV. Qualités du prince Eugène comme homme d'État. Appréciations malveillantes de Marmont. Origine de son ressentiment. — V. Activité déployée par le prince Eugène pour organiser l'Italie et assurer la défense de ses places fortes. Difficultés suscitées par la cour de Rome. — VI. L'adoption du prince Eugène par l'Empereur est publiée à Milan. Occupation de Rome. Réorganisation de l'armée italienne.. 93

CHAPITRE III.

I. Campagne de 1809. L'archiduc Jean dénonce les hostilités. Proclamation du prince Eugène. Attaque imprévue des Autrichiens. Le prince Eugène ordonne une marche en arrière. Appréciation malveillante du général Pelet. — II. Le prince Eugène reprend l'offensive. Bataille de Sacile. Indécision des généraux placés sous les ordres du Vice-Roi. Fuite des employés attachés à son armée. Rapport du Prince à l'Empereur. — III. Soulèvement du Tyrol. Le prince Eugène fait occuper Caldiero. L'intendant-général de l'armée autrichienne est fait prisonnier. L'examen de ses papiers fait connaître ses tentatives d'espionnage. Le prince Eugène marche en avant. Ses premiers succès comme général en chef. Passage de la Piave. Prise du fort de Malborghetto. Graves échecs subis par les Autrichiens. — IV. Prise du fort Prévald. Le corps de Jellachich est entièrement détruit. Le prince Eugène fait occuper la forteresse de Grätz. Il fait ensuite sa jonction avec la Grande-Armée sur les hauteurs du Sommering. Le prince Eugène se rend auprès de Napoléon et reçoit de Sa Majesté l'accueil le plus flatteur. Belle proclamation de l'Empereur à l'armée d'Italie. — V. Bataille de Raab gagnée par le prince Eugène. L'Empereur appelle cette victoire la *petite-fille de Marengo*. Nombre considérable de prisonniers, de canons, de fusils, de munitions et de drapeaux pris par

LE PRINCE EUGÈNE

l'armée d'Italie pendant cette campagne. La marche prudente de Marmont est sévèrement jugée par Napoléon. — VI. Wagram. Part glorieuse que le prince Eugène et l'armée d'Italie prennent à cette victoire. Signature de la paix avec l'Autriche. Napoléon rentre en France et laisse au prince Eugène la difficile mission de pacifier le Tyrol. — VII. Le divorce est résolu. Napoléon appelle le prince Eugène à Paris. La résignation de l'impératrice Joséphine, la noble conduite du prince Eugène et le dévouement de la reine Hortense leur gagnent toutes les sympathies.. 139

CHAPITRE IV.

I. Mariage de Napoléon avec Marie-Louise. L'Empereur fait offrir la couronne de Suède au prince Eugène, qui la refuse. Le grand-duché de Francfort lui est attribué à titre héréditaire. Rentré en Italie, le prince Eugène donne tous ses soins à l'administration du royaume. — II. Préparatifs pour la campagne de Russie. Organisation de l'armée italienne. Elle forme le quatrième corps de la Grande-Armée. — III. La couronne de Pologne est offerte au prince Eugène au nom de la nation polonaise. Il la refuse. Passage du Niémen. Commencement des opérations contre l'armée russe. — IV. Ostrowno. La Moskowa. Moscou. Retraite de Russie. Malo-Jaroslawetz. Krasnoë. Le prince Eugène arrive à Orscha. Joie que témoigne l'Empereur en le revoyant. — V. Héroïsme du maréchal Ney. Il est sauvé, ainsi que les débris de son corps d'armée, par le prince Eugène. Passage de la Bérésina. Le prince Eugène est appelé à commander l'arrière-garde de l'armée. — VI. Napoléon quitte l'armée, dont il remet le commandement au roi de Naples. Lettre adressée à l'Empereur, à ce sujet, par le prince Eugène. Conseil de guerre tenu à Kowno. Les débris du quatrième corps arrivent à Marienwerder. Ce corps d'armée, qui était de 49,248 hommes au commencement de la campagne, est réduit à 169 hommes en état de porter les armes. — VII. Le roi de Naples abandonne l'armée. Le prince Eugène en prend le commandement, et en rend compte à Napoléon. La réponse de l'Empereur et une note du *Moniteur* témoignent une fois de plus de la confiance qu'inspirent à Sa Majesté les nobles sentiments et les talents militaires de son fils adoptif. — VIII. Le prince Eugène rentre en Italie après avoir remis son commandement à l'Empereur. Les Alliés lui font offrir la couronne d'Italie. Il la refuse avec indignation. Sa proclamation aux

Italiens. Bataille du Mincio. — IX. Mission du comte de Tascher de la Pagerie auprès de l'Empereur. Il apporte au prince Eugène l'ordre de défendre l'Italie le plus longtemps possible. — X. Informé de la capitulation de Paris, le prince Eugène signe une suspension d'armes avec l'Autriche. Il adresse, par une proclamation, ses adieux aux Italiens, et il quitte l'Italie, accompagné des vœux de la population et de l'armée. Lettre du général d'Anthouard. Résultats obtenus en Italie sous le gouvernement du prince Eugène.......................... 211

CHAPITRE V.

I. Arrivée du prince Eugène à Paris. Accueil flatteur qu'il reçoit de Louis XVIII. Mort de l'impératrice Joséphine. Départ du prince Eugène pour le congrès de Vienne. Son intimité avec l'empereur Alexandre. Débarquement de Napoléon à Cannes. — II. Le congrès se sépare après avoir rendu au prince Eugène ses dotations. Le Prince se retire en Bavière. Le rang qu'il doit occuper à la cour est réglé par le Roi, qui lui confère aussi le titre de duc de Leuchtenberg. Le prince Eugène intervient auprès de l'empereur Alexandre pour faire adoucir le sort de Napoléon à Sainte-Hélène. Mort de Napoléon. Propositions faites au prince Eugène de la part du duc d'Orléans. — III. Vie privée du prince Eugène de 1815 à 1824. Il fait hâter, de concert avec la reine Hortense, la construction du monument funéraire consacré à la mémoire de l'impératrice Joséphine. Codicille du testament de Napoléon. — IV. Le prince Eugène est frappé d'une attaque d'apoplexie. Mariage de la princesse Joséphine avec le prince royal de Suède. Convalescence du prince Eugène. Il se rend en Thurgovie, auprès de la reine Hortense. — V. Mort du prince Eugène. Le deuil est général en Bavière. Regrets exprimés par Louis XVIII. Douleur de la reine Hortense. La population entière de Munich assiste aux funérailles du prince Eugène. D'après les intentions du Prince, le baron Darnay forme les archives de la maison ducale de Leuchtenberg. — VI. Tombeau du prince Eugène à Munich. Il est visité par tous les Français qui passent dans cette ville. Description du monument. Inscription qu'il porte............................. 321

CHAPITRE VI.

I. Imputations malveillantes du maréchal Marmont contre la mémoire du prince Eugène. Portrait de Marmont. Ce maréchal signe la capitu-

LE PRINCE EUGÈNE

— 411 —

lation de Paris. — II. Motifs qu'il donne à l'Empereur pour justifier sa conduite. Son corps d'armée fait défection. Les troupes, indignées, se mutinent et chassent leurs généraux. Marmont cherche à les maintenir. Blâmé par l'histoire contemporaine, Marmont essaye de se justifier et il ose attaquer la loyauté du prince Eugène en invoquant l'opinion du général d'Anthouard. Ces allégations posthumes sont victorieusement réfutées par MM. Tascher de la Pagerie, Planat de la Faye, Rapetti et Du Casse. — III. Le général d'Anthouard. Cause de son mécontentement contre le prince Eugène. Lettre de la princesse Auguste à ce sujet. — IV. Le général Pelet agit de concert avec le général d'Anthouard. Moyens employés par le général Pelet pour satisfaire son ressentiment. — V. Résumé de la défection de Marmont. Ses cendres sont ramenées en France. — VI. Les enfants du prince Eugène intentent un procès à l'éditeur des Œuvres posthumes de Marmont. — VII. Hommage rendu à la mémoire du prince Eugène par la population parisienne. Inauguration du boulevard du Prince-Eugène. Érection de sa statue... 363

Jugement rendu par le tribunal civil de la Seine, contre l'éditeur des *Mémoires du maréchal Marmont, duc de Raguse*............... 502

FIN DE LA TABLE DES MATIÈRES.

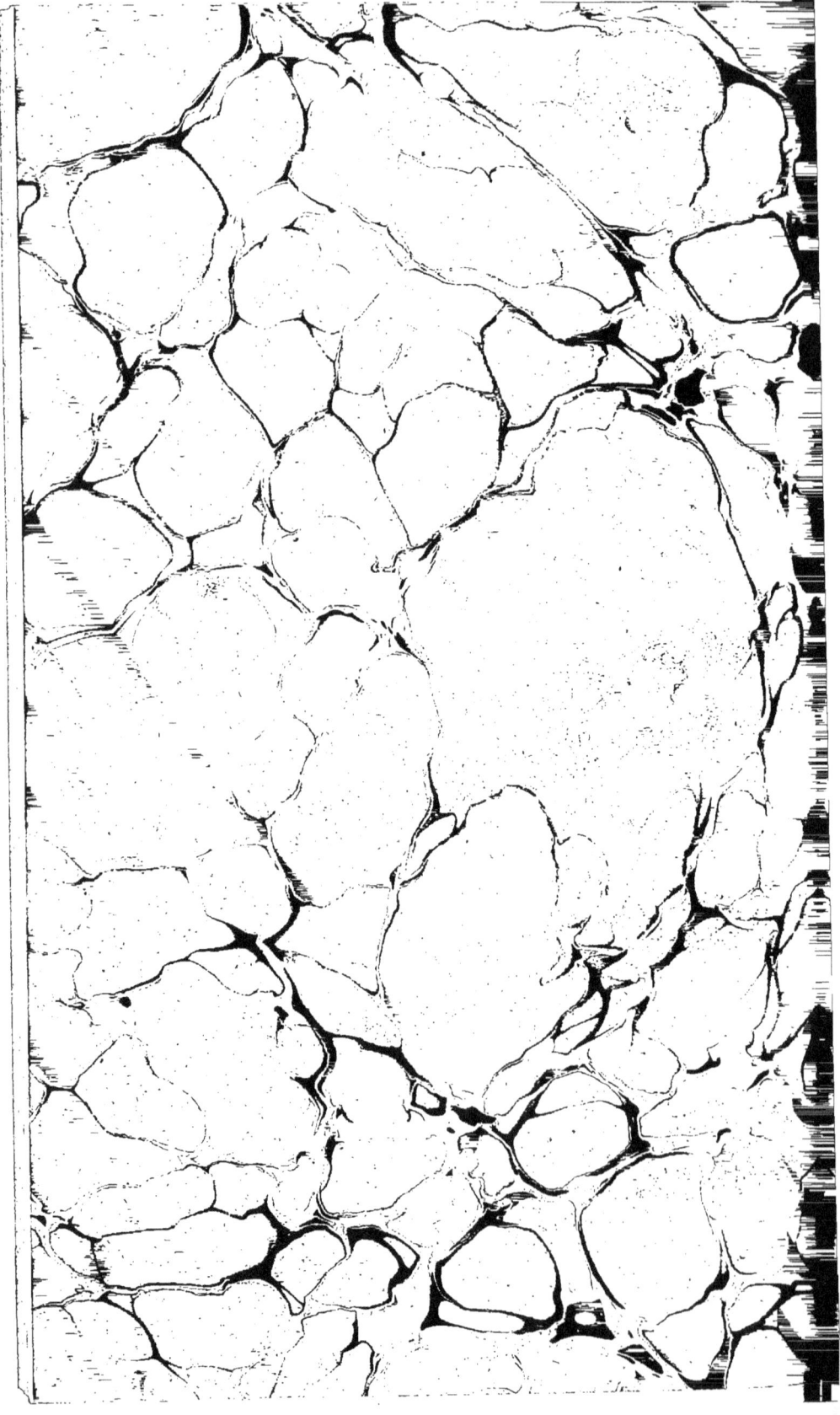

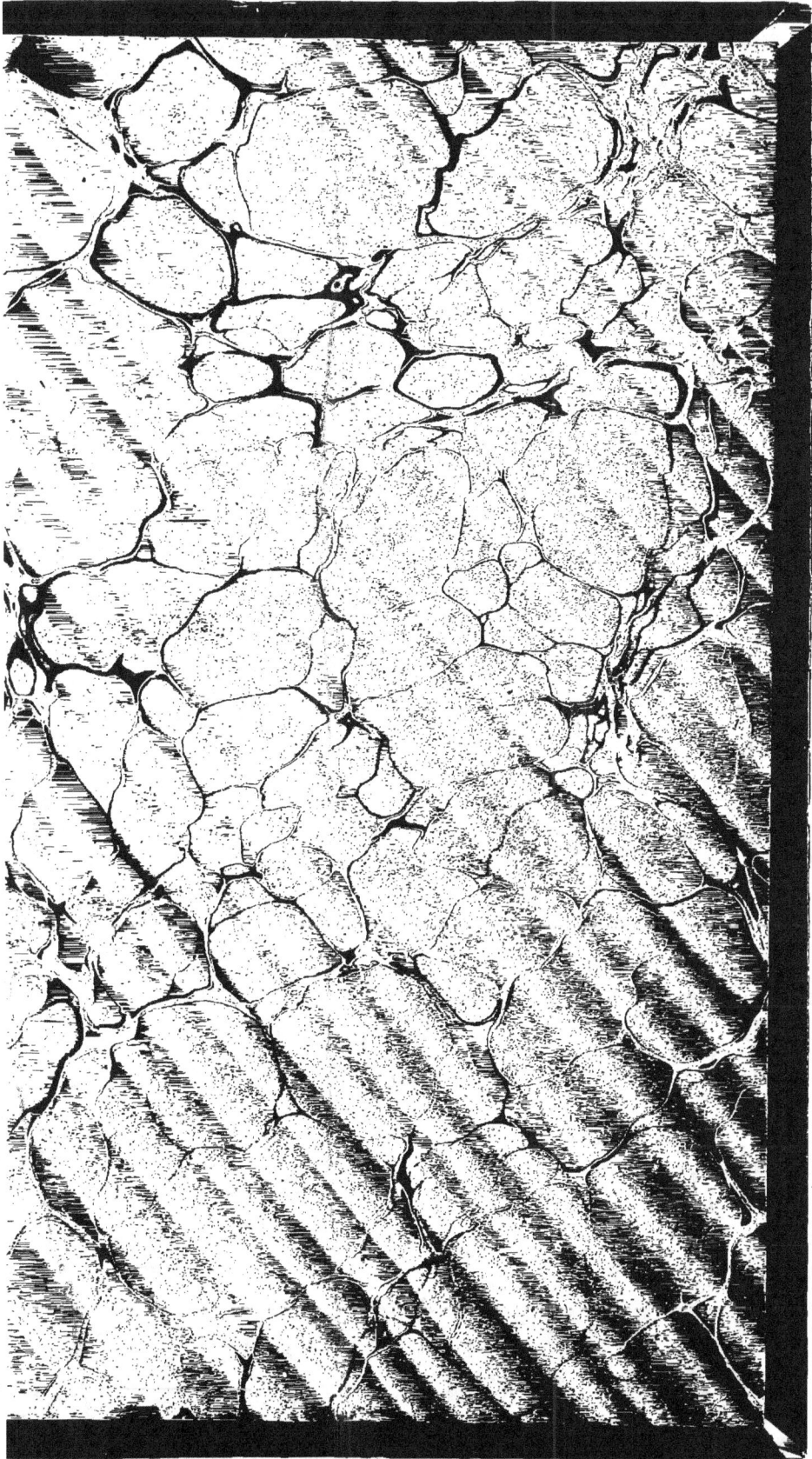

www.ingramcontent.com/pod-product-compliance
Lightning Source LLC
Chambersburg PA
CBHW060544230426
43670CB00011B/1686